UNDER-
STANDING
OF
GLOBAL
TRADE

글로벌 무역의 이해 3판

박명섭 지음

아카데미프레스

저자 서문

오늘날 우리는 글로벌 시대에 살고 있다. 글로벌 시대의 특징 가운데 하나가 국제교류이다. 사람, 물건, 서비스, 돈 그리고 정보의 국제적인 흐름이 바로 그것이다. 지구 전체가 단일 지역단위가 되어 버린 오늘날 정부, 기업, 개인, 단체는 국경을 넘는 사람, 물건, 서비스, 돈 그리고 정보의 교류에 의존하지 않고 생존할 수 없는 시대가 됐다. 이러한 교류의 증가에 걸맞은 국제규범이 요구되고 있다.

따라서 기업의 경쟁도 한 국가 시장의 범위를 벗어나 지구 차원의 글로벌 경쟁 시대로 돌입하고 있다. 기업의 국적이 무의미해지고, 필요할 경우 국적을 달리하는 기업 간의 인수, 합병, 제휴가 상상할 수 없는 규모로 진행되고 있다. 또한 기업의 임직원도 국적이나 민족을 초월하여 다양한 인종으로 구성된 글로벌 기업의 시대로 변화하고 있다.

이러한 가운데 우리나라의 21세기 경제정책의 방향은 고도의 개방형 통상국가를 지향해야 할 것이다. 우리나라의 경제구조를 지식기반 고부가가치 산업 중심으로 고도화시키고, 국내외 기업이 자유롭고 편리하게 글로벌 비즈니스 활동을 수행할 수 있는 기반을 조성해야 할 것이다.

무역은 우리나라의 경제성장에 견인차 역할을 해 왔다. 지난해 한국 무역사상 처음으로 수출 3,000억 달러 기록을 돌파했다. 1964년 1억 달러 수출을 시작으로 42년 만에 수출규모가 3,000배 이상으로 증가한 것이다. 주지하다시피 무역은 가장 기초적인 글로벌 비즈니스이다.

이 책의 특징은 무역을 포함한 글로벌 경제 및 글로벌 비즈니스와 관련한 가장 기본적인 내용과 최신의 관련 사례 그리고 본문 내용 중 보충 설명이 필요한 용어의 해설 등을 다루고 있다는 점이다.

이 책을 통해 국제경제학, 국제경영학 및 국제상학의 기초이론을 바탕으로 인간(人間), 공간(空間) 그리고 시간(時間)과 관련된 무역 문제의 기본을 이해하기를 바란다. 이 지구상에서 언제, 어디에서, 누가, 무엇을, 왜 그리고 어떻게 무역을 행하는가 하는 것은 결국 이 3가지의 간(間)과 관련된 문제이다.

원자재를 조달하여 상품이나 서비스를 생산하고 판매하는 글로벌 무역을 생각해 보면, 이는 글로벌 무역의 '언제, 어디에서, 누가, 무엇을, 왜 그리고 어떻게'와 관련된 문제이다. 21세기의 무역은 20세기의 그것과는 무역의 질(質), 양, 깊이 그리고 범위 등에서 많은 차이를 보이고 있는데, 앞으로 그 정도가 더할 것이다.

1986년에 『무역학 요론』이란 저서를 출간한 바 있다. 당시와 비교하면 너무나 많은 변화가 무역에 있었다. 강산이 바뀌어도 2번이나 바뀌었다. 이번에는 보다 많은 학생들과 일반인이 교양서로 읽을 수 있도록 평이하고 간결하게 정리해 책으로 묶어 내게 되었다. 부록으로 2006년 주요 기관에서 실시한 무역관련 시험에 본인이 작성한 문제들을 수록했다. 본서의 수준을 넘는 문제도 있을 것이다. 좀 더 깊이 있는 무역학의 공부를 위해 각론의 서적이 필요하다는 것이 저자의 생각이다.

이 책의 원고 정리, 교정 및 타이핑 등의 작업을 도와준 성균관대 대학원 무역학과의 박근형, 허윤석, 장동현 군의 노고와 각종 자료를 본서에 소개할 수 있게 허용해 준 매일경제신문, 한국경제신문 및 전략물자무역정보센터 그리고 이 책의 출판을 승낙해 주신 아카데미프레스의 홍진기 사장님께 감사드리고, 편집부 직원 여러분의 노력에 대해 이 지면을 통해 심심한 사의를 표한다.

2013년 1월

성균관대 경영관 523호에서

박명섭

차례

제1편 무역의 기본개념

제2편 국제 무역이론과 정책

제1편

무역의 기본개념

제1장

무역의 기본개념

1절 무역의 기원

무역은 교환에서 비롯되었으며, 그 기원은 원시공동사회로까지 거슬러 올라간다. 원시사회에서의 교환은 두 개의 생산체 간의 단순한 형태였으며, 시장의 발생과 함께 교환은 완전한 형태로 발전되었다. 이렇게 교환이 발전하면서 그 매개수단이 필요하게 되자 화폐가 생성되었는데, 화폐는 교환을 더욱 촉진시켰다.

교환이 이루어지면 교환이 없을 때보다 더 큰 효용을 얻을 수 있기 때문에 국내에서는 국내 상업이 이루어지고 또한 그것이 확대되어 국제간의 교환이 이루어지는 것이다. 국제교역은 "국가 간 교역수단, 기후, 자원, 관습, 기호 등의 차이 때문에 확대되고 있는 것이다."라고 할 수 있겠다.

무역의 어원 자체도 교환(매매)을 의미한다. '貿' 자는 무역할 무, '易' 자는 바꿀 역이다. 영어의 trade도 track(지나간 자국, 항로)과 tread(걷다, 밟다)를 합한 것으로, 어떤 길이나 항로를 따라가면서 물건을 교환하는 행위를 말한다.

이와 같이 무역은 교환의 역사와 더불어 발전하였다. 일찍이 고대에 선주상인에 의한 무역이 있었고, 선박의 발달, 신항로·신대륙의 발견과 더불어 무역은 급격하게 발전하기 시작하였다. 특히 18세기 산업혁명 이후 영국을 중심으로 세계무역은 꽃을 피우기 시작한 것이다. 우리나라의 경우에는 문헌상에 원시사회의 공동체 간의 직접교환(물물교환)이 나타나 있고, 외국과의 대외무역은 BC 7세기경 고조선과 당시 중국 제나라와의 무역이 그 시초라고 전해진다.

2절 무역의 개념

무역은 국제간의 상거래, 즉 물품의 경제적 거래가 국제간에 이루어지는 현상으로 수출과 수입으로 이루어진다. 그런데 물품의 경제적 거래는 상품의 매매뿐만 아니라 자본, 서비스 등의 거래까지를 포함한다. 따라서 좁은 의미의 무역은 국가 간 상품의 수출입 행위만을 말하며 유형무역(visible trade)이라고 불린다. 상품무역, 즉 원료 및 원자재, 제품 등의 무역에서 발생하는 수지관계가 무역수지이며, 우리가 일반적으로 무역이라고 하면 이러한 상품무역을 가리킨다.

한편 넓은 의미로는 상품무역 외에 자본, 용역 등을 포함한 모든 국제간의 상거래를 무역으로 보고, 그중 상품무역을 제외한 장단기 자본의 이동과 기술, 운송, 보험, 관광 등의 서비스의 거래를 무형무역(invisible trade)이라 부르며, 여기서 생기는 국제수지를 무역외수지라 한다.

이러한 유형무역과 무형무역도 국제수지의 입장에서 보면 상품과 용역에 대한 경상거래와 자본에 대한 자본거래로 나누어진다.

요컨대, 무역은 국내거래와는 달리 경제체제 · 화폐제도 · 관세제도가 다른 외국과의 거래를 말하는데, 대외지향적 의미에서 외국무역(foreign trade, overseas trade)이라고 하기도 하며 국가 간의 무역이라 하여 국제무역(international trade)이라고도 하는데, 앞으로 세계 각국 간 교역의 장벽을 없애고 직접 교역하는 세계무역(world trade)의 확대는 세계의 유한한 자원의 효율적 배분을 위해서 필요 불가결한 것이다.

3절 무역의 기능

1. 소비자 효용증대

소비자들은 국내시장에서만 획득하던 상품이나 서비스를 무역을 통하여 보다 넓은 시장에서 조달할 수 있다. 즉, 보다 품질이 우수한 상품을 보다 저렴한 가격에 획득할 수 있을 뿐 아니라 이제까지 접근할 수 없었던 상품도 획득할 수 있다. 그러므로 무역은 소비자의 효용을 증대시켜 주는 것이다.

2. 생산자 이익증대

생산자는 무역을 통하여 국내시장에서만 공급받던 원료를 세계시장을 통해 보다 저렴하고 다양하게 구입하여 효율적인 생산을 할 수 있게 되었다.

3. 분업과 경쟁의 촉진

생산자는 무역을 통하여 보다 넓은 시장을 상대로 판매활동을 할 수 있으므로 대량생산이 가능하고 경쟁이 심화되어 전문화와 분업이 촉진된다. 국가 간 분업이나 기업 간 분업이 진행되면 전체적인 생산성은 더욱 높아진다.

4. 국민소득의 증대

무역은 수출, 투자 등을 통한 기업의 부가가치 창출에 이바지하고 국가 및 개인의 소득증대에도 기여한다. 국민소득이 증대되면 국민의 소비지출과 저축이 많아져 국민소득은 더욱 증가하게 된다. 이러한 국가적 중요성으로 인하여 무역에 대한 각국 정부의 관심과 지원이 큰 것이다.

4절 무역의 형태

1. 대상에 따른 구분

무역의 유형을 그 대상에 따라 크게 분류할 경우 재화무역과 서비스무역으로 나눌 수 있다. 재화무역은 일반적으로 유형의 재화로서 1차산업제품, 경공업제품, 중화학제품 등의 무역을 말한다. 서비스무역에 포함되는 산업들은 도소매업, 음식숙박업, 운수창고보관업, 통신, 금융·보험·부동산업, 비즈니스서비스, 공공서비스 및 국방, 오락 및 문화서비스 등으로 분류하고 있다.

2. 상품의 매매형태에 따른 구분

양국의 거래 당사자 사이에 직접적으로 이루어지는 경우를 직접무역(direct trade)이라 하고, 제3자를 개입시키지 않은 직접수출(direct export) 및 직접수입(direct import)을 통한 매매계약에 의하여 이루어지는 무역을 의미한다.

거래 당사자 사이에 제3자가 개입하여 간접적으로 이루어지는 경우를 간접무역(indirect trade)이라 한다. 간접무역의 형태로는 중개무역(仲介貿易), 중계무역(中繼貿易), 통과무역, 스위치무역 등이 있다.

1) 중개무역(merchandising trade)

仲介貿易이란 수출자와 수입자의 중간에서 제3국의 상인이 중개하여 이루어지는 거래를 말한다. 즉, 거래당사자 간에 매매계약이 직접 체결되지 않고 제3국의 제3자(중개업자)가 개입하여 계약이 체결되는 거래형태로서 제3국의 입장에서 본 무역형태이다. 중개업자에게 상품의 소유권이 이전되는 것이 아니라 중개업자는 다만 중개수수료(commission)를 목적으로 개입하기도 한다.

2) 중계무역(intermediary trade)

中繼貿易이란 일반적으로 수출할 것을 목적으로 물품을 외국에서 수입하여 가공하지 않은 상태로 또는 재포장과 같은 외관상의 약간의 변경만을 가하여 다시 수출함으로써 수출액과 수입액의 차액을 얻고자 하는 무역거래이다. 중계무역은 가공무역과도 유사한 점이 있으나, 가공무역은 가공 과정을 거쳐 수출되는 것이고, 중계무역은 가공 과정을 거의 거치지 않는다는 점에서 차이가 있다.

3) 통과무역(transit trade)

수출물품을 수입국에 수출하기 위하여 운송하는 과정에서 제3국을 통과하게 되는 경우, 제3국(통과국)의 입장에서 볼 때 통과무역이라고 한다.

4) 스위치무역(switch trade)

수출국과 수입국의 상인 사이에 매매계약이 체결되고, 물품도 양자 사이에 직송되지만, 대금의 결제는 제3국의 업자를 개입시켜 간접적으로 행하여지는 무역거래 방식이다.

3. 상품의 이동방향에 따른 구분

물품의 이동방향에 따라 무역은 수출무역과 수입무역으로 구분될 수 있다. 일반적으로 수출무역을 줄여서 수출이라고도 부르는데, 즉 수출업자가 물품을 국내에서 국외로 판매하는 경우를 의미한다. 반대로 수입무역이란 간단히 수입이라고도

하는데, 이것은 수출무역의 경우와 반대로 물품이 외국으로부터 국내로 반입되어 들어오는 것을 말한다.

4. 교역 당사국 간의 관계에 따른 구분

교역 당사국 간의 관계에서는 크게 두 가지로 구분할 수 있다. 북반구에 선진국이 많고 남반구에 개발도상국이 많은 것을 바탕으로 선진공업국과 개발도상국과의 무역을 총칭하여 남북무역이라 하며, 자본주의 국가와 사회주의 국가와의 교역을 동서무역이라 한다.

5. 거래체제에 따른 구분

1) 유형무역과 무형무역(visible trade & invisible trade)

직접적으로 눈으로 확인할 수 있는 재화의 무역은 유형무역, 눈에 보이지 않는 기술이나 노동력의 무역은 무형무역이라 한다.

2) 수평무역과 수직무역(horizontal & vertical trade)

기술 또는 소득수준이 비슷한 국가 간의 무역, 즉 선진국 간의 무역을 수평무역이라 하고, 생산단계가 서로 다른 상품 간에 이루어지는 무역을 수직무역이라 한다. 선진국의 반도체와 후진국의 섬유제품 간의 무역을 수직무역이라 할 수 있다.

3) 기술수출과 플랜트수출(export of technique & plant export)

기술수출과 플랜트수출은 선진국에서 주로 이루어지는 수출 형태이다. 기술력을 제공한 후 그 대가로 특허권이나 상표권 등을 지불받는 것을 기술수출이라 하며, 공장건설을 위해 선박, 철도, 차량 등을 포함한 주요설비 및 기계, 부품 등을 수출하는 것을 플랜트수출이라 한다.

6. 기타구분

1) 위탁판매무역(consignment sale trade)과 수탁판매무역(indent sale trade)

위탁판매무역은 위탁자(consignor)가 물품을 무환(無換: 무상수출입)으로 외국에 있는 거래 상대방에게 수출하여 판매를 위탁하고 판매된 범위 내에서 수탁자

(consignee)에게 일정의 판매 수수료를 지급하고 물품대금을 결제받는 것이다. 반대로 수탁판매무역은 수탁자가 해외의 위탁자로부터 위탁을 받아 그 위탁자의 비용과 위험하에 물품을 무환으로 수입하여 자국 내에서 판매하고 그 대금을 결제하는 형태로, 위탁자로부터 일정의 수수료 수취가 무역활동의 주된 목적이 된다.

2) 바터무역(barter trade)

바터무역은 물물교환의 개념으로 양국 사이에 대차(貸借)의 차액을 내지 않고 행하는 무역으로 바이백무역(buy-back trade)과 구상무역(compensation trade)으로 다시 구분된다. 바이백무역은 양국 간에 수출되거나 수입되는 물품과 관련된 물품의 수출입으로 대차관계를 상계하는 방식으로 대러시아차관 50억불을 석유나 천연가스, 군수품으로 상환하거나 플랜트(plant)를 수출해서 생산제품을 수입하는 경우가 있다. 구상무역은 양국 간에 수출되거나 수입되는 물품과 관련없는 물품의 수출입을 통해 양국 간의 수출입균형을 유지하는 방식이다.

5절 무역과 국민경제

오늘날 각 국민경제는 서로 밀접한 연관관계 속에서 세계경제를 형성하고 있으며, 어떤 형태로든 무역을 행하지 않는 나라는 한 나라도 없다. 현대 경제 사회에서 더 많은 상품과 서비스를 생산할 수 있게 해 주고 국민경제의 전반적인 생활수준의 향상을 가져다주는 특화는 필수적으로 무역을 통해서만 가능하며 무역 없이는 절대로 불가능한 것이다. 특히, 우리나라와 같이 부존자원이 부족하고 국내시장 규모가 협소한 나라들의 경우 세계시장을 대상으로 하는 경제성장은 필수적이라 할 수 있다.

1. 무역과 국민경제

오늘날 세계의 모든 국가는 선진국이든 후진국이든 간에 넓게는 세계무역이라고 하는 테두리 안에 있으며, 정도의 차이는 있을지언정 각국 경제는 무역에 의존하고 있으므로 무역을 배제한 국민경제의 유지·발전을 생각할 수 없다. 즉, 각국은 모두 자신의 국내시장을 소유하고 거기에 국민경제를 형성하고 있지만, 오늘날의 경제구조에서는 외국시장 없이는 존재할 수 없다. 따라서 한 나라의 국민경제는 무역을 통해서 순차적으로 다른 국민경제와 연관을 가짐으로써 세계경제를 형성하고 있다.

그러나 무역의 중요성은 국가에 따라 동일하지 않다. 국제적으로 비교하여 한 국가의 무역액이 크다고 해서 반드시 무역이 그 나라 국민경제에 큰 의미를 갖는다고는 할 수 없으며, 오히려 무역액이 작더라도 국가에 따라서는 매우 중요한 역할을 하는 경우가 적지 않다. 예컨대 미국과 같이 그 무역액이 타국들에 비하여 탁월하게 크다 할지라도 그 중요성은 상대적으로 작을 수 있다. 이는 국토가 광활하고 천연자원도 풍부하며 그 경제력이 막강하여, 공업 · 농업의 모든 분야에서 자급자족도가 높기 때문이다. 반면에 한국과 같이 자원도 빈약하고 국토의 면적에 비하여 과잉인구를 가지고 있는 국가에서는 무역액이 다른 선진국에 비하여 그다지 크지 않다 할지라도 무역의 중요성은 매우 크다 하겠다.

모든 국가가 무역을 국민경제와 연관시켜 무역의존도와 같은 무역통계지표를 작성하는데, 이를 통해 한 국가에서 무역이 얼마만큼 중요한지를 수치로써 파악할 수 있다.

표 1-1 수출과 국민경제

기본적 외화공급원	거래적, 예비적, 투기적 동기의 외화 확보
산업구조의 고도화	수출증대 → 시장규모확대 → 규모의 경제 실현 → 생산비인하/품질개선으로 경쟁력 강화 → 수출증대
생산증대/생산유발	관련 산업의 생산활동을 직 · 간접적으로 증대
고용 · 소득 증대	투자 활성화로 고용창출, 생산요소 투입으로 소득실현
경기조절	수출이 내수의 증가, 부진을 보완 (수출시장의 경기침체가 국내 경기침체 가속화)
산업구조 왜곡	분업으로 인해 특정 산업의 생산, 수출확대 (→ 다른 산업의 위축 및 외국 의존도 증가)
물가상승	수출로 인한 외화유입은 국내물가를 상승시킴

표 1-2 수입과 국민경제

경제발전에 필요한 물자의 조달	필요한 원자재와 소비재의 수입 고품질 · 저가격의 소비재 수입 → 소비의 질 향상
모방과 수요 창출	수입을 통해 타국의 기술, 자본, 상품 지식 이전 수입을 통한 수요의 자극
산업체질의 개선	가격경쟁 등을 통한 국내산업의 체질을 개선 국내 기업의 원가절감, 기술혁신, 경영합리화를 자극
국가재정수입 원천	수입품에 대한 관세
소비패턴의 왜곡	외제품의 소비 자극(특히 사치 소비재의 소비확산)
국내산업 위축/실업증가/소득감소	특히 노동집약적 수입품
국제수지 악화	대외지불 능력의 저하

2. 무역의존도

무역의존도는 한 나라의 국민경제가 무역에 어느 정도 의존하고 있는가를 보여준다. 이는 국민총생산 또는 국민소득으로 측정할 수 있다. 국민총생산(Gross National Product; GNP)이란 일정 기간(보통 1년) 동안에 국민 및 그들이 소유하는 생산요소에서 생산된 최종 생산물의 시장가치를 화폐로 집계한 것이다. 국민소득(National Income; NI)은 정부 부문을 뺀 민간 부문(가계 및 기업)이 소유하는 생산요소에서 생산된 최종 생산물의 시장가치를 화폐로 집계한 것이다. 무역의존도는 다음과 같이 나타낼 수 있다.

$$\text{무역의존도} = \frac{\text{무역총액}}{\text{국민총생산(또는 국민소득)}}$$

무역의존도가 높을수록 한 국가의 경제가 무역에 많이 의존하는 것이므로, 무역은 국민경제 발전에 많은 공헌을 한다는 것을 알 수 있다. 한편 그 나라 경제가 외국의 경제상황에 쉽게 영향받는다는 것을 의미한다고도 볼 수 있으며, 무역액 대신 수출액 또는 수입액을 사용하여 각각 수출의존도 또는 수입의존도를 구할 수도 있다. 수출입이 균형되어 있을 때 수출의존도와 수입의존도는 동일한 수준에서 결정된다.

3. 무역지수

한 나라의 수출입 규모의 변동은 국민소득, 고용상태 등과 같은 경제상황과 밀접한 관계를 맺고 있다. 수출입 금액의 변동은 수출입 가격이 변동하거나 수출입 물동량이 변동할 때 발생하므로 수출입 금액의 변동을 가격요인과 물량요인으로 나누어 파악해야 한다. 이를 위해 작성하는 통계가 무역지수이다.

무역지수는 특정한 기준시점을 100으로 하여 비교시점의 가격이나 물량의 변동을 측정하여 상대적인 수준을 숫자로 표시한 것이다. 무역지수에는 '수출입 단가지수', '수출입 물량지수', '수출입 금액지수' 세 가지가 있다. 이들 지수들은 각각 독립되어 있다기보다는 상호 밀접한 관계를 가지고 있다. 예컨대, 수출입 단가지수와 수출입 물량지수를 곱하면 수출입 금액지수가 나온다. 그러나 실제 지수 산출에 있어서는 수출입 금액지수와 수출입 단가지수를 먼저 산출한 뒤, 수출입 금액지수를 수출입 단가지수로 나누어 수출입 물량지수를 구하게 된다.

용어 정리

▶ **가공무역(Processing Trade):** 원자재를 외국에서 수입하여 이를 가공·정제한 후, 외국에 수출하는 무역활동을 일반적으로 가공무역이라고 한다. 이 가공무역 형태는 수탁가공무역과 위탁가공무역으로 구분된다. 수탁가공무역이란 물품가공상의 가득액을 가득하기 위하여 원자재의 일부 또는 전부를 거래상대자의 위탁에 의하여 자국에서 이를 가공 후 위탁자 또는 그가 지정하는 자에게 수출하는 무역거래 방식이다. 한편 위탁가공무역이란 가공임(加工賃)을 지급하는 조건으로 외국에서 가공할 원자재의 일부 또는 전부를 거래상대자에게 수출하여 이를 가공한 후 가공물품을 다시 수입하는 거래 방식이다.

[강태구 외, 무역학개론, 2006]

▶ **수출입 단가지수:** 무역지수 중 수출입 가격의 변동을 나타내 주는 것으로 수출입 각 품목의 평균단가를 기초로 전년도 평균대비 등락률을 산출한 뒤 이 등락률을 전년의 단가지수에 곱하는 방식에 의해 산출된다.

[http://naver.com]

▶ **연계무역(Counter Trade):** 수출과 수입이 연계된 무역거래를 총칭하는 광의의 개념으로 그 해석이 확대되고 있으며 거래기간, 청산의 형태, 교역되는 상품의 관계, 계약서의 수 등을 기준으로 크게 물물교환(barter), 대응구매(counter-purchase), 제품환매(buy-back), 상계무역(offset trade), 스위치무역(switch trade) 등으로 구분된다.

[강태구 외, 무역학개론, 2006]

▶ **생산성(Productivity):** 재화 생산의 투입량과 산출량의 비율이다. 생산이 행해지기 위해서는 원료, 동력, 기구, 노동, 자본 등의 생산요소가 필요하다. 생산을 위하여 소비한 생산요소의 양과 그 결과 생산된 생산물 양의 비율이 생산성이다. 구체적으로는 원료단위(예컨대 1톤)당 제품산출량, 노동력 단위(예컨대 1인의 노동)당 제품 산출량으로 표시하며 노동력 단위당 생산성을 노동생산성이라고 한다.

[http://mk.co.kr]

▶ **효용(Utility):** 인간이 소비생활로부터 얻는 만족도를 수치적 지표로 표현할 수 있다면 여러 모로 편리하다. 경제학에서는 소비생활에 대한 만족도의 수치적 지표로서 효용의 개념을 고안하여 사용해 오고 있다. 초기 경제학자들은 효용이 길이나 무게처럼 기수적(基數的)으로 계측 가능하다고 생각하였으나, 근대 경제학자들은 효용의 계측가능성에 대해 회의를 품고 효용의 절대적 수준 및 선호의 강도(효용 수준의 차이)에는 의미를 부여하지 않았다. 오직 선호의 서열만을 말해 주는 지수를 서수적(序數的) 효용이라 한다.

[신봉호, 미시경제학, 1999]

시사 읽을거리

통계로 본 세계 속의 한국

GDP 규모 세계 12위

- 2005년 우리나라의 국내 총생산액(당해년 가격 기준)은 전년보다 15.7% 증가한 7,875억 달러로 세계 12위 규모.
- GDP 규모가 가장 큰 나라는 미국(12조 4,872억 달러)으로 우리나라의 15배를 상회하며, 이어서 일본(4조 5,588억 달러), 독일(2조 7,953억 달러), 영국(2조 1,988억 달러) 등의 순.

1인당 GNI 세계 29위 수준

- 2005년 우리나라 1인당 국민총소득(당해년 가격 기준)은 전년보다 14.8% 증가한 16,291달러로 세계 29위 수준.
- 1인당 국민총소득이 많은 나라로는 룩셈부르크(65,228달러), 노르웨이(63,423달러), 스위스(53,688달러, 2004년), 덴마크(47,720달러), 미국(41,802달러), 아이슬란드(41,042달러, 2004년), 아일랜드(40,667달러) 등의 순.

수출 세계 12위, 수입 세계 13위 규모

- 2005년 우리나라의 수출은 2,844억 1,900만 달러로 세계 총수출액의 2.8%를 점유하여 세계 12위 규모.
  - 2005년 수출액은 2004년에 비해 12.0%(305억 7,400만 달러) 증가.
  - 독일이 세계 최대 수출국으로 세계 총수출액의 9.6%(9,778억 2,400만 달러)를 점유.
- 2005년 우리나라의 수입은 2004년에 비해 16.4% 증가한 2,612억 3,800만 달러로 세계 13위 규모.
  - 최대 수입국은 미국으로 세계 총수입액의 16.3%(1조 7,323억 5,000만 달러)를 점유.

무역의존도 OECD 국가 중 9위

- 2005년 우리나라의 무역의존도는 69.3%로 OECD 국가 중 9위 수준이며, 2004년에 비해 1.0%p 감소.

[통계청 자료, 2006년 8월]

제2편

국제 무역이론과 정책

제2장

고전 무역이론

1절 절대생산비설

애덤 스미스(Adam Smith)는 그의 저서 『국부론』(1776년)에서 국제분업은 생산비의 절대적 차이로 인하여 이루어진다고 하였다. 절대생산비설은 상품의 생산을 위해 단지 노동만을 유일한 생산요소로서 가정하는 노동가치설을 바탕으로 하고 있다. 따라서 상품의 가치는 투입노동량으로 표시할 수 있다.

〈표 2-1〉에서 영국에서 1단위의 모직물을 생산하는 데 필요한 노동량은 100명이며, 1단위의 포도주를 생산하는 데 필요한 노동량은 120명이라고 가정하고, 한편 포르투갈에서는 각각 1단위의 생산에 110명과 80명이 필요하다고 가정하자. 이 경우 영국은 모직물 생산에 절대적 우위(absolute advantage)를 차지하고 있음에 반해, 포르투갈은 포도주 생산에 절대적 우위를 누리고 있다. 따라서 영국은 모직물 생산에, 포르투갈은 포도주 생산에 집중 특화생산하여 교환함으로써 특화 이전에 비해 모직물 0.2단위와 포도주 0.375단위를 더 많이 생산할 수 있는 무역이익이 발생한다.

〈표 2-1〉에서 확인한 바와 같이 양국 전체의 생산량은 특화하기 전보다 더욱 증가될 뿐만 아니라 절대생산비의 차이에 따른 무역이익을 얻는다. 다시 말하면 영국과 포르투갈 사이의 무역 개시와 함께 모직물은 영국이 특화함으로써 0.2단위, 그리고 포도주는 포르투갈이 특화함으로써 0.375단위를 더 얻을 수 있다. 따라서 무역을 하게 되면 이러한 무역이익이 발생된다.

표 2-1 절대생산비설에 의한 무역이익

		영국	포르투갈	양국 합계
무역 전	모직물	100인(1단위)	110인(1단위)	2단위
	포도주	120인(1단위)	80인(1단위)	2단위
무역 후	모직물	220인/100인=(2.2단위)		2.2단위
	포도주		190인/80인=(2.375단위)	2.375단위

결론적으로 애덤 스미스의 절대생산비설은 생산에 있어 다른 나라보다 절대우위를 갖는 재화를 수출하고 절대열위를 갖는 재화를 수입할 경우 양국이 모두 무역이익을 얻을 수 있으며 따라서 생산에 있어서의 절대우위가 무역을 발생시키는 중요한 요소라고 규정하고 있다.

2절 비교생산비설

리카도(David Ricardo)의 비교생산비설은 한 나라가 두 상품에 있어서 모두 절대우위(혹은 절대열위)에 있다 하더라도 비교생산비 차에 의해 무역이 성립할 수 있다는 사실을 밝힘으로써 애덤 스미스의 절대우위론을 보완한 이론인데, 이 역시 노동가치설에 입각하고 있다. 리카도는 스미스와는 달리 생산비의 상대적인 차이가 존재하는 경우에도 무역은 성립한다고 주장하였으며 한 국가는 생산비에 있어서 상대적 우위에 있는 재화의 생산에 특화하여 무역을 영위하는 것이 당사국뿐만 아니라 전세계적으로도 이익이 된다고 설명하였다.

〈표 2-2〉에 따르면 영국에서는 1단위의 모직물을 생산하는 데 100명의 노동력이 필요하고, 포도주 1단위를 생산하는 데 120명의 노동력이 필요하게 된다. 그런데 포르투갈에서는 모직물 1단위 생산에 90명, 포도주 1단위 생산에 80명의 노동력이 필요하게 된다.

영국은 포르투갈에 비해 두 상품의 생산이 모두 불리하지만, 그 불리한 정도를 포르투갈에 대한 영국의 비율에서 보면, 모직물의 경우는 100/90으로 포르투갈의 생산비의 110%이고, 포도주의 경우는 120/80%으로 포르투갈의 생산비의 150%에

표 2-2 비교생산비설에 의한 무역이익

		영국	포르투갈	양국 합계
무역 전	모직물	100인(1단위)	90인(1단위)	2단위
	포도주	120인(1단위)	80인(1단위)	2단위
무역 후	모직물	220인/100인=(2.2단위)		2.2단위
	포도주		170인/80인=(2.125단위)	2.125단위

해당한다. 결국 포도주 쪽이 더 불리함을 알 수 있다. 그러므로 영국이 모직물에, 포르투갈이 포도주에 특화하게 되면, 영국은 생산 증가량 0.2단위만큼 포도주를 더 소비할 수 있고 반면에 포르투갈은 포도주 생산 증가량 0.125만큼 모직물을 더 소비할 수 있게 된다. 이와 같이 국제분업을 통하여 영국과 포르투갈이 무역을 하게 되면 모직물 0.2단위, 포도주 0.125단위의 생산량 증가와 또 소비증가로 나타나게 되는데 리카도는 이것을 무역이익(gains from trade)이라고 하였다.

그러나 이러한 비교생산비설은 다음과 같은 몇 가지 한계성을 가진다.

첫째, 생산된 제품의 가치는 투입된 노동, 공급(생산) 원가에 의해서만 결정되는 것이 아니라 수요압력의 영향도 받기 때문에 비용이 동일해도 수요의 크기에 따라 가격이 달라질 수 있다. 이는 리카도가 노동가치설에 근거 이론을 전개한 데 따른 것으로, 이후 밀(Mill)이나 린더(Linder)의 이론에서 보완되었다.

둘째, 현대에는 생산량이 증가할 때 생산단가가 상승하거나 하락하는 경우가 많아 수확불변 가정이 보편적이지 않기 때문에 리카도의 수확불편 생산 가정이 보편적이지 않다.

셋째, 현실에서는 관세나 비관세장벽 등 많은 장벽을 뛰어넘어야 하는 데 반해, 리카도는 무역에 장애가 없음을 전제로 이론을 전개하였다.

3절 상호수요설

비교생산비설의 원리에 따라 각국이 비교우위를 지닌 재화를 특화하여 생산하면 무역당사국들은 이익을 얻는다. 그러나 이 원리로는 그 이익이 어떻게 분배되는

지를 설명할 수 없다. 즉 무엇이 교환비율을 결정하는가, 어디서 교환비율이 결정되는가는 밝히지 않고 있다.

영국의 밀(John Stuart Mill)은 리카도의 비교우위론에 상호수요이론을 보완하여 나름대로 고전적 무역이론을 집대성하였다. 즉, 밀은 두 나라 사이의 교역조건이 교역 당사국의 기회비용(국내 교환비율)을 상하한으로 하여 그중 양국의 상호수요가 일치하는 수준에서 결정된다고 보았다. 이렇게 결정된 교역조건하에서 한 나라의 수출량과 그 품목에 대한 상대국의 수입량이 일치하게 되고 양국이 얻을 수 있는 무역이익이 정확히 측정될 수 있다는 것이다.

〈표 2-3〉과 같이 영국에서는 동일노동량을 집중하여 면포 10야드 또는 아마포 15야드를 생산할 수 있으며, 독일에서는 동일노동량을 집중하여 면포 10야드 또는 아마포 20야드를 생산할 수 있다고 가정한다.

이 경우 〈표 2-3〉에서 알 수 있는 바와 같이 영국은 면포 생산에 비교우위를 가지고, 독일은 아마포 생산에 비교우위를 가지며, 두 나라의 무역은 영국이 면포를 수출하고 아마포를 수입하는 한편, 독일이 아마포를 수출하고 면포를 수입하는 생산·무역 패턴이 성립된다.

영국은 10야드의 면포를 독일에 수출해서 만일 15야드 이상의 아마포를 수입할 수 없다면 그러한 교환에 응하지 않을 것이다. 영국은 10야드의 면포와 교환해서 입수할 수 있는 아마포의 수량이 15야드 이상으로 많아지면 많아질수록, 그 교환은 영국에 보다 많은 이익을 가져오게 된다.

한편, 독일은 만일 20야드 이하의 아마포로써 면포 10야드를 수입할 수 없다면 그러한 교환에 응하지 않을 것이다. 독일은 20야드 이하의 보다 적은 수량의 아마포로써 면포 10야드를 입수할 수 있게 되면 될수록 독일의 이익은 커진다. 보다 적은 양의 아마포로 일정량의 면포를 입수할 수 있기 때문이다.

표 2-3 밀의 생산량 비율의 원칙

	영국	독일
면포	10	10
아마포	15	20

(단위: 동일노동량으로 생산가능한 야드 수)

양국 간의 교환비율은 무역 전의 영국의 교환비율(면포 10야드 대 아마포 15야드)에 접근할수록, 무역에 의한 독일의 이익은 커지며 영국의 이익은 작아진다. 반대로, 그것이 무역 전 독일의 교환비율(면포 10야드 대 아마포 20야드)에 접근할수록 영국의 이익은 커지고 독일의 이익은 작아진다. 즉, 영국과 독일 양국이 다같이 무역이익을 추구할 수 있는 국제 교환비율의 범위는 면포 10야드에 대하여 아마포 20야드 이하 15야드 이상이어야 한다.

한편, 리카도의 경우는 비교생산비 차의 비교에 의해서 무역 패턴을 결정하고 있으나, 밀의 경우는 생산량의 비교에 의해서 무역 패턴을 결정하고 있다.

용어 정리

▶ **국부론(The Wealth of Nations):** 영국의 고전파 경제학의 시조인 애덤 스미스(1723~1790)가 1776년에 발간한 주요 저서이다. 10년에 걸쳐 완성한 이 대저에서 스미스는 부의 원천은 노동이며, 부의 증진은 노동생산력의 개선으로 이루어진다고 주장하고, 생산의 기초를 분업(分業)에 두었다. 그는 분업과 이에 수반하는 기계의 채용을 위해서는 자본의 축적이 필요하며, 자유경쟁에 의해서 자본축적을 꾀하는 것이 국부증진의 정도(正道)라고 역설하였다.

[조순 외, 애덤 스미스 연구, 1990]

▶ **노동가치설:** 재화의 가치는 그 재화의 생산과정에 투여된 노동시간 즉 노동량에 따라 결정되며, 그 가치의 비율에 따라 상품의 교환이 성립된다고 주장하는 이론이다. 인간이 주관적 만족의 정도를 상품가치의 기준으로 삼는 효용가치설과 대립되는 객관가치설의 입장이다. 역사적으로 T. 홉스, W. 페티, J. 로크 등을 비롯한 많은 학자들이 노동에 의한 가치의 규정을 논의했으나, 이론적 체계를 갖춘 노동가치설의 성립은 애덤 스미스에 이르러서야 비로소 실현되었다.

[http://preview.britannica.co.kr]

▶ **노동생산성(Labor Productivity):** 단순하게 말하면 노동의 능률을 말한다. 투하한 노동량과 그 결과 얻어진 생산량과의 비율이며, 이 경우 노동량은 생산에 투하된 총 노동시간을 잡고 생산량은 중량과 길이 등으로 재는 것이 보통이다. 이 표현방식으로는 ① 생산물 1단위에 소요된 노동량(노동시간) ② 1단위 노동량(노동시간)당의 생산량 등 두 가지가 있다.

[http://mk.co.kr]

▶ **비교우위:** 생산비의 상대적 차이에 의해 국제분업의 이익이 생기기 때문에 국제무역이 초래된다는 이론으로서 리카도(D. Ricardo)에 의해서 제창되었다. 상대적으로 우위에 있는 재화의 생산을 특화하여 국제분업을 일으킴으로써, 상호간에 무역을 통하여 필요한 재화를 구입하는 것이 그 나라는 물론 세계적인 관점에서도 이익이 된다고 하였다.

[백주현, 현대경제학입문, 1998]

▶ **생산요소:** 인간에게 필요한 재화나 용역을 생산하는 데 있어 반드시 필요한 요소로서 토지, 노동, 자본, 경영 등이 있다. 토지란 생산에 쓰이는 모든 자연자원을 뜻하며, 노동이란 인간의 정신적, 육체적 노력을 말하고, 자본이란 인간이 만들어 낸 모든 수단을 가리킨다. 생산의 제4요소로 꼽히는 경영은 각 생산요소를 어떤 식으로 결합하여 어떤

방법으로 생산할 것인가를 결정하는 활동을 말한다. 이들 생산요소 중 자본주의 사회에서는 자본의 역할을 강조하는 반면, 사회주의 사회에서는 노동의 역할을 결정적인 것으로 본다.

[http://user.chollian.net]

▶ **절대우위:** 애덤 스미스는 '분업(分業, division of labor)의 효율성' 을 강조한 것으로 유명한데, 그 이론을 생산부문 사이와 국가 사이에 적용한 것이 '절대우위(絶對優位, absolute advantage)' 이론이다. 절대우위설의 요지는 두 나라가 국내에서 자체 생산하는 것보다 상대국으로부터 훨씬 저렴한 가격으로 원자재나 완제품을 수입해서 사용한다면, 두 나라의 국부가 모두 증가하여 두 나라가 모두 이득을 얻을 수 있지 않겠느냐는 주장이다. 물론 이 때 무역은 각국이 다른 나라에 비해 절대적으로 저렴하게 생산할 수 있는 제품을 수출하는 것이므로, 무역을 발생시키는 근거와 무역 쌍방이 이득을 보는 근거는 '절대우위' 이다.

[손정식, 국제무역론, 2003]

시사 읽을거리

리카도의 비교우위론과 영국 곡물법

애덤 스미스는 기업인들은 상공회의소 같은 곳에서는 시장의 자유를 외치기를 즐기지만 국회에 가기만 하면 특혜를 받고자 정치인들의 귀에 속삭이기에 바쁘다고 표현하였다. 리카도의 시대 역시 예외가 아니었다.

프랑스와의 전쟁 기간 동안 가장 톡톡한 재미를 본 사람은 바로 영국 지주들이었다. 나폴레옹의 대륙봉쇄령의 영향으로 곡물 수입이 끊기자 국내 곡식가격은 하늘 높은 줄 모르고 치솟았던 것이다. 전쟁이 끝나고 시장개방으로 인해 곡식가격이 떨어질 기세를 보이자 이들 지주들은 재빨리 정치인들을 붙잡고 보호무역을 호소했다.

1815년 국회는 일정가격을 밑도는 곡물에 대한 수입금지법안을 통과시킴으로써 영국 농민들에게 독점권을 주었다. 그 곡물수입금지법안은 the Corn Law, 즉 곡물법이라 명명되었다.

리카도는 미래를 전망해 보았다. 영국은 보호무역을 표방하고 자급자족하는 고립국이 되느냐, 아니면 세계무역의 중심지로서 활약하게 되느냐 하는 기로에 놓인 것이다. 하지만 리카도에게는 선택의 여지가 없었다. 자력본원(自力本原)을 택할 경우, 영국 경제는 얼마 못 가서 쇠망할 것이라고 그는 내다보았다.

리카도의 비교우위론에 따르면 무역상대국의 생산능력이나 기술과 상관없이 자유무역은 두 나라 모두에게 이로운 것이다. 절대우위는 국가 간의 비교개념이지만 비교우위는 한 국가 내 산업끼리 비교한 개념이기 때문에 절대우위 산업이 하나도 없는 국가라 할지라도 비교우위 산업은 있기 마련이다.

각국은 비교우위 산업에 주력해서 세계가 분업화되어야 한다는 것이 리카도의 주장이었다. 곡물법에 대한 리카도의 의견은 말할 것도 없었다. "프랑스가 곡물에서 비교우위를 지녔더라도 곡물을 수입해야 할 판국인데, 하물며 곡물이 절대우위를 지녔음에야 …… 어서 프랑스산 빵을 먹고 우리는 다른 일에 손대자."

[죽은 경제학자의 살아있는 아이디어(토드 부크홀츠 著)]

제3장

근 · 현대 무역이론

1절 기회비용설

하벌러(Gottfried von Haberler)는 생산에 투입되는 요소를 확대시킴으로써 제한된 가정[1)]에서 탈피하고, 일반 균형이론을 적용하여 기회비용에 의거한 비교생산비설을 전개하였다. 기회비용은 하나의 생산물의 비용을 다른 하나의 희생된 생산물로 표시한 것이다. 이 이론은 이질적인 생산요소들을 각각 다른 하나의 희생된 생산물로 표시하였으며, 이질적인 생산요소들이 각각 다른 비율로 결합되어 무수한 재화가 생산된다고 본다. 또한 생산량을 증가시킴에 따라 체증생산비가 발생한다는 것을 고려하고 있다.

불변생산비하의 무역은 현실적으로 적용되기 어렵다. 왜냐하면 불변기회비용하에서는 X재의 생산량을 1단위씩 점진적으로 증가시킴에 따라 Y재의 생산량은 동일한 양으로 감소되기 때문에 모든 생산요소가 두 재화의 생산에 적합하다는 것을 의미한다. 그러나 현실적으로 국내의 모든 생산요소들이 X재의 생산과 Y재의 생산에 똑같이 적합할 수는 없다. 이와 같이 모든 생산요소가 상품 생산에 적합하지 않으므로 체증생산비가 생긴다.

고전학파의 무역이론에서는 불변생산비를 가정했으므로 완전특화가 가능했지만, 이 경우에는 완전특화가 불가능하고 다만 불완전특화만 가능하다.

---

1) 단일의 생산요소, 동질의 생산요소, 불변생산비

2절 헥셔-올린 정리

헥셔(Eli Filip Heckscher)와 올린(Bertil Ohlin)은 두 나라 사이에 생산요소 부존량에 차이가 발생하면 상품 생산에 투입된 자본과 노동의 비율이 달라지기 때문에, 생산비 차이가 발생한다고 보았다. 생산비의 상대적 차이가 무역 발생의 원인이 된다는 점에서는 리카도의 이론과 유사하다고 볼 수 있다. 하지만 리카도는 이러한 생산비의 상대적 격차의 발생이 각국의 노동생산성 차이 때문이라 보는 반면, 헥셔와 올린은 각국의 생산요소 부존도(factor endowments)의 차이 때문이라고 본다. 따라서 만일 노동 생산성의 차이가 없는 경우 리카도의 이론에 의하면 무역은 발생할 수 없으나 헥셔-올린에 의하면 요소 부존도의 차이에 의해 생산비 격차가 존재할 수 있으므로 무역이 발생할 수 있게 된다. 실제로 생산요소의 상대적 부존도에 따라 동일 재화인 경우라도 생산비의 차이가 발생할 수 있다는 것은 상당히 설득력 있다고 할 수 있다. 게다가 헥셔-올린 이론은 리카도와 달리 노동에 자본을 추가하여 고려하였으며, 또 가변 기회비용을 가정하며, 불완전특화가 일반적이라는 점에 있어서 리카도 이론을 진일보시킨 이론이라고 할 수 있을 것이다. 특히 헥셔-올린에 의한 제2요소모형의 정립은 소득분배, 산업 간의 요소분배 및 자본축적이나 각국 간의 요소 이동의 문제 등을 분석할 수 있는 모형체계를 제공하였다는 점에서 국제무역이론의 발전에 결정적인 전기를 제공한 바 있다.

제1명제: 요소 부존 이론

무역 당사국 간에 존재하는 생산요소의 상대적인 부존량의 차이 때문에 결국 생산비의 차이가 발생하고 무역이 일어나게 된다. 따라서 각국은 풍부한 생산요소를 많이 사용하여 생산하는 상품에 비교우위가 있다. 예를 들어 중국은 상대적으로 노동력이 풍부하고 반면에 미국은 상대적으로 자본이 풍부하다고 가정하자. 그러면 중국은 임금이 낮아서 노동집약적 상품 생산에 비교우위를 가지고, 미국은 이자가 낮아서 자본집약적 상품 생산에 비교우위를 가진다. 이때 중국은 노동집약적 상품 생산을 상대적으로 늘리고 미국은 자본집약적 상품 생산을 상대적으로 늘려 서로 무역을 하면 두 나라 모두에게 이익이 된다.

표 3-1 **요소 부존 이론**

중국	노동풍부	저임금 → 노동집약적 상품생산에 비교우위 → 노동집약적 상품생산에 특화 → 노동집약적 상품의 수출
	자본희소	고이자 → 자본집약적 상품생산에 비교열위 → 자본집약적 상품생산의 축소 → 자본집약적 상품의 수입
미국	자본풍부	저이자 → 자본집약적 상품생산에 비교우위 → 자본집약적 상품생산에 특화 → 자본집약적 상품의 수출
	노동희소	고임금 → 노동집약적 상품생산에 비교열위 → 노동집약적 상품생산의 축소 → 노동집약적 상품의 수입

제2명제: 요소-가격 균등화 이론

생산요소로 투입된 노동과 자본이 한 나라에서 다른 나라로 이동하지 않더라도 그 생산요소를 사용해서 만든 상품의 무역에 의해서 생산요소의 상대가격(=임금/이자)은 국가 간에 같게 되는 경향이 있다.

무역이 성립되면 중국에서는 무역 전에 자본집약적 상품을 생산하는 데 사용되던 자본과 노동이 노동집약적 상품 생산으로 옮겨져 투입될 것이다. 이 경우 노동집약적 상품의 노동 수요는 상대적으로 증가하고 자본 수요는 감소된다. 그 결과 상대적으로 저렴한 생산요소였던 노동의 가격은 오르고 자본의 가격은 하락할 것이며, 미국에서는 정반대의 현상이 나타날 것이다.

표 3-2 **요소-가격 균등화 이론**

중국	노동집약적 상품생산에 특화 → 노동에 대한 수요 증가 → 임금의 상승
	자본집약적 상품생산의 축소 → 자본에 대한 수요 감소 → 이자의 하락
미국	자본집약적 상품생산에 특화 → 자본에 대한 수요 증가 → 이자의 상승
	노동집약적 상품생산의 축소 → 노동에 대한 수요 감소 → 임금의 하락

요약하면 무역 전에 이루어졌던 양국 간 생산요소 가격의 차이를 무역이 감소시키는 경향이 있다는 것을 의미하며, 더 나아가 요소의 상대가격이 균등화된다는 것이 제2명제의 내용이다.

3절 레온티예프의 역설

레온티예프(W. Leontief)는 과연 헥셔-올린의 정리가 현실의 국제무역을 어느 정도 설명해 주고 있는가의 문제에 대해 미국경제를 대상으로 검증을 최초로 시도하였다. 그는 무역재의 요소 집약도를 미국의 1947년도 투입산출표를 이용하여 산출하였으며, 그 결과 미국의 수입대체재 생산에 포함되어 있는 1인당 자본액은 수출 재생산에 포함되어 있는 1인당 자본액보다 약 1.3배가 됨을 보여 주었다. 그렇다면 타 교역 국가에 비해 자본이 상대적으로 풍부한 미국이 오히려 노동집약재를 수출하고 자본집약재를 수입하는 것이 된다. 그리고 이것이 사실이라면 적어도 미국경제에 있어서는 헥셔-올린의 정리는 성립하지 않게 된다. 이를 레온티예프의 역설(Leontief paradox)이라고 한다.

역설의 원인에 대해서는 많은 경제학자들이 나름대로 통계적인 근거를 제시하였다. 하지만 역설적 결과를 얻은 레온티예프 자신은 그 원인을 각국 간 노동생산성의 차이에서 찾았다. 즉 헥셔-올린 정리에서는 생산요소를 노동과 자본으로 나누고, 각국 간 생산요소의 질도 같다고 보았다. 하지만 현실적으로 미국의 노동자는 다른 나라의 노동자보다 생산성이 높다는 것이다. 미국은 양적으로 보면 자본 풍부국이지만, 질적으로 보면 숙련노동 풍부국이다. 따라서 생산요소를 숙련노동, 비숙련노동, 자본 등 세 가지로 나누면, 미국은 상대적으로 풍부한 생산요소인 숙련노동을 집약적으로 사용하여 생산하는 상품에 비교우위가 있다는 것이다. 결국 레온티예프의 역설은 역설이 아니며 생산요소를 질적으로 세분화한다면, 헥셔-올린의 제1명제가 타당하다는 것을 나타낸다.

4절 스톨퍼-사무엘슨 정리

헥셔-올린 정리가 성립하는 무역세계에 있어서는, 어떤 재화의 가격 변동은 당연히 생산요소 간 상대가격과 실질가격을 변동시키게 된다. 이것을 관세부과 시 각 생산요소 소유자 간의 소득재분배 효과에 적용하여 분석한 것이 바로 스톨퍼-사무엘슨(Stolper-Samuelson) 정리이다. 즉, 만일 어느 나라가 그 나라에 상대적으로 희소하게 부존된 요소를 집약적으로 사용하는 재화를 수입할 때 그 수입품에 관세를 부과시키면, 그 재화의 상대가격이 상승하게 되고 생산요소가 그 재화의 생산에 몰리게 됨으로 인해, 희소요소의 가격상승이 초래되어, 희소요소 소유자에게 유리한 소득분배가 이루어진다는 것이다. 따라서 보호무역은 희소한 생산요소에 유리하게 소득을 재분배하게 된다.

스톨퍼-사무엘슨 정리는 물론 헥셔-올린 모형하에서만 타당성을 갖지만 무역정책과 관련하여 상당히 중요한 의미를 시사해 준다. 역사적으로 영국의 공업화 과정에서 지주세력들이 언제나 곡물 수입에 대해 관세부과를 옹호했던 것은, 이 정리의 의미를 볼 때 지극히 당연한 것이라 볼 수 있다.

5절 기타 현대무역이론

1. 대표수요이론

비교우위의 발생원인을 공급과는 달리 수요의 측면에서 설명하고자 한 시도가 린더(S. B. Linder)의 대표수요이론(representative demand theory)이다.

린더는 무역이론에서 고찰의 대상이 되는 재화를 1차산품과 2차산품으로 엄격히 구분한 다음, 헥셔-올린 정리는 자연자원의 부존상태의 차이에 의해 결정되는 1차산품의 무역패턴을 설명하는 데 있어 매우 타당한 것이었으므로 널리 받아들여졌던 것이라고 주장하였다.

그는 1차산품 이외의 모든 생산물에 관해서 각국은 어떤 범위에 걸친 수출가능재를 갖고 있으며, 수출가능재의 범위는 국내수요에 의해 결정된다고 본다. 어떤 생산물이 자국 내에서 소비 또는 투자된다는 것은 그 생산물이 수출가능재가 될 수 있는 충분조건은 아니나 필요조건이기는 하다는 것이 린더의 기본명제이다. 그러나 너무 광범한 수출가능재의 범위를 좁히기 위해 어떤 수출가능재가 잠재적 수출품이 되기 위한 필요조건은 그 재화에 대한 대표적 수요가 국내에 존재해야 한다는 것이다.

국내수요가 존재하지 않는다면, 첫째, 기업가들이 국내에 존재하지도 않는 종류의 수요를 충족시키고자 생각하지는 않는다는 점, 둘째, 그러한 외국의 수요가 알려졌을지라도 그 수요를 완전히 만족시켜 줄 수 있는 상품을 생각해 낼 수는 없다는 점, 셋째, 그러한 상품을 생각해 냈다고 하더라도 익숙하지 못한 상태에 고생하여 그 생산에 적응하기까지는 많은 경비가 들어 성공하기가 어렵다는 것 등 세 가지 이유로 값싸게(즉 비교우위를 갖고) 생산할 수 없을 것이다.

2. 연구·개발요소이론

키싱(D.B. Keesing)과 그루버(W. Gruber), 메터(D. Metha), 버논(R. Vernon) 등은 연구 개발활동이 무역 및 국제투자의 패턴에 미치는 영향을 중요시하여 연구 개발요소(R&D factor)라는 새로운 생산요소가 무역의 방향을 결정짓는 요소라는 주장을 하였다. 그들은 미국산업의 비교우위에 관한 실증분석을 통하여, 다수의 과학자와 기술자를 거느리고 연구설비가 확충되어 있고 연구비 지출도 상대적으로 가장 큰 산업에 비교우위가 있다고 말하였다. 이것은 항공기산업·전자공업·무기산업 등 소위 첨단기술산업에서의 비교우위와 무역 패턴을 설명해 준다.

그러나 연구개발요소란 결국 기술이라는 또 다른 생산요소에 불과하고 따라서 그것은 자본·노동 및 자연과 더불어 부존자원 중 하나를 구성하는 데 불과하다. 따라서 요소부존의 상대적 풍부라는 헥셔-올린의 정리와 본질적으로 동일하다.

3. 제품수명주기이론

제품수명주기이론(product life cycle theory)은 하나의 상품도 그 판매량에 있어서 인간의 수명과 같이 일정한 발전 형태를 갖는다는 사실에 주목하여 시간의 경과에 따른 공산품의 국제무역 패턴의 변화를 규명하고 있다.

제품수명주기이론은 도입기(new phase stage), 성장기(growing stage), 성숙기(mature stage), 쇠퇴기(decline stage) 4단계로 나누어 제품이 시장에 소개되어 쇠퇴되어 가는 과정을 설명하고 있다. 이 이론에 의하면 신제품이 성숙되어 가고 대중화되어 감에 따라 점차 표준화되고 대량생산기술과 미숙련노동에 의해 생산이 가능해지게 된다는 것이다. 따라서 제품의 비교우위는 새로운 기술이 최초로 개발된

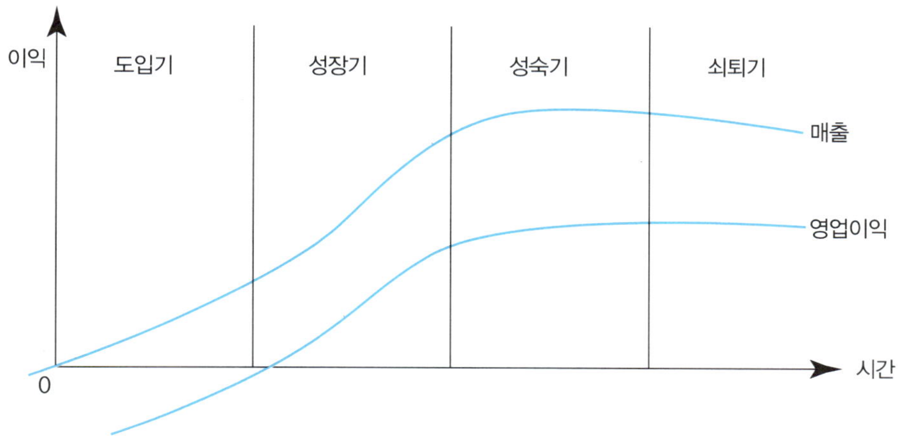

그림 3-1 **제품수명주기(Product Life Cycle)**

선진국으로부터 노동이 비교적 저렴한 그리고 상대적으로 덜 발전된 국가로 이전된다는 것이다.

용어 정리

▶ **균형이론(Equilibrium Theory):** 일반균형이론과 부분균형이론이 있으며, 일반균형이론은 왈라스에 의해 이론화된 것으로 개인, 기업체 등의 경제주체가 각각 효용극대화(개인은 효용의 극대화, 기업은 이윤의 극대화) 행동을 하면, 생산물 및 생산요소의 수요와 공급이 일치된다는 조건 아래서, 모든 경제변수 값의 결과가 정해진다는 것이다. 한편 부분균형이론은 각각의 생산물 또는 생산요소의 균형에 주목한 것이며, 이 경우 다른 조건은 일정하다고 보고 분석한다.

[http://mk.co.kr]

▶ **기회비용(Opportunity Cost):** 기회비용이란 어떤 재화를 생산하는 데 직접 지출된 화폐량과는 관계없이 그 재화의 생산에 투입된 생산요소를 다른 곳에 투입했더라면 생산될 수 있었던 재화의 가치를 말한다. 다시 말하면 X재 1단위를 생산하는 데 드는 기회비용은 X재를 생산하기 위해서 희생된 다른 재화의 양을 말한다.

[주성환, 경제원론, 2002]

▶ **투입산출표:** 일정 기간(보통 1년)동안 국민경제 내에서 발생하는 재화와 서비스의 생산 및 처분과 관련된 모든 거래내역을 일정한 원칙과 형식에 따라 기록한 종합적인 통계표이다. 이 표의 세로(열) 방향은 각 산업 부문에서 구입한 원재료와 노동, 자본 등 본원적 생산요소의 투입을 나타내는 투입구조를, 가로(행) 방향은 각 산업 부문에서 생산된 생산물이 중간재나 최종재로 판매된 내역을 나타내는 배분구조를 의미한다. 이 표를 통해 복잡하게 얽혀 있는 산업부문 간의 상호연관관계를 한눈에 파악할 수 있다.

[http://www.bok.or.kr]

▶ **R&D(Research and Development):** 기술 혁신이 극심한 분야에서 신상품 개발을 위해 기업 내부에 연구 개발 그룹을 설치하여 투자하는 것이다.

[http://www.naver.com]

시사 읽을거리

기술격차와 무역이론

과학기술부가 정보 · 지식 · 지능화 사회 구현 등 5대 국가비전을 실현하는 데 필요한 99개 핵심기술을 선정, 세계 최고 기술수준과 비교했더니 아직 한국이 세계 최고 기술을 보유한 것은 단 하나도 없는 것으로 나타났다. 반면 미국은 88개였고, 일본과 유럽도 각각 16개를 확보했다고 과기부는 밝혔다.

한국은 과연 어느 정도나 뒤처진 것일까. 99개 핵심기술의 평균 수준은 세계 최고 기술수준의 65.1%이고, 기술격차는 평균 5.8년이다. 문제는 여기서 그치지 않는다. 99개 핵심기술에서 중국의 기술수준은 52.5%, 한국과의 기술격차는 평균 2.1년이다. 특히 핵심기술 중 우주항공 분야에선 중국이 오히려 3.8년이나 앞선 것으로 나타났다. 한마디로 비유를 하자면 달리기를 하는데 앞사람과의 거리는 좀처럼 좁혀지지 않고 있는 상황에서 뒷사람과의 거리만 자꾸 좁혀지고 있는 셈이다.

기술수준과 기술격차는 반드시 비례하는 것이 아닐 수도 있다. 기술수준에서 차이가 적어도(커도) 추격하는 데 걸리는 시간이 오래(덜) 걸릴 수도 있다. 마치 달리기를 하는데 앞사람과 거리가 가깝다그(멀다고) 추월하는 데 걸리는 시간도 그만큼 덜(더) 걸린다고 할 수 없는 것과 같은 이치다. 상대가 보유한 기술의 난이도가 어느 정도냐에 따라 달라진다는 얘기다. 그리고 기술수준이나 기술격차는 어디까지나 한쪽에서 판단한 것일 뿐 상대가 이를 인정한 것은 아니란 점도 유의할 필요가 있다.

상대에 따라 대단히 가변적일 수 있는 것이고, 따라서 항상 이 문제는 동태적인 관점에서 생각해 봐야 한다. 그렇지 않고 정태적으로 생각하면 과대평가 혹은 과소평가의 함정에 빠질 수 있다. 어쨌든 미래 핵심기술들의 격차는 앞으로 중요한 산업들의 발전 격차로 나타날 가능성이 높다. 그런 점에서 간단히 생각할 문제가 결코 아니다. 특히 국내 경제에서 무역이 차지하는 비중으로 볼 때 기술격차와 무역 간의 관계만 따져봐도 그렇다. 멀리 갈 것도 없이 한 · 중 · 일 무역구조를 한번 생각해 보자. 현재 일본은 한국에 흑자, 한국은 중국에 흑자, 중국은 일본에 흑자다. 이 순환구조가 과연 언제까지 이어질 수 있을까.

국제무역을 설명하는 이론은 애덤 스미스의 절대생산비설(절대우위론)을 필두로 리카도의 비교생산비설, 헥셔-올린의 생산요소 부존이론 등으로 발전해 왔지만 현대 무역이론에서 가장 주목되는 것은 역시 기술이란 변수다.

포스너(M.V.Posner)의 기술격차이론(Technology Gap Theory)은 그런 배경에서 나왔다. 그는 기술격차가 비교우위를 낳고, 다른 나라가 이 기술을 모방할 때까지 수출을 계속할 수 있다고 했다. 이런 기술격차 이론은 이후 제품의 도입기, 성장기, 성숙기, 쇠퇴기 혹은 신제품 단계, 성숙제품 단계, 표준화제품 단계에 따라 무역의 비교우위가 선진국에서 점점 후진국으로 이전해 가는 이른바 제품수명주기이론(Product Life Cycle Theory)으로 발전하게 됐다.

만약 중국이 더 이상 한국의 기술을 필요로 하지 않을 정도가 된다면, 그래서 중국이 한국의 중간재적 기술이 아닌 일본의 고급기술을 필요로 하는 단계가 된다고 가정해 보자. 이 가정은 사실 다국적 기업들이 끊임없이 중국으로 몰려드는 추세 한 가지만 보더라도 시간문제로 보인다. 그럴 경우 현재의 한·중·일 동북아 무역구조에는 근본적인 변화가 불가피하다. 한국은 일본에 적자를 탈피하지 못한 가운데 중국에도 적자를 기록하는 반면, 일본은 한국에 이어 중국에도 실질적인 흑자를 기록하는 일이 발생할 수 있다. 물론 이것은 한국이 일본과 중국 사이에서 기술적으로 돌파구를 찾지 못하고 그 사이에 끼여 있는(nut-cracked) 상황을 전제로 한 것이다.

최근의 국제적 분업체제가 중간수준의 기술을 가진 국가들이 설 땅을 점점 없애는 추세로 가고 있다는 분석도 나오고 있다. 실제로 기술선진국과 중국, 인도 등과의 분업은 그런 우려를 낳고 있기도 하다. 기술격차는 그런 측면에서 더욱 심각하게 받아들여야 할 문제다.

[한국경제 2004년 10월 10일자]

제4장

문화 무역

1절 문화와 문화산업

1. 경제와 문화

21세기는 문화와 경제가 하나가 되는 문화경제의 시대가 될 것이며, 두뇌강국이 세계를 지배하게 될 것이다.[1] 한 나라가 발전하는 과정을 경제와 문화의 관점에서 몇 단계로 분석할 수 있는데, 첫 단계는 빈곤을 탈출하기 위한 경제성장을 추구하는 것으로, 이 단계에서는 문화나 예술보다는 경제부흥에만 몰두하게 되는 단계이다. 그러나 어느 정도 경제의 성장과 더불어 나라가 발전하게 되면 관심은 문화나 예술로 돌아오게 된다. 이는 경제가 발전함에 따라 그에 걸맞은 생활의 질을 추구하는 현상 때문이라 하겠다. 결국 경제 발전과 더불어 문화의 수준도 발맞추어 성장하여야 하는데, 그렇지 못하고 경제만 앞서 가다 보면 삶의 질을 따지며 불평하는 사회현상이 발생하게 된다.

경제와 문화의 관계에 있어서 경제는 무한한 욕망과 유한한 수단을 결합시키는 인간 집단의 의도적 노력에 의해서 형성되는 사회질서라 할 수가 있다. 여기서 무한한 욕망이라는 것은 소비와 관계 있는 일이며, 유한한 수단이라는 것은 생산과 관련되는 일이라 할 수 있다. 그런데 이 소비와 생산을 연결시키는 시스템이 경제조직이

---

1) 이순인, "문화와 산업디자인 접목을 통한 상품경쟁력 확보방안", 『상품의 문화화를 위한 21세기 전략』, 문화관광부. 한국경제신문사, 1999, p. 57.

된다. 이 경제조직을 효율적, 합리적으로 운영하는 인간집단의 생활능력을 경제문화라 할 수 있는 것이다.[2)]

오래전에는 왕 혹은 중앙의 권력이 개개인의 일거리를 할당하여 지시하였고, 일반 국민은 그저 명령에 따르기만 했다. 그래서 자발성의 결여로 노동생산성이 낮을 수밖에 없었고, 소득 또한 낮아 그들은 장시간 일해야만 했다. 이에 따라 일반 국민들은 문화를 즐길 시간적인 여유도 없었고 금전적인 여유도 갖지 못했다. 대신 경제활동 그 자체가 문화이면서 일상생활의 전부였다. 이상을 종합하면 정치가 경제와 문화를 지배하였다고 볼 수 있는데, 이는 정치, 경제 그리고 문화가 서로 혼합되어 있었다는 것을 의미한다.

그러나 18세기에 들어와 과학기술을 일상생활에 도입하면서부터 각 개인은 시장의 요구에 따라, 즉 시장경제원리에 순응하여 자신의 의식주 문제를 해결하기 시작했다. 이때부터 일하는 시간이 줄어들고 생활수준은 높아지기 시작했다. 또한 사회구조가 복잡해지고, 경제활동에 관한 의사 결정은 더욱 분권화되기 시작했다. 이에 따라 일반 국민은 문화를 즐길 시간과 재정적인 여유를 갖게 되었다. 비로소 경제와 문화가 정치로부터 독립하였고, 경제학은 하나의 독립 학문으로 성립되었다. 경제학은 인간의 합리성을 중시하면서 과학적인 방법론을 받아들였으며, 그 결과 효율성을 고용과 자원의 배분에 적용하였다. 이러한 시도는 금전으로 환산할 수 있는 가치에만 해당되었으며, 경제는 상징과 의미를 중시하는 문화를 멀리하기 시작했다. 이 추세는 19세기 후반기에 그 절정에 달해, 상징성을 중시하는 문화와 효율성을 중시하는 경제는 완전히 다른 길을 걷게 되었다.[3)]

그러다가 20세기 후반에 들어서면서 문화와 경제를 서로 결합시키려는 노력이 여러 곳에서 목격되고 있다. 특히 정보통신기술이 일상생활에 파고들면서부터 문화와 예술은 타 산업의 발전을 유발하는 자본재로 인식되기 시작했다. 그래서 서구의 선진국들은 고유한 문화와 예술을 국가경쟁력의 원천으로 간주하면서 21세기를 문화의 세기라고 부르고 있다.

---

2) 강경훈 외, 『문화무역호』, 두남출판사, 2002, p. 54.

3) 전택수 · 임상호, 문화경제학회, 『문화경제학 만나기』, 김영사, 2001, pp. 4-5.

2. 문화산업의 의의

문화산업이란 문화예술을 생산하고 상품화하는 일련의 활동을 말하는데 광의의 개념으로 문화산업은 전통과 현대를 아우르는 문화와 예술 분야에서 창작되거나 상품화되어 유통되는 모든 단계의 산물을 가리키며, 협의의 개념으로는 엔터테인먼트 산업을 들 수 있다. 이 둘을 포함해서 보면 결국, 문화적 특성을 가진 산업활동을 포함하는 개념으로 넓혀 볼 수도 있다.

문화산업(cultural industry)이란 용어는 1940년대 중반, 비판론이라고 불리는 실존주의자들인 독일의 프랑크푸르트 학파의 호르크하이머(Horkheimer M.)와 아도르노(Adorno T.)의 『계몽의 변증법』이라는 책에서 유래했다.

문화산업에 대한 관심이 본격화된 것은 1980년 이후로 최근 문화산업 분야에 다국적기업이 등장하고 국가 간 문화적 지배와 종속, 문화정체성, 문화산업을 통한 무역이 증대되면서 국가정책의 주요 관심사항으로 등장하면서부터이다.

문화산업에 대해서 우리나라의 '문화예술진흥법' 과 '문화산업진흥기본법' 에서 구체적으로 정의하고 있다. 즉, 문화예술진흥법에서는 문화예술의 창작물 또는 문화예술용품을 산업의 수단에 의하여 제작·공연·전시·판매를 하는 업으로 정의하고 있으며, 문화산업진흥기본법(제2조 정의 1.)에서는 문화산업의 생산·유통·소비와 관련된 산업으로 정의하고 있어 이를 종합해 볼 때 문화산업이란 문화적 요소인 예술성, 창의성, 오락성, 여가성, 대중성이 체화되어 경제적 부가가치를 창출하는 문화콘텐츠, 디지털 문화콘텐츠 및 멀티미디어 문화콘텐츠 등 유·무형의 재화와 서비스 및 이들의 복합체인 문화상품을 기획, 제작, 생산, 유통, 소비하고 이와 관련된 서비스를 하는 산업으로 문화적 요소와 경제적 요소가 결합된 산업이다.

우리나라의 위와 관련된 법과 법률에는 문화산업진흥법 외에 게임산업 진흥에 관한 법, 문화예술교육지원법, 문화예술진흥법, 산업인지 및 개발에 관한 법률, 영화 및 비디오물의 진흥에 관한 법률, 제주특별자치도 설치 및 국제자유도시 조성을 위한 특별법, 출판 및 인쇄 진흥법 등이 있다.

문화산업의 범위는 넓은 의미로는 전통과 현대를 아우르는 문화와 예술분야에서 창작되거나 상품화되어 유통되는 모든 단계의 산물을 가리키며, 문학, 음악, 건축, 연극, 춤, 사진, 영화, 산업디자인, 미디어 예술, 출판, 도서관, 박물관, 라디오 및 TV프로그램 등이 포함된다. 최근 정보통신기술의 발달에 따라 멀티미디어 콘텐츠 분야가 문화산업에 포함되고 있어 그 범위가 점차 넓어지고 있으며, 국제무역에서 차지하는 그 비중을 고려해 볼 때 이에 대한 중요성이 높아지고 있다.[4)]

3. 문화산업의 특성과 효과

1) 문화산업의 특성

문화산업은 사회구성원의 정체성과 생활양식에 영향을 끼치고, 공공재의 성격이 강하며, 유행 상품이어서 수명이 짧고 타 산업에 비해 창구 효과가 높다는 특성 때문에 고부가가치 산업으로 인식되고 있다.

① 창구 효과(Window Effect)

문화산업의 대표적인 특징은 창구 효과(Window Effect)이다. 창구 효과란 하나의 문화상품이 문화산업의 일개 영역에서 창조된 후 부분적인 기술적 변화를 거쳐 문화산업 영역 내부, 혹은 다른 산업의 상품으로서 활용이 지속되면서 그 가치가 증대되는 효과이다. 여타 산업의 문화화를 촉진시켜 제조업 제품의 부가가치화를 실현하여 최대의 매출수익을 올릴 수 있다. 예를 들면, 조지 루카스의 〈스타워즈 IV〉의 경우 영화 개봉 전에 펩시콜라로부터 스타워즈 이미지를 사용하는 대가로 25억 달러를 받았으며, 우리나라 TV에서 방영된 〈X 파일〉은 1993년부터 시작해서 현재까지 순익만 15억 달러를 벌어들였다. 이외에도 영화 〈쥬라기 공원〉은 50억 달러의 시장을 만들었으며, 〈타이타닉〉은 사운드 트랙만 10만장 이상을 판매하였다.[5)] 창구효과의 단점으로는 원 소스의 흥행 여부에 따라 파생상품의 흥행이 결정된다는 점이다.

② OSMU-"One Source Multi-Use"

원 소스 멀티 유스란 하나의 원천 콘텐츠가 게임, 만화, 영화, 캐릭터, 소설, 음반 등의 여러 가지 2차 문화상품으로 파급되어 One-Source의 흥행이 2차 상품의 수익

---

4) 강경훈 등, 전게서, p. 48.

5) 이중한, "21세기 문화와 상품의 전망", 『상품의 문화화를 위한 21세기 전략(상품의 문화화를 위한 세미나)』, 문화관광부 한국경제사, 1999, pp. 5-9.

으로까지 이어지는 문화상품만이 가지는 연쇄적인 마케팅 효과이다. 제품이나 서비스의 인지도를 높이기 위해 사용되는 마케팅 비용을 상대적으로 줄일 수 있을 뿐 아니라 한 장르의 성공이 다른 장르의 문화상품 매출에도 영향을 끼친다는 점에서 문화콘텐츠의 핵심 마케팅 전략이다.

③ OBMU-"One-Brand Multi-Use"

하나의 문화콘텐츠를 게임, 출판, 음반, 영화, 애니메이션 등으로 동시에 발표하는 것을 의미하며 시너지 효과를 겨냥한 새로운 마케팅 전략으로 최근에 각광을 받고 있다. 일명 미디어 믹스 전략으로 불리기도 한다. 대표적인 성공 사례로는 영화 〈매트릭스〉, 〈해리포터〉 등의 게임과 애니메이션의 동시 발매 등이 있다.

④ 시장적 특징

문화산업의 시장적 특징은 국가경제와 소비자경제가 선진국화되면서 두드러지게 발전하며, 매개체로 하여 생산과 소비가 동시에 이루어지는 서비스상품적인 성격, 반복적인 경험을 통해 일정한 기호가 형성될 때 비로소 소비가 시작되는 경험재의 성격, 문화상품에 대한 기호가 후천적으로 개발·교육되기 때문에 상품 자체가 타 상품에 쉽게 대체되지 않는 비대체성의 특징을 가지며, 성공확률은 낮으나 한번 성공하면 높은 수익이 보장되는 특징을 가지고 있다.

2) 문화산업의 효과

① 문화적 파급 효과

문화산업은 앞으로 충분한 발전 가능성을 가지고 있는 산업으로 한 지역에 존재하는 문화자산의 보존 및 활용, 다양한 문화 활동 및 개발은 문화산업의 발전을 촉진하는 발판이며, 직접적인 효과로는 문화민주주의 발달과 문화의 다양성 제고 효과를 가져온다. 또한 간접적인 효과로는 국가 이미지가 향상되고 삶의 질과 문화 환경이 개선된다.

② 경제적 파급 효과

문화산업의 대표적인 경제적 파급 효과는 고용창출과 국제수지 개선과 지역경제 활성화 효과이다. 농·수·축산업 등과 같은 1차 산업이나 일반 제조업 등과 같

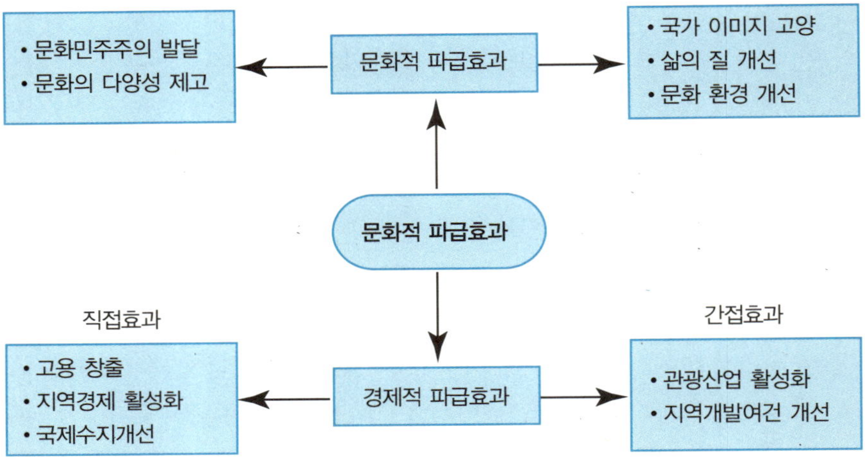

그림 4-1 **문화산업의 효과**

은 2차 산업보다 부가가치가 높은 선진국형 고차원 산업으로 예술 수준의 향상은 물론 수출증대와 경제발전에 기여한다. 상품수출을 위해서는 먼저 문화를 알려야 하며 문화산업은 수출의 첨병 역할도 한다. 문화산업은 시대 발전과 생활 수준의 향상과 더불어 다른 산업과 연계하여 그 시장 규모도 기하급수적으로 확대되고 있으며 국가경제 발전에 크게 기여한다.[6)]

문화산업의 발달과 확대로 고용의 기회는 확대되며 신규고용이 창출된다. 우리나라 문화산업 중 영화산업을 살펴보면 2004년 흥행에 성공한 우리나라 영화 〈실미도〉와 〈태극기 휘날리며〉에 의해 직·간접적으로 유발된 취업자 수는 4,662명으로 EF-SONATA 약 22,198대를 생산하였을 때와 동일한 수준의 취업유발 효과가 있었다. 또한 〈태극기 휘날리며〉의 흥행수입 781억 원에 의해서 유발된 취업 인원은 약 2,340명으로 EF-SONATA 약 11,142대를 생산하였을 때의 취업유발 인원과 동일하였다.

6) 한국은행, 우리나라 영화산업의 경제적 파급효과, 2004, p. 4.

4. 문화산업의 분류

문화산업의 분류가 중요한 이유는 일정한 형태로 축적된 통계자료가 문화산업 분야의 잠재력을 가늠하고 효과적인 문화산업정책을 수립하는 데 중요한 자료가 되기 때문이다. 그러나 실제로 국가 차원에서 문화산업 분야를 따로 분류해 통계자료를 축적해 온 나라는 매우 드물다. 이는 대부분의 국가들이 최근에서야 문화산업에 대해 국가정책적인 관심을 기울이기 시작했기 때문이다.

이러한 문화산업 분야에 관한 최초의 분류는 1986년 유네스코에서 「문화용품의 국제비교」라는 연구보고서에서 '문화통계모델(Framework of Cultural Statistics)'을 구축함으로써 이루어졌는데 이는 문화 활동분야를 모두 10개 범주로 나누고 그

표 4-1 문화산업의 분류방식 비교

UNESCO	Girard	캐나다	영국 쉐필드 시
· 인쇄자료 및 문헌	· 도서	· 문학	· 도서 및 기타 출판물
· 음악	· 신문	· 음악	· 신문 잡지 등
· 라디오 및 TV	· 음반	· 라디오	· 정기 간행물
· 영화 및 사진	· 라디오	· TV	· 음악
· 문화유산	· TV	· 영화, 라디오	· 라디오, TV
· 공연예술	· 영화	· 문화유산	· 영화제작, 배급, 상영
· 시각예술	· 시청각 제품과 서비스	· 박물관	· 광고
· 사회문화활동	· 사진	· 공연예술	
· 체육활동	· 미술품 복제	· 시각예술	
· 자연환경	· 광고	· 미술관	
· 문화의 일반운영		· 자연문화활동	
		· 교육	
		· 축제와 문화행정	
		· 체육, 오락, 건강	
		· 자연환경	

출처: 문화체육부, 『1997 문화산업백서』
자료: 강경훈, 『Culture Trade』, 하마출판사, 2005, p.126.

중 인쇄물 및 문헌, 음악, 시각예술, 영화 및 사진, 라디오 및 TV 등 5개 항목을 국제표준 무역 분류(SITC)와 연결해 작성했다. 그러나 분류체계가 너무 포괄적이어서 문화산업 분류체계라기보다는 문화 분류체계에 가깝다는 평가를 받았다. 그러나 최근 유네스코 자료에서는 인쇄자료 및 문헌, 음악, 라디오 및 TV, 영화 및 사진, 문화유산, 공연예술, 시각예술, 사회문화활동, 체육활동, 자연환경, 문화의 일반운영 등 11개 분야로 분류하고 있다.

우리나라에서는 문화산업을 '문화상품의 생산·유통·소비와 관련된 산업'으로 정의하고, 문화관광부가 발간한 『문화산업백서』의 문화산업통계에 따르면 국내 문화산업을 출판, 만화, 음악, 게임, 영화, 애니메이션, 방송, 광고, 캐릭터, 디지털교육 및 정보 등 10개 부문으로 분류하고 있다. 이러한 분류체계는 우리나라의 문화산업과 비슷한 개념인 영국의 창조산업(Creative Industry)이나 캐나다의 예술 산업(Art Industry), UNESCO의 문화산업(Cultural Industry)과 조금씩 다르고, 프랑스 문화정책 전문가인 지라르(Girard)와도 조금 다르다.

2절 문화 무역

1. 문화 무역의 의의

문화 무역이란 문화를 일반상품과 같이 보아 무역의 대상으로 삼는 것이다. 특히 연극, 영화, 비디오, 만화, 애니메이션, 가요 등과 같은 대중문화의 개방을 의미한다. 국제간의 교류는 지구촌 각국의 문화 이해로부터 출발됨을 자각하여 서로의 문화를 존중하는 가운데 세계의 다양한 문화를 소개함으로써, 회원과 시민의 국제문화 감각과 이행에 도움을 주며, 자국의 우수하고 다양한 문화를 세계 각국에 보급, 소개하는 사업 등을 하고 있는데, 이를 문화 교류 혹은 문화 전반에 걸친 무역이라 할 수 있다. 문화와 무역을 연결해서 생각해보면 우리는 전략적 차원에서 무엇보다도 수출 상품의 고부가가치화를 노리는 문화가 담긴 제품을 연상하게 된다. 즉, 상품의 개발, 디자인, 생산 및 판매 등에 문화를 가미하여 세계시장을 확보해 나갈 수 있는 방안을 추진해 나가는 것으로 이와 같은 전략은 무역을 첨단기술과 엮어서 생각하자는 발상과 상통하면서 결국 무역을 좀 더 질적으로 성장시키자는 기본 정

책을 반영한다.[7)]

무역을 단순히 한 지역에서 다른 지역으로 상품이나 용역을 이동시킴으로써 발생하는 이윤을 최대화하고자 하는 노력으로 본다고 해도, 이를 위해서는 어느 한쪽의 장점 내지 특색이 다른 한쪽의 필요 또는 기호에 잘 맞아 떨어져야 한다. 그런데 아직 의·식·주를 비롯하여 인간적 사회적 기본 수요조차 충족시키지 못한 지역 또는 국가가 아니라면 무역으로 표현되는 욕구는 문물이라는 말이 그렇듯이, 정신적인 요소를 포함할 수밖에 없다. 이는 결국 상대방의 마음을 사는 길을 찾는 것인데, 이를 위해서는 상대가 스스로는 쉽게 표현할 수 없는 스스로의 행동을 관찰에 의해 확인하는 문화인류학적 접근과 진정한 감정을 확인하는 미학적 발상이 요청된다.

우리나라의 수출 패턴을 보면 1970년대는 가격을 통한 차별적 우위를 가지고 수출해 왔다. 그러나 국내 여건의 변화로 가격에 의존한 전략은 더 이상 세계시장에 있어서 우위를 갖기 힘들게 되었다. 따라서 앞으로 다른 상품에 비하여 경쟁적 우위를 갖기 위해서는 상품의 문화적 배경이 뒷받침되어야 한다.[8)] 문화의 상품화를 위해서는 문화적으로 주변에서 볼 수 있는 전통 도구들을 활용하여 기본적으로 좋은 물건(goods)을 만들어야 한다.

1) 문화상품의 의의 및 특징

문화상품이란 문화를 산업적으로 생산한 것으로 시장을 통해 유통, 소비되는 것으로 인간의 문화적 욕구, 탐미적 욕구를 충족시키는 상품이다. 즉, 문화상품이란 문화적 요소가 체화되어 경제적 부가가치를 창출하는 유·무형의 재화와 서비스 및 이들의 복합체를 말한다.[9)] 모든 상품은 문화를 지닌다. 생명을 유지하기 위한 절대 필수품인 식량조차도 지역에 따라 주식이 쌀, 밀, 조 등으로 분류되듯 문화를 배제하기 어렵다. 따라서 모든 상품은 원칙적으로 문화상품의 범주에 속한다고 할 수 있을 것이다. 그러므로 시장에서 거래하는 상품마다 그것을 만드는 나라의 문화가 배

7) 김문환, "문화와 무역", 『새로운 문화무역의 정립(수출 1,000억불 기념 심포지엄)』, 산업연구원 · 한국무역협회, 1996. p. 1.

8) 홍성래, "문화적 상품개발을 위한 전략적 접근", 『상품의 문화화를 위한 21세기 전략(상품의 문화화를 위한 세미나)』, 문화관광부 · 한국경제신문사, 1999, p. 33.

9) 문화산업진흥기본법 제2조 정의 2 참조.

어 있고 그것이 집결되어 그 나라의 이미지를 형성하게 되고 그 이미지는 상품의 가격형성에도 보이지 않는 영향을 끼친다. 최선을 다하여 만든 고품질의 상품은 고유의 가치 외에도 문화적 가치를 창출하므로 모든 일류제품은 곧 문화상품인 셈이다.

그러나 일반상품과 구별하여 '문화상품' 으로 지칭되는 것은 기본적인 삶의 욕구를 충족시킨 다음 단계의 상품을 말한다. 즉, 생활에 있어서 필요한 특정 기능을 발휘하되 삶의 질을 향상시키는 상품으로, 궁극적으로 인간의 문화적 욕구를 충족시키는 상품을 일컫는 것이다. 이는 결과적으로 '문화' 가 가치로서 기능하는 상품이며, 자연 고유의 기능 외에 문화적 가치가 부가됨으로써 상대적으로 고부가가치의 상품이다.

문화상품은 비물질적인 상품(non-material product)으로 일반적으로 소비재와 같은 명확한 효용성을 갖기보다는 심미적(esthetic)이며, 표현적(expressive)인 속성을 가지고 있다. 또한 문화상품은 직접적인 효용을 목적으로 구입하기보다는 여가의 필요나 감성적인 필요로 구매하며, 유행이나 취미에 의하여 소비자를 만족시키는 것이 특징이다.[10)]

우리가 일반적으로 이러한 개념 아래 문화상품으로 지칭하는 것은 디자인 상품, 오디오 비디오 소프트(비디오 게임 포함)이며 비이동(非移動)상품으로서 관광자원(문화재 등)과 여기에서 파생되는 기타상품 등이 있다. 디자인 상품은 의류와 악세서리, 기타 생활소품 등 일상생활에 필요한 기능을 하는 소비재로서의 기능보다도 문화적 가치, 즉 디자인에 의하여 가치와 구매가 결정된 상품들이며, 오디오, 비디오 소프트는 생활필수품은 아니되 문화생활에 절대적인 영향을 끼치는 인간의 예술과 유희본능을 충족시키는 것으로 그 시장이 확대 일로에 있는 상품이다.

관광상품은 수출의 형태가 물류로 이어지는 것은 아니지만 해외 관광객을 유치할 수 있는 관광명소와 문화재는 운송, 숙박 등 다양한 연관 산업에 직결된 귀중한 수출자원이라고 볼 수 있다. 문화상품의 특성은 생존의 기본적인 조건이 충족된 이후에 그 구매가 발생하는 일종의 여유적 상품(餘裕的商品)의 성격을 지닌다. 없어서는 안 될 필수품이라기보다 경제적인 여유에서 구매가 가능해지는 고부가가치의 상품이라는 것이 일반적인 인식이다.

---

10) 강경훈 외, 전게서, p. 55.

그러나 현대사회에서 문화생활이 일반화되고 있는 추세인 만큼 문화상품은 질 위주의 고급상품, 즉 일등품으로서의 문화상품과 필수품으로서의 문화상품으로 분류되고 있다.

① 일등품으로서의 문화상품

경제적 여유에서 구매가 창출되는 만큼 소비자는 가격보다는 질을 중요시한다. 따라서 이 경우에 이류제품은 설 자리가 없으며 최고의 품질과 이에 부응하는 인지도가 절대조건이다. 즉, '브랜드' 제품을 일컬으며 의상, 넥타이, 가죽제품 등 세계적 명성을 지닌 브랜드의 인지도가 구매에 절대적인 영향을 미친다. 디자인 제품이 이 범주에 속하는데, 브랜드가 소비자에게 인정되기에 중요한 전제조건으로 국가 이미지가 중요한 역할을 한다.

최근 브뤼셀에 본부를 둔 INRA(International Reasearch Associates)가 세계시민 4만 명을 대상으로 '세계의 소비자, 세계의 시민' 이란 주제로 여론조사를 실시한 결과 전자 및 일반소비재 분야에서는 일본이 1위, 미국이 2위로 나타났으며 자동차 분야에서는 독일이 고급품에서 1위로, 밖으로 나타나는 국가 이미지가 구매에 중요한 영향을 끼치며 이는 곧 무형의 부가가치로 나타나고 있음을 증명하는 것이다. 일반상품은 물론이려니와 특히 문화상품의 구입에 있어서 국가 이미지는 결정적인 요인이 된다. 일류국가의 상품이 아니면 아무리 품질과 디자인이 뛰어나다 하더라도 일류제품으로 인정받지 못한다.

전세계에서 일류제품의 이미지를 갖고 있는 일류국가 제품은 다소 디자인이나 품질이 뒤떨어진다 하더라도 시각 이미지의 보완작용으로 일류제품으로 격상된다. 반면 일류국가가 아닌 나라의 제품은 아무리 디자인과 품질이 뛰어나다 하더라도 일류제품이 아닌 '특산품' 취급을 받는다. 따라서 디자인 상품 등 경제적 여유에서 구매가 발생하는 문화상품은 국가 이미지의 뒷받침이 없이는 특별나게 뛰어난 품질이나 차별성이 아니면 세계시장에서 설 자리를 얻기가 극히 어렵다는 특성을 지니고 있다.

② 필수품으로서의 문화상품

오디오, 비디오 소프트나 비디오 게임 등은 비록 필수품은 아니지만 날로 청소년 계층을 중심으로 필수품화되어 가고 있다. CD, 컴퓨터 소프트웨어 등 끊임없이 창조되고 있는 무궁무진한 시장으로 이는 지역성이 아니라 오늘날의 글로벌 트렌드, 메가 트렌드 현상에 편승하여 청소년들에게 없어서는 안 될 문화적 기본 요소화되고 있는 것이다.

같은 맥락에서 디자인 제품이라 하더라도 청바지, 스와치(Swatch), 워크맨, 휴대폰, 나이키 운동화 등은 일등품으로서의 문화상품인 동시에 필수품으로서의 문화상품의 성격을 지닌다. 이 경우에는 '브랜드'가 절대적인 구매요소로 작용하지만 제품의 질보다는 유행과 트렌드가 더욱 중요한 대중문화로서의 기능을 하고 있다. 따라서 필수품으로서의 문화상품은 국가 이미지도 중요하지만 시대의 흐름과 소비자의 심리를 정확히 읽을 수 있는 마케팅 역량에 의해 승패가 결정된다.

이 시장은 얼마든지 확대 재생산이 가능하며 새로운 트렌드를 창조할 수 있는데(trend-setting) 이는 소비자가 이미 소유하고 있는 동일품목을 반복 구매하도록 패션화시키는 능력에 의해서 좌우된다. 청소년들은 청바지를 몇 벌씩 소유하고 있음에도 계속 유행에 따라 구입하며, 시계를 패션화하여 수집하도록 한 스와치가 대표적인 케이스이다. 일본의 소니(SONY) 사는 워크맨을 수집용으로 패션화하여 동일한 제품을 가죽, 플라스틱, 메탈 등의 포장으로 시리즈화한 Yppy-Set를 시판하였다. 이는 워크맨을 스위치 컨셉트에 따라 몇 개씩 시리즈로 구입하도록 한 마케팅 전략으로, 일본이라는 국가 이미지보다 소니라는 브랜드 이미지가 더욱 중요한 요소로 작용하고 있는 것이다.

즉, 문화상품은 품질이든 브랜드이든 일류제품이 아니면 존재하기 어렵다는 특징을 지니며, 뛰어난 아이디어와 치밀한 마케팅 전략, 그리고 국가 이미지가 뒷받침되어야 한다. 문화상품은 곧 꿈과 이상을 가치화하는 것이다.

문화상품의 또 하나의 특징은 상품 자체의 부가가치 이외에 부수적인 가치를 동반 창출한다는 점이다. 일반상품도 구매자에게 만족을 주며 그 생산 회사와 생산국에 긍정적인 이미지를 심어 주지만, 문화상품은 이미 긍정적인 이미지가 구매에 결정적인 요소로 작용하였으므로 구매 이후에는 만족과 성취감을 준다. 즉, 문화상품은 그 자체가 선망과 동경의 대상이고 소비자는 그 소유를 갈망한다. 그런 만큼 문화상품은 수출국의 이미지를 제고시키는 한편 그 나라의 일반상품 수출에 선도역할을 한다는 무형의 부가가치를 창출한다는 특징을 지닌다.

3절 문화산업의 현황

1. 세계 문화산업의 현황

세계 문화산업은 인터넷망의 확대와 사용자의 확산으로 전자상거래를 바탕으로 한 디지털 콘텐츠의 수요 증가로 점차 확대되고 있으며 새로운 부가가치 창출의 원동력으로서 인식되고 있다. 시장규모의 급속 확대에 따라 문화산업의 세계시장 점유율 확대를 위한 기업의 글로벌 경쟁체제가 가속화되고 있다.

세계 문화산업 시장은 전체 시장규모의 10.4%를 점유하고 있는 소니(Sony Corporation), 타임워너(Time Warner Inc.), 마이크로소프트(Microsoft Corporation), 비벤디유니버셜(Vivendi Universal) 등 8개의 거대 메이저 기업들을 중심으로 추진되고 있다. 이러한 기업들은 신매체, 신기기, 신콘텐츠 등을 통해 애니메이션, 캐릭터, 영화, 만화에 대해서 One Source Multi Use를 실현하고 제작규모의 대형화에 필요한 자금을 공급하기 위해 공동제작, 공동투자, 현지법인의 설립을 적극적으로 추진하고 있다.

표 4-2 세계 문화산업의 주요 기업 현황 (단위: 억 달러, %)

<table>
<tr><th>기업명</th><th>2003년 총수입</th><th>전 세계 시장 대비 점유율</th><th>비고</th></tr>
<tr><td>Sony Corporation</td><td>718</td><td>6.9</td><td rowspan="9">전체시장
규모
10.442</td></tr>
<tr><td>Time Warner Inc.</td><td>396</td><td>3.8</td></tr>
<tr><td>Microsoft Corporation</td><td>322</td><td>3.1</td></tr>
<tr><td>Vivendi Universal</td><td>320</td><td>3.1</td></tr>
<tr><td>The Walt Disney Company</td><td>271</td><td>2.6</td></tr>
<tr><td>Viacom</td><td>266</td><td>2.5</td></tr>
<tr><td>BMG Entertainment</td><td>211</td><td>2.0</td></tr>
<tr><td>NBC Universal</td><td>144</td><td>1.4</td></tr>
<tr><td>계</td><td>2,648</td><td>25.4</td></tr>
</table>

출처: Price water house coopers, 한국문화콘텐츠 진흥원, 『2004 미국문화콘텐츠 산업시장 진출 가이드북』
자료: 문화관광부, 2005문화산업백서, 2006, p. 40.

또한 전 세계 문화산업의 시장규모는 〈표 4-3〉과 같이 2000년 약 1조 300억 달러에서 2004년 약 1조 2,500억 달러로 매년 꾸준히 성장하고 있다. 2004년 문화콘텐츠 산업은 2001년 2.4%의 성장률 이후 가장 높은 7.8%의 성장률을 기록하였고, 2009년까지의 연평균 성장률은 7.3%를 기록할 것으로 예상된다.[11)]

표 4-3 문화산업 분야별 세계시장 규모 (단위: 백만 달러)

분야	2000	2001	2002	2003	2004
영화	57,649	64,359	71,965	77,924	84,195
TV/방송	535,123	240,392	255,116	272,381	298,389
음악	40,023	38,799	37,149	35,704	37,753
라디오 및 옥외광고	56,197	54,892	56,448	58,493	61,046
인터넷광고 및 접속료	53,671	70,376	86,588	107,548	132,063
비디오 게임	18,084	19,199	21,582	22,873	25,406
산업정보	71,078	70,895	70,072	70,354	73,386
잡지	89,745	85,274	83,364	84,165	87,287
신문	172,891	166,069	163,815	165,792	171,369
출판	101,762	101,956	103,652	105,890	107,471
테마파크 및 놀이동산	18,476	19,109	20,102	20,593	21,482
카지노게임	48,788	53,070	57,624	62,446	68,504
스포츠	64,040	67,745	74,290	76,896	82,785
합계	1,027,527	1,052,135	1,101,407	1,161,039	1,251,134
성장률(%)	9.9	2.4	4.7	5.4	7.8

출처: Price water house coopers(2005),
『Global Entertainment and Media Outlook:2005-2009』, 재구성.
자료: 문화관광부, 2005문화산업백서, 2006, p. 41.

11) 문화관광부, 『2005 문화산업백서』, 2006, p. 41.

2004년 문화콘텐츠산업의 지역별 세계시장 규모를 〈표 4-4〉에서 보면 미국의 문화산업의 2004년 시장 규모가 5,200억 달러로 전세계 시장의 42.6%를 차지하는 세계 최대의 시장으로 나타났으며, 두 번째는 유럽/중동/아프리카의 엔터테인먼트 및 미디어 산업의 시장 규모가 4,100억 달러로 전세계 시장에서 33.4%의 점유율을 보이고 있다. 또한 성장률을 보면 아시아/태평양 지역이 2004년 가장 높은 10.4%를 기록하고 있어 2004년 같은 해 아시아/태평양 지역 GDP 성장률이 7.1%였던 것을 감안하면 문화산업의 성장률은 높은 것으로 평가되며, 아시아/태평양 지역은 2009년까지의 연평균 성장률 역시 다른 지역 미국의 5.6%, 유럽/중동/아프리카 6.5%를 능가하는 11.6%를 기록할 것으로 예측하고 있어 아시아/태평양 지역의 성장추세는 향후에도 지속될 것으로 전망된다. 또한 지역별로 문화산업 동향을 살펴보면, 산업 시장은 민간 기업이 주도하고 있으며 정부는 기반 인프라 조성 및 세제혜택 등을 통해 간접적인 지원을 제공하고 있다. 미국 내수시장은 자생적으로 형성된 체계를 갖추고 있으므로 자본 이외의 기술, 인력, 기획 등에 대한 해외로부터의 도입 필요성은 매우 낮다.

표 4-4 문화산업 지역별 세계시장 규모

(단위: 백만 달러)

지역	2000	2001	2002	2003	2004	2005	2006	2007	2008	2009	2005~2009 연평균 성장률
미국	445,063	446,271	467,014	490,986	524,777	554,266	591,216	622,459	660,234	690,110	
문화산업 성장률(%)	9.9	0.3	4.6	5.1	6.9	5.6	6.7	5.3	6.1	4.5	5.6
GDP 성장률(%)	5.9	3.2	3.5	4.9	6.6	5.5	5.0	5.0	4.5	4.5	4.9
유럽/중동/아프리카	338,730	353,592	370,993	388,792	417,476	446,934	481,084	509,562	543,264	572,231	
문화산업 성장률(%)	9.8	4.4	4.9	4.8	7.4	7.1	7.6	5.9	6.6	5.3	6.5

표 4-4 문화산업 지역별 세계시장 규모 (계속) (단위: 백만 달러)

지역	2000	2001	2002	2003	2004	2005	2006	2007	2008	2009	2005~2009 연평균 성장률
GDP 성장률(%)	6.3	3.9	4.1	4.5	4.4	4.5	4.7	5.2	5.6	5.6	5.1
아시아/태평양	193,555	200,714	211,239	226,290	249,756	276,399	312,916	352,147	394,983	431,817	
문화산업 성장률(%)	10.4	3.7	5.2	7.1	10.4	10.7	13.2	12.5	12.2	9.3	11.6
GDP 성장률(%)	3.9	2.2	2.4	3.9	7.1	7.4	7.4	7.2	6.8	6.6	7.1
중남미	28,449	28,704	27,777	29,077	31,527	33,882	37,084	39,958	43,467	46,671	
문화산업 성장률(%)	8.1	0.9	-3.2	4.7	8.4	7.5	9.5	7.7	8.8	7.4	8.2
GDP 성장률(%)	12.1	-3.5	-13.0	2.1	5.1	5.8	6.1	5.7	5.4	5.1	5.6
캐나다	21,730	22,855	24,384	25,894	27,598	29,020	31,437	33,367	35,270	36,989	
문화산업 성장률(%)	9.4	5.2	6.7	6.2	6.6	5.2	8.3	6.1	5.7	4.9	6.0
GDP 성장률(%)	9.5	3.0	4.3	5.2	5.1	5.4	5.2	5.0	4.7	4.5	5.0
합계	1,027,527	1,052,135	1,101,407	1,161,039	1,251,134	1,340,501	1,453,739	1,557,493	1,677,218	1,777,818	
문화산업 성장률(%)	9.9	2.4	4.7	5.4	7.8	7.1	8.4	7.1	7.7	6.0	7.3
GDP	5.9	2.8	2.6	4.4	5.8	5.6	5.6	5.7	5.5	5.5	5.6

출처: Price water house coopers(2005), 『Global Entertainment and Media Outlook:2005-2009』

자료: 문화관광부, 2005문화산업백서, 2006, p. 42.

미국시장은 지금까지는 현지화에 대한 요구 정도가 매우 높고 외국 문화콘텐츠에 대한 수용도가 낮은 편이어서 해외기업에 대한 진입장벽이 매우 높았으나 최근 미국 국내의 창작소재 고갈 및 타 문화에 대한 관심이 다소 증가하여 해외 문화콘텐츠에 대한 수용도가 점진적으로 증가하고 있다.

유럽의 문화콘텐츠 시장은 미국과 비슷하게 민간기업 주도로 문화콘텐츠 시장이 형성되어 있으며 저작권 보호 등 문화산업에 관한 법·제도가 발달되어 있다. 프랑스의 경우 국립영화센터를 통해 예술영화 및 중소배급사를 지원하는 등 자국 영화산업의 활성화를 도모하고 있다. 유럽은 문화콘텐츠 관련 산업의 예술적 창조성과 원작에 대한 중요성이 다른 시장에 비해 강조되는 특성이 있으며, 캐릭터와 같은 분야는 산업화가 오히려 다른 권역에 비해 미흡한 편이다. 칸 영화제, 베를린 영화제, MIPCOM/MIPTV, 안시(애니메이션)/앙굴렘(만화) 페스티벌 등의 대표적인 마켓플레이스는 유럽시장뿐간 아니라 전세계 시장으로의 주된 진출 통로이며, 유럽시장에 대한 우선 진출은 미국시장 진출을 위한 발판시장으로서의 의미가 크다.

일본은 지방 방송사 및 중소규모의 업체들이 애니메이션 공동제작이나 영화 수입 공동투자 등의 형식으로 시장을 형성하고 주도해 나가고 있으며 자국 기업의 강한 경쟁력을 바탕으로 세계적 거대 문화콘텐츠 기업의 내수시장 점유도가 낮은 것도 특징이다. 일본은 다른 권역에 비해 우리나라와 지리적·문화적으로 가까우며 음악, 방송, 영화, 애니메이션, 모바일 등의 여러 분야에 걸쳐 진출가능 요소가 많다. 최근에는 한류의 영향력이 강화되고 있어 긍정적인 시장으로 평가받고 있다.

기획 및 개발 단계에서부터 OSMU(One Source Multi-Use)가 우선 고려되며, 애니메이션, 캐릭터, 게임 등 분야 간 연계가 매우 활발하다. 그리고 선진적 기술수준을 바탕으로 방송과 통신의 융합과 같은 새로운 도전이 진행되고 있으며, 발달된 통신 인프라에 기초한 모바일 및 인터넷 관련 산업에서 두각을 나타내고 있다. 아시아 시장 중에서 원작 산업에 대한 보호가 상대적으로 잘 이루어지고 있는 편이며, 자국 문화에 대한 긍지가 높고 장르별로 마니아 문화가 발달하였다.

중국 문화산업 시장은 급속히 성장하고 있다. 과거에는 중국기업으로의 기술력 이전이 주를 이루었으나 이제는 중국의 자체적인 기술 개발로 이어지고 있으며, 동시에 조직적인 육성정책 추진은 문화산업의 발달 속도를 배가시키며 정부의 지원에 따라 인프라 구축 역시 매우 빠른 속도로 진행되고 있다. 이러한 잠재력에 주목해 중국 중앙정부는 자국 문화 및 산업 보호를 위한 법제도적 규제를 강하게 시행하고 있는데다가 정책의 변화가 심하고 WTO 규정에 의해 일부 규제는 완화되고 있으나, 여전히 대부분의 규제는 강화되는 추세이다.

중국은 사회주의국가의 특성으로 정부정책 수립 및 집행에 있어서 중앙정부의 개입이 강한 편으로 영화, 방송, 출판 등 대부분의 문화콘텐츠 산업 영역을 국가가 직접 관리·감독하는 국영 체제를 가지고 있다. 정책적 지원에 의해 성장 잠재력이 높은 문화산업 부문에 국가 차원의 집중적인 투자와 지원이 이루어지고 있으나 외국인 투자 및 수입에 대해 다양한 법제도를 통해 규제와 감시를 하고 있다. 반면 지방정부의 경우에는 국토가 넓어 각 성별로 특징이 다르지만, 문화적 자부심이 대단하고 외국 자본을 적극적으로 유치하기 위해 규제를 완화하고 있는 추세이다.

동남아시아는 전세계 문화산업에서 차지하는 비중은 낮으나 향후 시장 규모의 확대 가능성이 높고 한류의 영향력이 지속적으로 확산되는 지역이므로 국내 콘텐츠 기업에게는 중요한 잠재시장이다. 문화산업의 경쟁력이 타 지역에 비해 상대적으로 낮고 정부주도의 지원책도 아직은 시작 단계에 있어 외국 기업의 진출에 대한 규제는 낮은 편이며, 국제적 메이저 회사들의 시장점유율이 높은 편으로 내수 문화산업의 공백을 메우기 위해 외국 콘텐츠의 수입에 많이 의존하고 있다. 방송드라마, 영화, 음악 등의 분야를 중심으로 한류, 즉 우리나라 문화콘텐츠의 진출이 급속히 증가하고 있으며 최근 온라인 및 모바일 시장이 타 권역에 비해 빠르게 확대되고 있다. IT 산업의 경우, 정부주도의 인프라 구축이 이루어지고 있는 상황으로 우리나라와 유사한 문화산업 발전 단계를 거치고 있다.

2. 국내 문화산업의 수출입 현황

「2008 문화산업통계」조사에 따르면 2007년 기준 출판, 만화, 음악, 게임, 영화, 애니메이션, 광고, 캐릭터, 에듀테인먼트 등 10개 문화산업 부문의 총매출 규모는 전년 대비 1.2% 증가한 58조 6,147억 원으로 조사되었다.[12] 이를 산업별로 살펴보면 출판산업이 21조 5,955억 원으로 10개 문화산업 분야 전체 매출 규모의 36.8%를 차지하고 있고, 다음으로 방송 10조 5,343억 원으로 18%, 광고 9조 4,346억 원으로

12) 문화관광부, 『2007 문화산업백서』, 2008, p. 76.

16.5%, 게임산업 5조 4,436억 원(8.8%), 캐릭터산업 5조 1,156억 원(8.7%), 영화산업 3조 2,045억 원(5.5%), 음악산업 2조 3,577억 원(4.0%), 만화산업 7,616억 원(1.3%), 애니메이션산업 3,111억 원(0.5%), 에듀테인먼트 1,558억 원(0.3%) 순으로 나타났다. 특히 에듀테인먼트 부분은 전년대비 약 32.1% 증가한 것으로 나타나는데 이는 에듀테인먼트 온라인 서비스 활성화에 기인한 것으로 분석된다.

2007년 문화산업의 수출입 현황을 살펴보면, 수출이 총 15억 5,539만 달러로 작년대비 13.3% 증가하였으며, 수입은 총 31억 8,857억 달러로 작년대비 2.7% 감소하였다. 그 규모를 비교하자면, 수입이 수출의 두 배 이상 많은 것으로 나타났다. 수출 증가를 주도한 산업으로는 게임(전년대비 16.2% 증가), 출판(전년대비 15.3% 증가), 광고(전년대비 14.8% 증가), 방송(전년대비 12.7% 증가)이 있으며, 게임부분의 수출액은 7억 8,100만 달러로 전체 수출액의 절반 이상을 차지하고 그 뒤를 이어 출판 부분이 2억 1,910만 달러로 전체 수출액의 13.7%를 차지하였다. 캐릭터 산업의

표 4-5 국내 문화산업 매출액

산업	2006년 기준		2007년 기준		전년대비
	매출액(백만원)	구성비(%)	매출액(백만원)	구성비(%)	증감률(%)
출판	19,879,255	34.3	21,595,539	36.8	8.6
만화	730,072	1.3	761,686	1.3	4.3
음악	2,401,309	4.1	2,357,705	4.0	△1.8
게임	7,448,900	12.9	5,143,600	8.8	△30.9
영화	3,683,627	6.4	3,204,570	5.5	△13.0
애니메이션	288,554	0.5	311,166	0.5	7.8
방송	9,719,862	16.8	10,534,374	18.0	8.4
광고	9,118,059	15.7	9,434,625	16.1	3.5
캐릭터	4,550,932	7.8	5,115,639	8.7	12.4
에듀테인먼트	117,989	0.2	155,861	0.3	32.1
합계	57,938,569	100.0	58,614,765	100.0	1.2%

경우 전년대비 7.1% 증가로 다른 산업 분야보다는 다소 낮은 성장률을 보였지만, 2억 289만 달러로 전체 수출액의 13%를 차지하였다. 수입의 경우 음악, 방송, 광고 세 분야의 문화산업 수입액이 감소한 것으로 나타났다. 특히 전체 수입액 중 64.9%로 가장 많은 비중을 차지하고 있는 광고산업의 전년대비 14.4% 감소는 전체 규모 감소로 이어진 것으로 분석된다. 애니메이션 산업의 경우 증가율은 전년대비 59.9%이지만 전체 수입액의 0.3%만을 차지하고 있다. 반면 전체 수입액의 12.2%를 차지하고 있는 게임산업과 11.1%의 출판산업의 전년대비 각각 87.7%와 15.4% 증가는 그 감소 폭을 줄이는 데 한몫 하였다.

표 4-6 문화산업 수출입 규모 (단위: 천 달러, %)

산업 구분	수출액			수입액		
	2006년	2007년	증가율	2006년	2007년	증가율
출판	184,867	213,100	15.3	307,184	354,404	15.4
만화	3,917	3,986	1.8	3,965	5,901	48.8
음악	16,666	13,885	△16.7	8,347	4,230	△49.3
게임	671,994	781,004	16.2	207,556	389,549	87.7
영화	24,515	24,396	△0.5	45,813	67,527	47.4
애니메이션	66,834	72,770	8.9	5,095	8,148	59.9
방송	133,917	150,953	12,7	72,563	64,939	△10.5
광고	75,981	87,214	14.8	2,415,540	2,068,220	△14.4
캐릭터	189,451	202,889	7.1	211,909	225,257	6.3
에듀테인먼트	5,016	5,201	3.7	316	398	25.9
합계	1,373,158	1,555,398	13.3	3,278,288	3,188,573	△2.7

용어 정리

▶ **공공재:** 공공재는 소비의 비경합성과 비배제성을 갖는 재화나 서비스를 말하며, 사유재는 배제성과 경합성을 가지고 있다. 공공재란 국방, 경찰, 도로, 공원, 등대 및 일기예보 등과 같이 공공의 욕구를 충족시킬 수 있는 재화나 용역을 말하는데, 공공재가 지니는 가장 중요한 특징은 소비에 있어서의 비배제성이다.

[심경섭 외, 신경제학원론, 2003]

▶ **표준국제무역분류(SITC):** UN통계분과위원회가 경제분석 및 무역자료의 국제적 비교를 용이하게 하기 위하여 무역상품 분류 방법의 표준국제무역분류를 추천하였고, 1950년 7월 21일에 UN경제사회이사회가 이를 선포하였고, 1960년에 전면적으로 개정되어 오늘에 이르고 있다. 현재 대부분의 국가들이 SITC 분류방법에 따라 무역통계를 집계하고 있다. SITC는 식료품, 원료, 가공품, 화공약품, 기계 및 운반기구들과 같이 물품의 종류별로 분류되어 있다.

[http://www.kita.net]

▶ **유네스코(UNESCO):** 교육 · 과학 · 문화의 보급 및 교류를 통한 국가 간의 협력증진을 목적으로 설립된 국제연합 전문기구이다. 1945년 11월 영국과 프랑스의 공동주체로 런던에서 열린 유네스코 창설준비위원회에서 44개국 정부대표에 의해 유네스코 헌장이 채택되었으며, 1946년 11월 20개 서명국가들이 유네스코 헌장 비준서를 영국 정부에 기탁함으로써 최초의 국제연합 전문기구로 발족했다.

[http://www.unesco.org]

▶ **캐릭터산업(Character Industry):** 친숙하고 생명력 있는 캐릭터를 창작해 영화나 텔레비전 · 비디오 · 게임 · 상품 · 테마파크 등에 적용하거나 활용함으로써 고부가가치를 창출하는 차세대 전략산업이다. 아이디어를 원천으로, 만화와 미술을 표현 수단으로 하여 고도의 창작력과 기획력을 통하여 창출된다.

[http://www.naver.com]

시사 읽을거리

닌자처럼 다가온 일류(日流)

눈치 챘는가. 일본 문화가 닌자(忍者)처럼 소리 없이 우리 등 뒤에 다가서 있는 것을. 알고 있는가. 우리 자신도 모르는 사이 일본 문화의 착착 감기는 맛에 빠져들고 있는 것을.

미심쩍다면 서점부터 둘러보라. 일본 소설이 베스트셀러 코너에 빼곡할 것이다. 해방 이후 우리 사고를 지배했던 미국 문학도 이들 앞에서는 맥을 못 춘다.

우리의 아들딸들은 민족의 고뇌보다는 달착지근한 개인사를 다룬 일본 소설에 먼저 매료된다. 당신은 그들을 탓할 것인가. 일제 침탈의 역사를 어찌 잊을 수 있느냐고.

안방극장은 어떤가. 오랜만에 구성이 탄탄한 드라마를 만나 반갑다 했더니 실은 일본 드라마의 주인공 생김새까지 그대로 빼다 박은 것이라는 걸 알고 허탈해하지는 않았는가.

일본 만화를 각색한 한국 영화가 국제무대에서 큰 상을 타기도 했다. 일본 만화를 바탕으로 한 코미디 영화가 수백 만 관객을 끌어 모으고 있다.

그뿐인가. 이종격투기에 열광하는 샐러리맨, 닌텐도 게임에 맛들인 청소년도 이미 일본 문화에 젖어 들고 있다.

매일경제는 이를 일류(日流)의 역습으로 표현했다. 한류(韓流)가 거품처럼 가라앉자 일류의 도도한 물결이 밀려들고 있는 것이다.

한류 붐은 온 나라를 떠들썩하게 했다. 그러나 일류는 발자국 소리도 들리지 않았다. 그토록 조용히 우리 곁에 다가왔다. 한류와 일류의 교역에서 우리는 큰 적자를 보고 있다. 서울 서점가에 한 해 500여 가지의 일본 소설이 쏟아지지만 도쿄 서점에 꽂힌 한국 소설은 몇 가지나 될까.

문제는 적자라는 사실만이 아니다. 문화상품의 기초소재와 부품이라 할 수 있는 부문에서 심각한 역조를 보이고 있다는 점이다.

일류는 욘사마의 잘생긴 얼굴에 의존하는 한류와 다르다. 젊은 층의 취향에 맞는 세밀한 스토리와 감각적 디자인으로 시장을 파고든다. 우리 문화상품 가운데는 일본 문화 콘텐츠를 소재와 부품으로 들여와 단순히 조립하고 가공한 것들이 많다.

한류와 일류의 교역 구조는 두 나라 상품무역 구조를 빼닮았다. 기초소재와 부품기술에서 밀리면 만성 적자에서 헤어날 수 없다는 점까지.

우리는 오랫동안 일본 대중문화에 한사코 문을 열지 않았다. 그러나 이제 자국문화 보호의 온실은 사라졌다.

한류 붐이 일었던 몇 년 전만 하더라도 우리는 자신만만했다. 전기밥솥 시장의 지존이었던 일본 코끼리 밥솥이 막상 시장 개방이 이뤄지자 한국에 발을 붙이지 못했던 것처럼 일본 대중문화 역시 한국에는 발 붙이지 못할 것으로 봤던 것일까. 그러나 일류는 코끼리 밥솥이 아니다. 일류는 시장에서 상품성을 인정받고 있다. 고담준론 하는 이들은 코웃음 칠지 모르겠지만 일류의 저력을 깔볼 수는 없다.

이대로 가면 문화교역에서도 대규모 역조가 심화될 것이다. 우리가 일본과 상품교역에서 단 한 해도 흑자를 못 냈듯이 문화교역에서도 적자 구조가 고착화될 수 있다.

문화교역의 역조는 곧 경제교역의 역조로 이어진다. 문화 코드를 팔지 않고 상품을 팔 수 있는가. 한 나라의 경쟁력은 얼마나 호소력 있는 문화를 창조하고 이를 얼마나 비싸게 파는가로 가늠할 수 있다.

패권을 차지한 나라가 문화를 퍼뜨리고, 문화의 힘이 있는 나라가 패권을 차지한다. 이는 역사의 가르침이다. 미국과 사생결단하던 베트남을 보라. 코카콜라와 할리우드 영화와 미국식 자본주의 문화 코드를 받아들였다.

문화 강국이 되려면 어떻게 해야 하는가. 각자 일상에서 상상력을 키우고 창의력을 길러야 할 것이다. 사회적으로 그럴 여유를 만들어 주고 열정을 불어넣어야 한다.

우리 사회에서는 오랫동안 정치 이데올로기가 개인을 옭아매고 있었다. 지금은 규격화된 산업일꾼을 찍어 내는 낡은 교육제도가 개인의 창의력을 가둬 두고 있다. 논술시험마저 모범답안만 달달 외는 청소년들에게 노벨 문학상의 꿈을 키워 줄 수 있는가. 인문학적 소양이라고는 약에 쓰려 해도 찾아볼 수 없는 정치인들에게 문화 강국의 비전을 기대할 수 있는가.

그렇다고 절망만 하고 있어야 하나. 그럴 수 없다면 기본으로 돌아가 다시 생각해 보자. 상상력과 창조의 힘을 제약하는 온갖 걸림돌부터 없애자. 먼저 젊은이의 끼를 자유롭게 하자. 맘껏 창조하게 하자(장경덕 문화부장 겸 편집 국장석 부장).

[매일경제 2007년 1월 30일자]

제5장

무역정책

1절 무역정책의 개념

정책이란 일반적으로 일정한 목적을 추구하기 위하여 정부가 취하는 행위이다. 무역정책은 국제무역에 영향을 미칠 목적으로 취해지는 정부의 개입을 의미한다. 무역정책은 크게 자유무역정책과 보호무역정책으로 구분된다. 자유무역주의는 자유무역이 한 나라 및 세계 전체에 이익을 줄 수 있다고 생각하여 국제무역에 장애가 되는 제도나 요소를 철폐하자는 주장이며, 이에 반해 보호무역주의는 국내 산업의 보호와 육성을 통하여 고용과 국제수지의 개선을 목적으로 외국으로부터의 수입을 억제하는 것이 옳다는 주장이다.

그런데 이러한 정책은 시간과 장소에 따라 선택적으로 적용되는 것이 보통이었다. 16세기에서 18세기 중반에 이르는 중상주의 시대에는 식민지와의 무역으로부터 부를 축적하기 위하여 무역차액설에 입각한 철저한 보호무역정책이 채택되었다.

반면에 1700년대 후반 이후 산업혁명과 함께 부상한 영국은 리카도의 비교생산비설에 입각한 자유무역의 이익을 향유하기 위하여 자유무역정책을 실시하였다. 그러나 19세기 중반 보불전쟁과 남북전쟁을 통하여 통일을 이룩한 후 뒤늦게 산업혁명을 시작한 독일과 미국에서는, 선진국을 따라잡기 위한 수단으로서 자국의 유치산업을 보호할 필요성을 느꼈고 이에 따라 보호무역정책을 채택하였다.

그 후 제2차 세계대전 이후 GATT(관세 및 무역에 관한 일반협정)와 국제무역협정을 통하여 관세율의 인하에 따른 자유무역정책이 세계적으로 확대되었으나 1973년 석유위기 이후 침체국면을 벗어나지 못한 선진국들이 소위 비관세장벽으로 통칭되는 갖가지 유형의 보호무역정책 수단으로써 신보호무역주의를 강화하기도 했다.

2절 자유무역정책

오늘날 이 지구상에서 앞서 무역이론에서와 같은 완전한 자유무역주의를 추구하는 나라는 한 나라도 존재하지 않는다. 역사적으로 볼 때 거의 모든 나라는 신생산업(infant industry)의 육성을 위해 정도의 차이가 있지만 국내 시장을 보호하는 정책을 실시해 왔다. 즉, 각 시기에 있어서 지배적인 경제(19세기의 영국과 제2차 세계대전 이후의 미국)를 제외하고는 거의 대부분의 국가들이 보호무역주의를 취해 왔다고 해도 과언이 아니다. 그럼에도 불구하고 자유무역주의는 그 이론적 배경 때문에 세계경제가 해결해야 할 과제 내지는 그 이상으로 간주되어 개별국가의 무역정책 수립에 막대한 영향을 끼쳤다.

더군다나 오늘날 정보 통신 혁명은 국가 간의 경제적 국경을 급속도로 무너뜨리면서 글로벌화를 가속시키고 있다. 이런 세계경제의 조류를 감안한다면 자유무역주의 내지 개방경제화는 세계경제의 활력화와 국제경제의 심화를 위해 피할 수 없는 과제임에 분명하다.

그러면 자유무역정책의 이론적 근거를 살펴보도록 하자. 자유무역정책의 경제적 이득은 크게 정태적 효과(static effects)와 동태적 효과(dynamic effects)로 나누어진다. 전자의 경우 다시 소비자 이익과 생산자 이익으로 나누어지고 후자는 규모의 경제 효과와 국내경제의 효율성 증가 등으로 나누어진다.

표 5-1 자유무역정책의 경제적 이득

정태적 효과	소비자 이익
	생산자 이익
동태적 효과	규모의 경제 효과
	국내경제 효율성 증가

1. 소비자 이익

무역자유화로 말미암아 상품가격의 인하가 발생하고 이로 인해 직접적으로 받게 되는 상품 소비자(가계뿐만 아니라 기업도 포함)의 이득을 의미한다. 이러한 소비자 이득 중의 일부는, 무역자유화 이전에는 관세와 비관세장벽으로 인하여 국내가격을 높게 유지할 수 있는 혜택을 보던 국내 생산자의 이득과 정부의 관세수입의 이전(transfer)에서 비롯된다.

2. 생산자 이익

무역자유화는 비효율적으로 생산되던 국산제품을 수입상품으로 대체하도록 강요한다. 따라서 무역자유화는 저생산성 업종에서부터 그 나라에 비교우위가 있는 고생산성 업종으로 생산요소가 재배분되도록 함으로써 생산자 이득을 발생시킨다. 즉, 무역자유화는 비효율적인 생산자에게는 손실을 줄 것이나, 다른 생산자의 이득은 그러한 손실을 상쇄하고도 크게 남을 수 있기 때문에 전체 경제적 관점에서 볼 때 생산자 이득의 순증가를 가져올 것이다. 이러한 생산자 이득과 관련되는 부수적인 효과로는 무역자유화가 되면 한 나라의 비교우위 산업이 보다 뚜렷이 부각되고 또한 그들의 국제 경쟁력이 더욱 강화되게 된다는 점을 들 수 있다. 그러나 다른 한편 무역자유화 이전에 존재하던 비효율적 생산자의 손실을 수반하게 되므로 과도적인 산업구조 조정의 문제를 야기하게 된다.

3. 규모의 경제 효과

무역자유화는 각국의 교역재 산업이 경쟁할 수 있는 시장을 확대하므로 보통의 경우 생산 규모의 확대를 가능케 하고, 그에 따라 단위당 생산원가 절감의 이득을 가져온다. 그런데 이런 규모의 경제 효과에는 효율적인 생산활동을 위한 적정 공장규모가 비교적 큰 업종에서 대량생산을 함으로써 얻게 되는 원가절감 효과뿐만 아니라, 무역자유화로 촉진되는 동일업종 내에서의 특화(specialization)로 인한 규모의 경제 효과도 포함된다.

4. 국내경제의 효율성 증가

무역자유화는 국내 시장에서의 국내기업과 외국기업 간에 경쟁 정도를 높이는 효과를 가져다준다. 독과점 기업의 문제가 심각한 소규모 경제에서 무역자유화는 독과점 기업도 외국기업과 경쟁을 해야 하므로, 기술혁신을 통한 생산 효율성을 높이도록 전력하게 되고 그에 따라서 경제적 이득은 실질적으로 커지게 된다. 국내 시장이 상대적으로 협소하여 효율적인 생산을 위한 적정 공장 규모가 커야 하는 업종에서는 자연히 독과점 기업의 존재가 불가피하게 된다. 그런데 이런 독과점 기업은 일반적으로 품질개선이나 기술혁신을 통한 생산성 향상 등에는 관심을 갖지 않고, 오로지 독과점 상태의 계속적인 유지를 통한 이윤의 극대화를 시도한다.

3절 보호무역정책

자유무역론의 타당성은 고전학파의 견해처럼 보편적인 것은 아니다. 즉, 자유무역론의 중요한 이론적 근거가 되는 비교생산비 원리의 전제조건이 반드시 충족되지 않는다는 점, 자유무역에 따르는 특화에 의하여 각국의 산업구조 및 무역패턴이 고정화되고 이에 따라 후진 농업국의 공업화가 불가능하다는 점, 그리고 자유무역에 의하여 선진국의 교역조건은 개선되고 후진국의 교역조건은 악화됨에 따라 무역이익이 후진국에서 선진국으로 환류된다는 점 등으로 인하여 자유무역주의에 대한 비판이 제기된다.

1. 비교생산비 원리 전제조건의 충족 부족

비교생산비의 원리는 많은 전제 위에 놓여 있다. 이 전제 가운데 가장 중요한 전제가 국내에 있어서는 생산요소가 자유롭게 이동되며, 산업 간에 생산요소의 전환이 용이해야 한다는 것이다. 물론 이러한 전제조건이 충족된다면 자원의 최적 배분이 실현되고 생산과 소비의 최적 상태가 실현될 것이다. 그러나 생산요소의 자유로운 이동이 반드시 실현되지는 않는다.

이를테면 후진국에 있어서 노동의 이동은 여러 가지 조건으로 말미암아 제약을 받고 있기 때문에 산업 간에는 생산성 및 임금의 격차가 존재한다. 이런 경우에는 자원의 최적 배분이 실현되지 않으며, 생산과 소비의 최적 상태는 실현되지 않는다. 그러므로 생산요소의 자유로운 이동 등 비교생산비 원리의 전제조건이 충족되지 않을 경우에는 자유무역의 주장에 문제가 뒤따르므로, 차선의 정책으로서 국내 산업과 무역에 대한 보호정책이 인정되고 있는 것이다.

2. 산업구조 및 무역패턴의 고정화

자유무역이 이루어지면 각국의 경제적 여건에 따라 특화가 형성되고 이 특화에 의하여 각국의 산업구조와 무역 패턴이 결정되는 경향이 있다. 비교생산비 원리의 현실적 결과에 의하면 선진국에서는 자본이 풍부하고 기술이 발달되어 있기 때문에 공업 부문을 특화하는 것이 유리하고, 후진국에서는 자본이 부족하고 기술이 발달되어 있지 않고, 대개 농업자원이 풍부하므로 농업 부문을 특화하는 것이 유리할 것이다.

이러한 특화에 의하여 선진국에서는 후진국에 대하여 공산품을 수출하며, 후진국은 선진국에 대하여 농산품을 수출할 것이다. 이것은 국제무역에서 현저하게 나타났으며, 선진국과 후진국 간의 수직적 무역형태에서 찾아볼 수 있다.

이 결과로 말미암아 선진국은 공업 부문의 집중적인 특화를 이룩하고 고도의 공업화를 달성함으로써 무역의 능동적 효과를 극대화하며, 후진국은 농업 부문의 집중적인 특화에 의하여 공업화의 기회를 박탈당하게 되는 것이다. 따라서 오늘날에 이르러서도 이러한 영향 탓으로 선진국과 후진국 간에 경제적 격차가 확대되고 있으므로, 양측 간에 소득의 격차를 해소하기 위한 문제가 야기되었던 것이다.

3. 후진국 무역이익의 손실

자유무역에 의하여 선진국의 교역조건은 개선되고 후진국의 교역조건은 악화됨에 따라 무역이익은 후진국에서 선진국으로 넘어간다. 예를 들어 선진국은 공산품 생산을 특화하고 후진국은 농산품 생산을 각각 특화하여 자유무역을 한다면, 공산품의 교역조건은 유리해지고 농산품의 교역조건은 불리해짐에 따라 선진국은 유리하고 후진국은 불리하다.

제2차 세계대전 후 일정한 기간을 제외한다면, 후진국의 특화품인 1차산품을 특화하고 있는 나라는 생산이 증가되더라도 교역조건의 악화에 의하여 실질소득이 감소되는 경향이 있었다.

극단적인 경우에는 바그와티의 궁핍화성장론에서 알 수 있는 바와 같이 산출량의 증가에 의한 이익보다 교역조건의 악화에 의한 손실이 한층 더 클 경우도 있다. 후진국에 있어서 1차산품의 교역조건이 악화된다는 사실은 프레비쉬(Raúl Prebisch)에 의해 실증적으로 밝혀지기도 하였다.

4. 유치산업의 도산

무역자유화는 무엇보다도 국내 유치산업을 해칠 우려가 있다. 이는 선진국보다 개발도상국에서 더욱더 그렇게 될 가능성이 크다. 개발도상국은 소수의 노동집약적인 특화산업을 제외하고는 대부분 자본·기술·경영·조직면에서 취약성을 면치 못하고 있으며 따라서 국제 경쟁력도 약하다.

이러한 점에서 관세인하, 급격한 수입자유화 조치는 국내의 유치산업으로 하여금 강대한 외국기업에게 사실상 짓밟히는 결과를 가져다준다. 그러므로 대부분의 개발도상국은 자국의 유치산업을 고관세와 수입제한 등으로 보호하고 있는데 GATT도 이를 허용했으며 WTO도 이를 예외적으로 인정하고 있다.

5. 국제수지의 악화

무역자유화는 국제 경쟁력이 약한 국가의 국제수지를 악화시킨다. 자국산업의 기반이 미비하고 국제 경쟁력이 약한 국가는 특히 수입자유화에 의하여 질 좋고 값싼 상품이 쏟아져 들어오면, 즉, 수입이 급진적으로 확대되면 국제수지의 만성적인 적자를 면치 못한다. 오늘날 많은 나라들이 내심 수입제한 조치를 취하고자 하는 중요한 이유 중 하나는 바로 이 같은 국제수지 방어목적 때문이기도 하다.

4절 관세

1. 관세의 분류

관세(customs, tariff)란 자국의 수입상품에 대한 조세부과를 의미하며 과세기회, 과세목적, 과세방법 등을 기준으로 다음과 같이 여러 가지 종류로 분류된다.

① 과세기회를 기준으로 한 분류에 의하면 수출세, 수입세, 통과세 등으로 구분된다. 수출세는 대개 재정수입의 목적을 위하여 부과하는 것이나, 이것은 해외에 절대적인 독점시장이 존재하고 있는 경우에만 가능하다. 또한 자국 공업에 필요한 국내 원료의 확보·유지를 위해 부과되는 보호적 수출세도 있다. 수입세는 무역정책상이나 재정수입면에서 가장 중요한 수단의 하나로 널리 행해지고 있는 것이다. 통과세는 단순히 한 나라 또는 어떤 관세구역을 통과하여 타국으로 수출되는 상품에 대하여 부과하는 것이다.

② 과세목적을 기준으로 한 분류에 의하면 관세는 재정관세와 보호관세로 구분된다. 재정관세는 국가의 재정수입을 목적으로 설정된 것이며, 보호관세는 국내 산업의 보호를 목적으로 설정된 것이다.

③ 과세방법을 기준으로 한 분류에 의하면 종가세, 종량세, 혼합관세, 선택관세, 복합관세 및 종합관세 등이 있다. 종가세는 상품의 가격에, 종량세는 상품의 수량에, 나머지는 가격 및 수량에 의거해 과세하는 것으로, 과세 기술상의 차이에 따른 분류이다.

④ 과세의 차등을 기준으로 한 분류에 의하면 차별관세와 평등관세가 있다. 차별관세는 수입선 또는 상품의 종류를 불문하고 평등관세를 적용하는 것이 아니고, 무역상대국에 따라 세율에 차이를 두는 것이다. 상계관세, 반덤핑방지관세, 보복관세 및 특혜관세 등이 여기에 해당한다.

⑤ 세율결정을 기준으로 한 분류에 의하면 국정관세, 협정관세 및 국정협정관세가 있다. 본래 관세는 세수(稅收)의 일종으로, 기타 조세와 마찬가지로 그 세율은 당연히 그 나라와 법률로 규정되어야 하며 이것을 국정관세 또는 자주관세라고도 한다. 이에 대하여 세율이 외국과의 통상조약으로 결정될 때 협정관세라고 하며, 원칙적으로 국정세율을 정하고 특히 조약으로 협정세율을 적용하는 경우를 국정협정관세라고 한다.

⑥ 세율 수를 기준으로 한 분류에 의하면 단일관세, 이중관세, 다수관세 등으로 분류된다. 단일관세는 원칙적으로 국정관세지만 때로는 협정관세인 경우도 있다. 이 단일 국정관세는 보통 모든 수입상품에 대하여 균등하게 적용된다. 그런데 외국에 있어서 자국상품이 불리한 취급을 받거나 혹은 이와 반대로 유리한 대우를 받을 경우가 생길 수 있으므로 이에 대비하여 차별관세를 마

표 5-2 관세의 분류

과세기회	수출세, 수입세, 통과세
과세목적	재정관세, 보호관세
과세방법	종가세, 종량세, 혼합세(종량종가선택세), 복합세(종량종가병가세)
차별	평등관세, 차별관세
세율결정	국정(자주)관세, 협정관세, 국정협정관세
세율 수	단일관세, 복수관세

련하고, 이 때문에 이중관세 또는 다수관세가 설정된다.

2. 관세의 경제적 효과

관세는 수출입 물품을 과세대상으로 하는 대물세로서의 특수성으로 인해 국민경제에 대한 기능이 다양하며, 그 미치는 효과 또한 매우 크다. 또한 국가의 재정수입이나 국내 산업, 교역조건과 국제수지 및 국민소득과 소비생활에 직접적인 영향을 미치고 있으므로, 관세의 기능도 국제무역과 국민경제와의 연계에 의하여 파악되어야 한다.

1) 국내 산업 보호 및 자원의 배분 기능

수입 상품에 대한 관세의 부과는 수입상품의 가격 인상을 통해 외국상품의 수입을 억제하고 자국상품의 국내 시장에서의 가격경쟁력을 강화시켜 국내의 생산공급을 증대시키고 국내의 유치산업을 보호·육성시키는 역할을 한다. 또한 수입상품에 대한 관세의 부과로 어떤 산업이 보호되면 그 업종에 대한 투자를 유발시켜 자원을 배분하게 되므로 보호관세에 의하여 보호를 받는 산업은 보호를 받지 않는 산업보다 더 많은 자원을 배분받게 된다. 즉, 관세 부과로 수입재의 국내 생산이 증가하고, 수입재에 대한 국내 총수요량이 감소하게 되므로 관세는 자원 배분의 기능을 수행한 것이다.

2) 재정수입 확보 기능

관세는 조세 수입을 증대시키는 기능을 한다. 관세의 이러한 기능은 국민소득이 낮고 내국세의 비중이 적은 후진국일수록 더욱 강화된다. 즉, 정부는 다양한 공공 목적을 수행하기 위하여 재정수입을 증대시키지 않을 수 없으므로 국제무역은 오래전부터 조세의 대상이 되어 왔다.

따라서 이러한 나라에 있어서 관세의 설정 및 세율의 결정은 재정수입의 확보라는 관점에서 이루어진다. 국내 산업의 보호는 부수적인 의미를 가질 뿐이다. 하지만 경제발전과 산업구조의 고도화라는 측면에서 관세의 역할은 역시 국내 산업 보호가 우선하게 된다.

3) 소득의 재분배 기능

관세의 부과는 소득을 각계각층에 재분배하여 주는 기능을 한다. 즉, 관세의 부과로 수입품을 소비하는 소비자가 관세를 부담하게 되므로 소비자의 실질소득은 감소한다. 한편 수입품과 경쟁적인 국내 생산품이 있다고 한다면, 관세 부과로 그만큼 수입품의 가격이 상승되므로 국내 생산을 증대시킬 수 있다. 결국 이것은 수출업자의 소득이, 수입품과 경쟁적인 국내 생산업자에게 재분배되는 것을 보여 준다.

4) 소비억제 기능

관세의 부과는 수입상품에 대한 가격을 상승시켜 소비를 억제한다. 소비자는 관세 부과액만큼 수입상품에 대하여 높은 가격을 지불하여야 하며, 또한 국내 시장에서의 동종 상품의 가격도 수입상품과 동일한 가격수준으로까지 인상될 수 있기 때문에 국내에서 생산되는 동종의 상품에 대하여도 높은 가격을 지불하지 않으면 안된다. 이 때 인상된 가격 차만큼 소비자의 실질소득을 감소시키므로 소비는 억제된다고 할 수 있다.

5) 교역조건의 개선 및 국제수지의 개선 기능

일반적으로 관세의 가격 효과에 따라 관세부과 후에는 무역 상대국의 수출가격이 인하되므로 교역조건이 개선된다고 할 수 있다. 또한 관세를 통한 교역조건의 개선은 곧 국제수지의 개선을 의미한다. 그러나 이러한 교역조건의 개선은 무역의 축소를 가져오는 경우도 있으므로 장기적인 관점에서는 문제가 발생할 수 있으나, 국내 유치산업 보호와 불요불급품에 대한 소비억제를 위하여 관세를 통한 수입 억제는 국제수지를 개선하는 효과를 기대할 수 있는 정책이라 할 수 있다.

5절 비관세장벽

1. 비관세장벽의 개념

GATT 체제가 심화되기 시작하면서 관세인하 내지는 철폐가 시행됨에 따라 자국 산업의 국내 시장이 위협받게 되자 자구책에 해당하는 비관세장벽이 제6차 다자간무역협상(일명 케네디 라운드: 1964~1967)에 안건으로 상정되었다. 그 후 1970년대 초 국제적인 스태그플레이션을 맞으면서 소위 신보호주의가 확산·심화되면서 관세는 점차 보호수단의 의의를 상실하게 되고, 비관세장벽이 핵심적인 역할을 떠맡게 되면서 오늘에 이르게 되었다. 비관세장벽(NTB: non-tariff barrier)이란 한 국가가 특정한 경제목적을 추구하기 위하여 시장에 개입함으로써 국내제품과 외국제품 간의 차별대우를 통하여 경쟁력의 격차를 가져오게 하는 관세 이외의 모든 무역정책 수단을 의미한다. 이러한 비관세장벽은 제2차 세계대전 이후 국제무역의 자유화 과정에서 거의 논의되지 않다가 1960년대 중반 이후에 들어서야 각국의 관심을 끌기 시작하였다.

그런데 이러한 비관세장벽은 선진공업국 간 통상마찰에서도 국제무역을 저해하는 요인으로 논의의 대상이 되고 있지만, 주로 선·후진국 간 거래에 있어서 더 큰 지장을 초래하고 있다.

2. 비관세장벽의 효과

일반적으로 비관세장벽은 다음과 같은 측면에서 수입 규제 효과를 가진다.

① 비관세 장벽은 수입에 대한 양적인 제한을 통하여 무역량과 무역의 방향을 왜곡시킨다. 수입쿼터, 수입허가, 수출자율규제, 수출금지 등의 비관세장벽은 이러한 효과를 초래하는 가장 대표적인 예에 속한다.

② 비관세장벽은 가격 또는 비용에 영향을 미침으로써 역시 무역량과 무역의 방향에 영향을 미친다. 과징금, 수입부가세, 금융 제한, 수입경쟁산업에 대한 조세감면 및 보조금 지급 등이 이에 속한다고 볼 수 있다.

③ 비관세장벽은 수입을 양적으로 직접 제한하거나 상대 가격 구조에 직·간접적으로 왜곡 효과를 줌으로써 무역량과 무역의 방향에 영향을 주기도 하지

만, 대다수의 비관세장벽은 수출과 판매와 관련하여 많은 불편을 줌으로써 결과적으로 수입을 억제하고 있다.

3. 비관세장벽의 구분

비관세장벽은 무역을 직 · 간접적으로 제한하는 유형에 따라 구분할 수 있다. 무역을 직접적으로 제한하는 경우에는 수량제한(Quotas), 수입허가제, 각종 수입과징금 등이 있으며, 간접적으로 제한하는 경우는 엄격한 제품규격, 농 · 축산물에 대한 엄격한 검역조치, 높은 환경보호 기준 등이 될 수 있다.

표 5-3 **비관세장벽의 구분**

직접 제한	수량제한(Quota): 수입할 수 있는 양을 규제하는 것
	수입허가제: 허가된 상품만 수입 가능하게 하는 것
	수입과징금: 관세 이외에 수수료, 사용료, 특허료, 벌금 등을 부과
간접 제한	엄격한 제품 규격
	엄격한 검역 조치: 미국산 소고기 예
	높은 환경보호 기준: EU 수출 자동차 배기가스량 규제

용어 정리

▶ **관세(Tariff):** 수입업자가 외국제품을 국내로 반입하는 것을 허용하는 대가로 납부하는 세금인데, 일반 국내의 다른 세금과 마찬가지로 세 가지 형태가 있다. 첫째는 종량세(從量稅, specific duty)인데, 수입품 가격에 관계없이 수입물품의 수량을 기준으로 관세를 부과하는, 즉 상품의 수량을 과세표준으로 삼는 세금 형태이다. 둘째는 종가세(從價稅, ad valorem duty)인데, 수입품 가격의 일정 비율에 해당하는 세금을 부과하는, 즉 상품의 가격을 과세표준으로 삼는 세금 형태이다. 셋째는 복합과세(複哈課稅, compound duty)이다. 이는 수입품의 가격과 수량에 대해 각각 세금을 부과하는, 즉 수입품의 가격과 수량을 동시에 과세표준으로 삼는 세금 형태이다.

[손정식, 국제무역론, 2003]

▶ **대물세:** 물세(物稅)로서 물세는 부의 원천, 즉 토지, 가옥 등에 부과되는 조세로서, 원칙적으로 수익을 획득하는 사람과는 관계없는 조세(수익세)이다. 또 외형 표준에 의하여 간단히 조세 부과할 수 있는 장점이 있다.

[http://mk.co.kr]

▶ **보호무역:** 무역수지의 개선이나 국내 산업의 보호를 목적으로 수입을 제한하는 것으로서 방법으로는 관세인상, 수입할당제, 수입과징금제, 수입담보금제 등이 있다. 수입제한 자체는 예컨대 개발도상국이 국내 산업을 육성하는 경우 국제적으로도 어느 정도 인정되고 있다. 그러나 국제적으로 인정되고 있는 제한조치인가 아닌가에 대해서는 명확한 기준이 있는 것이 아니므로 경우에 따라서는 무역전쟁과 같은 심각한 사태를 초래할 우려도 있다.

[http://mk.co.kr]

▶ **수입허가제(Import License System):** 특정 상품수입에 대하여 정부의 허가를 필요로 하는 제도이다. 수입허가제에는 수량에 의한 것과 가격에 의한 것의 두 종류가 있다. 수량에 의한 허가는 국내산업 보호를 목적으로 하며, 가격에 의하는 경우에는 국제수지의 균형달성이 주요한 목적이다.

[http://www.kortrading.com]

▶ **신보호무역주의:** 선진국들이 비교우위를 획득해 가는 후진국의 수출에 대해서 관세가 아닌 비관세장벽(Non-Tariff Barrier: NTB)이나 예외조항 등을 원용 또는 남용하여 보호무역정책을 실시함으로써 자국의 실업과 국제수지 등의 거시경제적인 문제들을 해결하고자 하는 정책을 뜻한다.

[강태구 외, 무역학개론, 2006]

▶ **중상주의(Mercantilism):** 1776년 애덤 스미스의 국부론이 나오기 이전 17세기와 18세기 유럽을 풍미했던 경제사상이다. 경제사상이란 '국가를 부강하게 하는 이념' 을 의미하는데, 중상주의자들은 금(金)의 축적이 국가를 부강하게 하는 첩경이라고 보았다.

[손정식, 국제무역론, 2003]

▶ **케네디 라운드(Kennedy Round):** 미국 대통령 케네디(J. F. Kennedy)의 제안에 의하여 1964년 5월부터 1967년 6월까지 약 4년 동안 제네바에서 개최된 여섯 번째의 대규모적인 다자간 무역협상을 의미한다. 케네디 라운드는 국제무역을 저해하고 있는 비관세장벽을 완화하여 무역자유화를 촉진하기 위하여 개최되었다.

[신현종, 세계통상정책론, 2000]

▶ **FTA(Free Trade Agreement):** 특정 국가 간의 상호 무역증진을 위해 물자나 서비스 이동을 자유화시키는 협정으로, 나라와 나라 사이의 제반 무역장벽을 완화하거나 철폐하여 무역자유화를 실현하기 위한 양국 간 또는 지역 사이에 체결하는 특혜무역협정이다. 자유무역협정은 특정국가 간에 배타적인 무역특혜를 서로 부여하는 협정으로서 가장 느슨한 형태의 지역 경제통합 형태이며, 지역무역협정(RTA)의 대종을 이루고 있다.

[http://www.fta.go.kr]

시사 읽을거리

국제무역은 지역주의 對 국제주의 경쟁

최근의 세계 무역은 다자간 자유무역주의(다자주의)와 지역적 자유무역주의(지역주의) 등 두 개의 흐름으로 진행되고 있다.

다자주의는 모든 나라가 함께 모여 동등한 무역 조건을 만든 뒤 이를 모두에 적용하는 무역 원칙을 말한다. 반면 지역주의는 한 지역 또는 특정 국가들끼리 협상한 뒤 특별한 무역 조건을 이들 국가에만 부여하는 것이다.

다자주의는 세계무역기구(WTO)로 대표된다. 150개 회원국이 '최혜국 대우(MFN)' 라는 원칙 아래 다자간 회담을 통해 공통의 무역 조건을 만든다. 회원국 간에는 가장 좋은 무역 조건을 차별 없이 제공해야 한다.

이러한 WTO의 노력에도 불구하고 세계는 지역주의에 의한 자유무역협정(FTA)을 체결하는 국가들이 확산되는 추세다. FTA(Free Trade Agreement)는 협정에 참여한 국가끼리 무관세 또는 낮은 관세 등 배타적인 무역특혜를 부여하는 제도를 말한다. FTA는 가입 국가가 아닌 나라에는 무역장벽으로도 작용할 수 있다.

최근 10년간 FTA 체결이 가속화되면서 FTA 대세론이 확산되고 있다. 다자무역 체제의 근간인 '관세와 무역에 관한 일반협정(GATT)' 시절인 1948~1994년에 체결된 FTA의 수는 모두 48건이었다. 1994년 WTO 출범 후 10년간 FTA는 138건이 체결됐다.

현재 발효 중인 186개의 FTA를 시기별로 보면 지난 1980년대까지 37건에 그쳤으나 1990년대 64건, 2000년 이후 95건이 체결돼 FTA가 광범위하게 확산되고 있음을 보여 주고 있다. 2005년에는 세계 무역 중 FTA 역내 국가 간 무역 비중이 55%에 달한 것으로 추정되고 있다.

최근의 FTA는 추진 속도가 더 빨라지고 크기도 대형화하고 있다. 한국무역협회에 따르면 2005년 중 세계 전 지역에서 총 15건의 FTA가 타결됐고 적어도 37건의 협상이 진행 중이다.

[한국경제 2006년 2월 6일자]

제6장

국제경제기구

1절 세계무역기구(WTO)

세계무역기구(WTO)는 기존 GATT가 가지고 있는 한계를 극복하기 위해서 설립된 것으로 UR 협상의 가장 중요한 성과 중의 하나이다. GATT는 당초 잠정적으로 채택되었으며(제29조 2항) 많은 예외규정을 두고 있어 국제협정으로서의 법적 구속력이 제한되었다. 즉, 사법권의 부재로 인해 회원국에 대한 실질적인 구속력은 없고 만장일치제라는 의사결정 방식으로 인해 통상문제의 해결능력이 부족하였다.

1986년 9월 남미 우루과이에서 시작된 GATT 제8차 다자간 무역협상인 우루과이 라운드(Uruguay Round) 협상은 1994년 4월 모로코 마라케쉬(Marrakech) 각료회의를 끝으로 일괄 타결되었다. 세계 125개국이 참가한 UR 각료회의는 GATT 체제의 한계를 극복하고 향후의 새로운 국제무역 질서를 효과적으로 규율하기 위한 세계무역기구(World Trade Organization)를 신설하기로 합의하였다. 이로써 1947년 10월에 체결되어 47년간 유지되어 온 GATT 체제는 막을 내리고 WTO 체제가 탄생하게 되었다.

WTO는 모든 경제분야에서 자유무역 질서를 확대·강화하기 위하여 출범한 국제법상의 명실상부한 국제기구로서, 산하에 분쟁해결기구(Dispute Settlement Body: DSB)까지 갖추고, 법적으로 구속력 있는 권한을 행사하도록 하고 있는 경제분야의 유엔이라고 할 수 있다.

1. WTO의 목적과 기능

WTO 체제의 가장 중요한 목표는 바람직하지 못한 부작용이 없는 범위 내에서 가능한 한 무역을 자유롭게 하자는 것이다. WTO는 무역 장벽을 제거하고 개인기업 및 정부가 세계의 무역 규범이 무엇인지를 이해하고 무역과 관련하여 갑작스러운 정책변화가 없을 것이라는 신뢰를 그들에게 부여하는 것이다. 즉, WTO의 규범은 투명하고 예측 가능하다는 것을 목표로 한다.

또 하나의 목표는 분쟁해결과 관련된 것이다. 교역관계는 상충되는 이해관계를 가지기 때문에 WTO 체제 내에서 협상된 약속 및 협정은 그것의 해석을 필요로 하는 경우가 많은데, 국가 간의 의견 차이를 해결하는 가장 조화로운 방법은 합의된 법적 기초에 근거한 중립적인 절차에 의존하는 것이다. 분쟁해결 절차가 WTO 협정에 설정된 목적도 여기에 있다.

그러므로 WTO는 WTO 협정과 다자간 무역협정의 수행·관리·운영을 맡고 그 목적을 촉진시키며 복수국 간 무역협정의 수행·관리·운영을 위한 틀을 제공한다. 그리고 WTO 협정에 관련된 추가적인 무역협정의 체결을 위한 협상을 비롯하여 회원국들 간의 다자간 무역관계에 관한 협상을 위한 토론의 장 및 각료회의의 결정에 따른 협상결과의 이행을 위한 틀을 제공하는 기능을 가지고 있다.

2. WTO 체제의 기본원칙

1) 최혜국 대우의 원칙

최혜국 대우(Most Favored Nation Treatment)의 원칙은 어느 국가가 관세 및 과징금에 있어서 특정국가로부터의 상품에 대해 부여하는 이익, 특전 또는 면제를 다른 모든 국가의 동종의 상품(like product)에 대해서도 즉시 그리고 무차별적으로 부여해 주어야 한다는 원칙이다(GATT 제1조 1항).

2) 내국민 대우의 원칙

내국민 대우(National Treatment)의 원칙은 외국인과 내국인을 똑같이 대우해야 한다는 의미이다. 이는 어느 국가가 자국 내에 과세나 기타 규제 및 절차에 관하여 수입품을 국산품보다 불리하게 대우하지 않도록 하여야 한다는 원칙이다(GATT 제3조). 앞의 최혜국 대우의 원칙이 외국의 모든 수출국에 대하여 공정한 경쟁기회를 보장하는 것이라면, 내국민 대우의 원칙은 수입국 내에서의 수입품과 국산품 간의 공정한 경쟁을 할 수 있도록 보장함으로써 자유무역을 실현하고자 하는 데 목적이 있다.

3) 시장접근 보장의 원칙

시장접근 보장(Market Access)의 원칙은 관세나 조세를 제외한 상품과 서비스의 공급에 대한 일체의 수입제한을 철폐해야 한다는 원칙이다. 관세나 조세는 수입가격을 조절하여 국내 시장에서의 수급에 영향을 미치는 간접적인 제한 수단이지만, 기타 수입쿼터와 같은 각종 비관세적 수단은 수입품의 국내반입 자체를 직접적으로 제한한다. WTO 체제하에서는 GATT에서와 같이 이러한 수량제한을 철폐해야 한다는 것이다.

4) 투명성의 원칙

투명성(Transparency)의 원칙은 각국의 행정부나 사법기관의 의사결정 또는 법령적용, 제도운용이 합리적이며 예측 가능하여야 하고 그러한 결정에 관한 이유를 고지하고, 또 결정의 기초가 되는 모든 법령 및 자료들이 공개되어야 한다는 원칙이다. 투명성의 원칙은 WTO 체제의 기본원칙이지만 국가안전보장에 관계되는 내용, 법 집행에 위해가 되는 사항, 영업상의 비밀 등 특정한 경우에는 예외를 인정하고 있다.

3. WTO의 조직과 운영

WTO는 그 설립 협정과 17개의 부속협정들이 회원국 내에 잘 이행되고 운용되도록 바탕을 제공하며, 또한 회원국 간의 분쟁을 해결·조정하고 무역정책 검토제도를 시행하기 위하여 스스로 법인격을 가지며, 각 회원국으로부터 자체의 기능을 수행하는 데 필요한 법적인 능력을 부여받은 국제기구이다(설립 협정 제8조 1항).

WTO의 주요 조직과 운영은 다음과 같이 이루어진다.

1) 각료회의

WTO의 각료회의(Ministerial Conference)는 모든 회원국의 대표로 구성되며, 이는 최소한 2년에 1회 이상 개최하여야 한다. 각료회의는 WTO의 기능을 수행하기 위하여 필요한 조치를 취하고, 회원국의 요청이 있을 경우에는 이 설립 협정과 다자간 무역협정에 따라 이와 관련된 모든 결정을 내릴 권한을 갖는다. 즉, 각료회의는 WTO 협정하의 모든 문제에 대한 의결권을 갖는 최고의 의결기구이다(제4조 1항).

2) 일반이사회

WTO의 일반이사회(General Council)는 모든 회원국의 대표로 구성되며, 이는 필요에 따라 수시로 개최할 수 있다. 따라서 일반이사회는 실질적으로 각료회의의 결정을 수행하는 상설기구이다. 일반이사회 산하에는 상품무역이사회(Council for Trade in Goods), 서비스무역이사회(Council for Trade in Services), 지적재산권이사회(Council for TRIPS)가 있다.

3) 사무국

WTO는 본부에 사무총장을 최고책임자로 하는 사무국(Secretariat)을 설치한다. 각료회의는 사무총장을 임명하고 또 사무총장의 권한, 의무, 근무조건 및 임기를 명시하는 규정을 채택한다. 사무총장은 각료회의가 채택하는 규정에 따라 사무국의 직원을 임명하고 이들의 직무와 근무조건을 결정한다(제6조 1항 내지 3항).

4) 다자간 무역협정기구

우루과이 라운드 협정이 타결되면서 아직 다자화되지 못한 수자간 무역협정(Plurilateral Trade Agreement Bodies: PTA)에 의거하여 설치되는 기구들은 각각의 협정에 의하여 부여되는 기능을 수행하지만, 이들은 WTO의 틀 안에서 운영된다. 이들 기구는 일반이사회에 자신의 활동상황을 정기적으로 통보하여야 한다(제4조 8항).

기타 산하기관으로서 분쟁해결기구(Dispute Settlement Body: DSB)와 무역정책검토기구(Trade Policy Review Body: TPRB)를 두고 있으며, 또한 WTO의 기능을 수행하기 위하여 무역환경위원회, 무역개발위원회, 국제수지위원회 및 예산재정운영위원회 등이 설치되어 있다.

2절 경제협력개발기구(OECD)

경제협력개발기구(Organization for Economic Cooperation and Development: OECD)란 회원국들의 경제성장을 촉진하고, 개도국들에 대한 원조와 다자주의에 의한 세계무역의 확대를 위하여 1961년 9월에 설립된 선진국들 중심의 국제기구를 말한다.

OECD는 전후 미국의 마셜 플랜(Marshall Plan)에 따라 1948년 4월에 설립한 유럽경제협력기구(Organization for European Economic Cooperation: OEEC)를 모체로 하여 1960년 12월에 EEC 및 EFTA 회원국, OEEC의 기존 회원국인 터키, 그리스, 스페인, 포르투갈 등 18개국에 미국과 캐나다를 포함한 20개국이 그 설립 협정에 서명함으로써 출범하게 되었다.

1961년 OECD는 설립 이후 지금까지 회원국 30개국으로 확대되었고, 현재 OECD 회원국이 세계 경제활동에 차지하는 비중은 전세계의 60% 이상을 차지하며 선진국 그룹이라는 것을 보여 주고 있다. 또 기능과 조직 면에서도 산하에 26개의 분야별 위원회와 200여 개의 작업부, 4개의 반(半)독립적 기구로 확대 발전되어 왔다.

1. OECD의 설립 목적

OECD의 설립 목적은 OECD 협정문 제1조에 명기되어 있으며, 그 내용은 다음의 세 가지로 요약된다.

① 회원국들의 경제성장 촉진을 통하여 고용증대 및 생활수준의 향상을 도모하고, 세계경제의 발전에 주도적·선도적으로 기여하는 것이다.
② 개발도상국들에 대한 원조를 통하여 후진국들의 건전한 경제성장에 기여하는 것이다.
③ 다자간·무차별적인 자유무역 원칙에 따른 세계무역의 확대에 기여하는 것이다.

2. OECD의 조직

OECD의 주요 조직으로는 각료이사회, 집행위원회, 특별집행위원회, 사무총장 등의 상위조직과 이러한 조직들의 지휘 명령을 수행하기 위한 각종 전문분야별 위원회, 사무국 등의 하부조직이 있다.

① 각료이사회(Council at Ministerial Level)는 OECD의 최고 의사결정 기구로서 매년 1회씩 개최된다.
② 집행위원회(Executive Committee)는 매년 이사회에서 선출되는 14개국의 대표로 구성되고 각료이사회와 상주대표이사회를 보좌하는 역할을 수행한다.
③ 특별집행위원회(Special Executive Committee)는 1972년 이사회의 결의에 따라 설치되었으며, 회원국의 차관 또는 차관보급으로 구성되고 역시 이사회를 보조하는 역할을 수행한다.
④ 사무국(Secretariat)은 사무총장의 지휘에 따라 OECD의 제반 활동을 기획·관리·조정하는 역할을 한다.

기타 OECD 산하에는 경제정책위원회(Economic Policy Committee), 개발원조위원회(Development Assistance Committee: DAC) 및 무역위원회(Trade Committee) 등 26개의 분야별 전문위원회와 보조 성격을 가진 4개의 운영위원회, 그리고 총 200여 개의 작업부(Working Party)가 있다. 또, 이와는 별도로 이사회 직속으로 4개의 작업부 및 5개의 특수목적을 위한 활동부서가 설치되어 있다.

3. OECD의 활동 분야

OECD의 주요 활동 분야를 보면 다음의 세 가지로 구분할 수 있다.

① 개별 회원국의 경제활동이 다른 회원국에 미치는 영향, 즉 회원국 경제의 상호 의존성에 입각한 회원국 간의 활동이다. 예컨대 회원국 간의 통화 및 산업, 거시경제정책의 협의 및 조정 등이 그것이다.
② 다른 경제협력체와의 관계에 있어서 회원국 간의 입장조정을 위한 활동이다. 예컨대 UNCTAD(유엔무역개발회의)와 개도국 관계, OPEC 산유국 간의 관

계조정 등이 그것이다.

특히 OECD는 UNCTAD로 대변되는 개도국의 주장에 대하여 선진국의 공동 이익을 도모해 왔으며 신흥공업국들과도 적극적인 관계조정을 추진해 오고 있다.

③ 세계경제체제의 개선을 위한 활동으로서 세계경제를 위한 OECD의 선도적 역할을 들 수 있다. 예컨대 WTO 등 국제기구에서의 주요 협상안도 먼저 OECD의 논의를 거쳐 공감대가 형성된 후에 등장하는 경우도 있다.

이처럼 OECD는 분야별 26개 전문위원회에서 각국의 거시경제정책의 협의조정, 구조조정의 촉진, 자유무역의 확대, 해외직접투자의 촉진, 에너지정책의 개발, 환경보호, 개발원조의 확대, 첨단기술개발의 촉진 등 일일이 열거하기 어려울 만큼의 수많은 활동을 수행해 왔다.

3절 유엔무역개발회의(UNCTAD)

1. UNCTAD와 남북무역

유엔무역개발회의(UNCTAD)는 모든 국제무역에서의 통합과 지속적인 개발을 보장하는 것을 목적으로 하고 있다. 개발도상국과 선진국 사이에 발생하는 정치·경제·사회적 모든 문제를 통칭하여 '남북문제'라고 하며, 이중에 무역과 관련된 부분을 '남북무역'이라고 한다. 제2차 세계대전 후 선진국 중심의 왜곡된 경제구조가 심화되고 개도국의 무역·개발 문제에 관한 국제회의의 개최를 제안한 바 있고, 또 한편으로 1962년 7월 카이로에서 개최된 비동맹국 회의에서는 유엔 주최하에 남북문제의 토의를 위한 국제회의의 개최를 요구하는 선언을 하기에 이르렀다. 이에 1962년 8월 유엔경제사회이사회는 선진국의 동의를 얻어 개도국의 경제개발 및 남북협력의 도모를 위한 유엔무역개발회의(United Nations Conference for Trade and Development)의 개최를 결의하였다. 1964년 3월 제네바에서 제1차 UNCTAD 총회가 개최되고, 동년 12월 30일 제19차 유엔 총회에서는 UNCTAD를 유엔 직속기구로 설치하였다.

2009년 현재 UNCTAD는 A 그룹(아시아, 아프리카), B 그룹(OECD 회원국), C

그룹(라틴아메리카), D 그룹(동구 및 러시아) 및 독자그룹(아르메니아 등)의 다섯 그룹에 걸쳐 총 회원국 수가 193개국에 달하며, 우리나라는 1964년 3월 제1차 UNCTAD 총회에서 가입한 바 있다.

2. UNCTAD의 설립 목적

UNCTAD의 설립을 가져오게 한 근본적인 배경은 한마디로 GATT를 중심으로 한 기존 국제무역 질서가 개발도상국의 경제발전에 상대적으로 불리하게 작용하는 데서 출발하고 있다. UNCTAD의 탄생은 당시로서는 신국제경제질서(New International Economic Order: NIEO)의 시발이라고도 할 수 있는데 무엇보다도 경제개발의 동인을 개발도상국이 대외무역에서 찾으려 한다는 점에서 그 의의를 찾아볼 수 있다.

UNCTAD의 가장 주가 되는 목적은 개발도상국과 선진국 간, 또는 개발도상국 상호간의 무역증진을 촉진하는 데 있다. 이는 기존의 GATT 체제하에서 선진국 위주의 경제기구에 대한 반발이 높아지면서 남북문제의 근본적 개선이라는 요구에 따른 것이다.

4절 아시아태평양경제협력체(APEC)

1. APEC 성립 배경과 연혁

아시아태평양경제협력체(Asia-Pacific Economic Cooperation: APEC)는 아시아 및 태평양 연안 국가들의 원활한 정책대화와 협의를 목적으로 설립된 경제협력체이다. 2003년 기준으로 전세계 인구의 약 44.8%(약 28.1억 명), GDP의 약 57%(약 20조 7천 억 달러), 교역량의 약 46%(7조 530억 달러)를 점하는 성장잠재력이 크고 역동적인 국가들이 소재하고 있는 지역 간 경제 협력체로 지역 간의 무역 비중이 65%를 넘어 유럽 지역의 역내 무역의존도와 거의 비슷한 수준에 도달한 상황이다.

그럼에도 불구하고 APEC 지역을 통괄하는 지역경제통합체의 형성이 늦어진 이유로는 첫째, 개별 국가주도의 경제개발과 성장이 활발하게 이루어져 지역통합의 필요성이 상대적으로 적었으며, 둘째, 국가 간의 다양성과 이질성(지역 국가 간 국민소득 격차 1:20), 인종, 종교, 문화, 경제체제, 역사적 갈등 등이 지역경제통합을 가로막고 있었다. 마지막으로는 지역 국가들의 공통적인 문제점인 대일 수입의존도와 대미 수출의존도의 심화라는 기형적인 상호의존 구조가 지역경제통합의 장애로 작용하여 왔다.

APEC은 1989년 1월 당시 호주의 보브 호크 총리의 제안에 따라 환태평양 국가 간의 경제 협력과 무역 증진을 목표로 1989년 11월에 결성된 최초의 범정부 간 지역적 경제 협력기구이다. 제1차 APEC 각료회의는 창립 12개 회원국이 참가하여 개방, 평등, 다양성 존중 등 아시아-태평양 협력의 기본 원칙 9개항에 합의하고 UR의 성공적 타결을 촉구하였다. 제3차 서울 각료회의에서는 APEC의 목적, 조직, 활동 등을 규정한 '서울 선언' 을 채택함으로써 APEC 발전의 법적, 제도적 기틀을 마련하였고, 제4차 방콕 회의에서는 '방콕 선언' 을 통하여 APEC를 공식기구 체제로 전환시킴과 동시에 APEC 상설 사무국을 싱가포르에 설치하고 역내 무역자유화의 검토를 위한 저명인사그룹(Eminent Persons Group: EPG)을 설치하는 등 제도적 발전을 다지게 되었다. 제5차 시애틀 회의에서는 각료회의와는 별도의 제1차 지도자 경제회의를 개최하였다. 각료회의에서는 역내 무역 및 투자활성화 사업에 본격적으로 착수하여 무역 및 투자에 관한 기본합의서(Trade and Investment Framework: TIF)와 UR관련 각료 선언문을 채택하고, 무역투자위원회(Committee on Trade and Investment: CTI)를 설치하였다. 1994년 제6차 회의 기간 중 지도자 경제회의에서 '보고르 선언' 을 채택하여 무역 및 투자 자유화 일정을 확정하였으며, 각료회의에서는 투자원칙 12개항을 채택하고 또한, 경제 동향 및 현안특별그룹(Ad hoc Group of Economic Trends and Issues: ETI)을 경제위원회로 승격시켰다. 1995년 11월 일본 오사카에서 개최된 제7차 회의에서는 무역과 투자 자유화에 관한 선언적 의미에 불과했던 '보고르 선언' 에서 한 걸음 더 나아가 실천적 의미를 갖는 '오사카 선언' 과 '행동지침' 을 채택하여 보다 더 구체화시켰고, 2005년 11월 부산에서 열린 제13차 회의는 북한 핵 문제와 국제테러 문제를 주요 의제로 진행하였다.

2. APEC의 조직

APEC의 조직은 최고 의사결정기구인 각료회의(Ministrial Meeting: MM)와 실질적인 운영 기구인 고위실무자회의(Senior Official Meetings: SOM)가 중심축을 이루고, 그 산하에 무역투자 위원회(CTI)와 경제위원회(Economic Committee: EC), 사무국 그리고 예산행정위원회(Budget and Administrative Committee: BAC)를 두고 있다. 그리고 고위 실무자회의의 결정사항을 집결하기 위하여 10개 분야의 협력사업실무그룹(Working Group: WG)이 상설기관으로 설치되어 있다. 또한 비정례화된 회의로서 지도자경제회의(정상회의), 재무·중소기업, 환경, 통상, 통신정보산업 장관회의가 개최되며 저명인사그룹(EPG)이 APEC의 무역 및 투자 자유화를 위한 건의사항을 마련하여 각료회의에 권고하고 있다.

이 기구의 회원국은 1993년 12월 창설 멤버인 한국을 비롯하여 호주, 미국, 일본, 캐나다, 뉴질랜드, ASEAN 6개국(말레이시아, 인도네시아, 싱가포르, 태국, 필리핀, 브루나이), 중국, 대만, 홍콩 등 15개국이다. 1993년 11월 미국 시애틀에서 개최된 제5차 APEC 각료회의에서는 'APEC 무역투자 기본문서(Trade and Investment Framework)'가 채택되었다. APEC는 아시아태평양 지역의 자유무역지역으로 태동할 움직임을 보이고 있으며, 국가 간 공동협력 사업으로는 ① 교역 및 투자 데이터 교환, ② 무역진흥, ③ 투자 및 기술 이전, ④ 인력자원 개발, ⑤ 에너지 협력, ⑥ 해양자원 보호, ⑦ 전기, 통신, 교통, 관광 협력, ⑧ 수산 협력 등 분야이다.

5절 아시아유럽정상회의(ASEM)

아시아유럽정상회의(ASEM)는 아시아와 유럽의 주요 국가들, 그리고 EU 집행위가 정치, 경제, 사회, 문화 등 제반 분야에서 포괄적 협력을 도모하기 위해 만든 협의체로 구속력이 있는 결과를 끌어내는 협상기구가 아니라 공식의제 없이 정상들이 제기하고 싶은 사항은 무엇이든지 논의할 수 있는 일종의 포럼 형식을 지니고 있다. ASEM은 각국 정상이 참석하는 것이 원칙이지만 정상들이 국내사정 등을 이유로 참석하지 못할 경우 부총리나 외무장관이 대신 참석하기도 하며, 2년에 한 번씩 모임을 갖고 있다.

ASEM은 고촉동 싱가포르 총리가 1994년 10월 프랑스를 방문하면서 창설을 제의해 EU와 ASEAN, 동북아 3국(한·중·일)이 호응함으로써 성사되었으며, 제2차 세계대전 이후 식민지격 지배관계가 단절된 이래 아무런 연결고리를 갖지 못한 아시아와 유럽이 새로운 동반자 관계를 구축함으로써 유럽-북미-동아시아 삼각 지역협력체제의 기틀을 마련한다는 데 의의가 있다.

1996년 태국 방콕에서 첫 회의를 개최, 1998년 영국 런던에서 2차, 2000년 서울에서 3차, 2002년 덴마크에서 4차, 2004년 베트남에서 5차, 2006년 핀란드에서 6차 회의가 열렸다.

회원국은 아시아 10개국(말레이시아, 브루나이, 베트남, 싱가포르, 인도네시아, 일본, 중국, 필리핀, 태국, 한국)과 유럽 15개국(그리스, 네덜란드, 덴마크, 독일, 룩셈부르크, 벨기에, 스웨덴, 스페인, 아일랜드, 영국, 오스트리아, 이탈리아, 포르투갈, 프랑스, 핀란드), 마지막으로 EU 집행위원회로 구성되어 있다. ASEM에 대한 한국의 입장은 넓게는 ASEM을 통해 신국제경제 질서 개편에 능동적으로 참여하고 아시아 지역 및 유럽연합과 정치·경제적 협력 기반을 다지며 좁게는 동북아 안보환경 개선 및 한반도 정세안정의 유지, 양 지역 간 다양한 협력 사업 전개를 통한 실질 협력관계 강화를 모색하는 데 있다.

6절 유럽연합(EU)

1. 유럽통합의 성립 배경과 연혁

유럽통합에 대한 제안은 14세기 초부터 시작되었지만 유럽통합을 위한 구체적인 노력은 2차 세계대전이 끝난 1945년 이후부터 시작되었다고 볼 수 있다. 유럽연합(EU)의 모태는 1957년 3월 25일에 체결된 로마 조약에 의해 탄생된 유럽경제공동체(European Economic Community: EEC)라고 할 수 있다. 이 유럽경제공동체는 관세동맹의 형태를 가진 경제통합체였고, 이것이 1967년 7월 유럽석탄철강공동체(ECSC)와 유럽원자력공동체(EAEC)를 흡수하여 공동시장의 성격을 가진 EC(European Communities: 유럽공동체)로 확대되었다. 다시 이것이 1991년 12월에 체결되고 1993년 11월에 발효된 마스트리흐트 조약에 의해 경제동맹의 성격을 가진 유럽연합(EU)으로 발전되었다.

종래는 프랑스, 서독, 이탈리아, 벨기에, 네덜란드, 룩셈부르크 등 유럽 6개국으로 구성되어 있었으나 1973년 1월 1일에는 영국, 덴마크, 아일랜드 3개국이 신규 가입, 다시 1981년 1월 1일부터 그리스가 가맹하여 10개국이 되었으며, 스페인, 포르투갈도 1986년 1월에 가맹해 가맹국 수는 12개국, 지역 내 인구는 약 3억 4천만 명, GDP규모는 약 2조 5천억 달러에 달하는 경제 정치 블록을 이루게 되었다.

이후 현재까지 유럽국가의 가입이 이어져 현재 회원국은 벨기에, 프랑스, 이탈리아, 룩셈부르크, 네덜란드(이상 1957년 가입), 영국, 아일랜드, 덴마크(이상 1973년 가입), 그리스(1981년 가입), 스페인, 포르투갈(이상 1987년 가입), 오스트리아, 핀란드, 스웨덴(이상 1995년 가입), 사이프러스, 체코공화국, 에스토니아, 헝가리, 라트비아, 리투아니아, 말타, 폴란드, 슬로바키아, 슬로베니아(이상 2004년 가입), 불가리아, 루마니아(이상 2007년 가입)의 총 27개국이며, 터키, 크로아티아, 마케도니아가 가입 대기중이다.

2. 유럽연합의 설립 목적과 전망

유럽연합은 이들 가맹국과 유럽자유무역연합(EFTA) 및 동유럽국가를 포괄하는 거대한 범유럽 경제권을 형성하려 하고 있다. 유럽연합 창설의 기반이 된 마스트리흐트 조약은 경제통화동맹(EMU) 조약과 정치동맹(EPU) 조약의 2개 부분으로 구성되어 있는데, 그중 경제통화동맹 조약은 유럽단일통화와 유럽중앙은행 설립을 그 목적으로 하고 있다. 이와 같은 추세는 결국 유럽연합의 궁극적인 목표가 유럽을 정치적으로나 경제적으로 통합하는 데 있다는 것을 나타내 주고 있으며, 경제적인 면에서만 볼 때도 미국의 경제 규모를 능가하고 NAFTA에 필적하는 규모의 단일 경제권이 유럽에 형성될 것이라는 것을 의미한다.

로마조약의 규정에 의하면 ① 역내 국가 간의 관세 전폐와 수출입제한의 철폐 ② 대외공동 관세의 설정과 공동통상정책의 수립 ③ 농업, 운수, 경쟁제한 등의 면에서의 공동정책의 작성 ④ 노동력, 자본이동, 기업설립 등의 자유화 ⑤ 유럽투자은행의 설립 등을 행하도록 되어 있다. EU의 기구에는 각료이사회(Council of Ministers), 유럽의회(European Parliament), 사법재판소(Court of Justice), 유럽위원회(European Commission)가 있다. 각료이사회는 EU의 최고 의사결정기관이며, 가맹국의 대표(각료)로 구성, 가맹국의 일반경제정책을 조정한다.

유럽회의는 로마조약에 정해진 제기관이 특정국의 이익에 사로잡히지 않고 EU 전체의 입장에 서서 행동하고 있는가의 여부를 감독하는 권한을 갖는다. 사법재판소는 로마 조약의 해석이나 적용에 대한 법규를 준수하기 위한 기관이다. 또 유럽위원회는 EU 위원회라고도 불리며 기존 EC(European Community)의 경제 통합을 더욱 강화한 유럽연합조약(일명 마스트리히트 조약)의 발효(1993년 11월)로 탄생되었다. ① EU 각 기관이 채택한 조치의 실시를 감독하고, ② 로마 조약이 규정한 사항에 대하여 권고나 의견을 작성하며, ③ 이사회가 결정한 규칙을 실시하는 것 등을 임무로 하고 있다. 마스트리히트 조약은 역내에 존재하는 모든 물리적·기술적·재정적 장벽을 제거함으로써 완전한 경제 통합을 이룩하는 것을 목표로 하고 있다.

7절 유엔식량농업기구(FAO)

1. FAO의 성립 배경과 목적

유엔식량농업기구(Food and Agriculture Organization: FAO)는 UN 전문기구 중 가장 큰 기구로, 개발도상국의 기근과 빈곤을 제거하기 위해 설립되었다. 1945년 10월 16일 캐나다 퀘백(Quebec) 시에서 개최된 총회에서 창설되었고 식량과 농산물의 생산 및 분배능률 증진, 농민의 생활개선을 목적으로 활동하고 있다.

사무국은 로마에 위치하고 있으며 FAO의 주요 기능 및 임무는 모든 국민의 영양수준 및 생활 향상, 식량 및 농업생산물의 생산 및 분배능률 증진, 농민의 생활상태 개선, 이를 통한 세계 경제발전에의 기여를 목표로 하고 있다.

2. FAO의 주요 활동과 구조

FAO의 주요 활동은 세계 농업 발전 전망에 관한 연구와 각종 기술원조 계획을 이행하고, 식량, 농업, 임산물, 어업 등에 관한 통계연감을 발행하며, 식량의 부족과 잉여에 관해 세계적 규모로 조정한다. 이를 위해 UN와 더불어 식량이 풍부한 지역의 과잉식량을 모아서 기아와 빈곤에 시달리는 지역에 분배하는 세계식량계획(World Food Program: WFP)을 수행하고 있다. 또한 관련 정보를 수집, 분석, 확산하며 정책과 기획에 관해 정부에 자문하고 정부와 전문가들이 만나서 식량과 농업 문제를 논의하는 중립적인 장을 제공한다.

FAO는 총회(매 2년마다 개최되는 FAO 최고 집행기관으로 이사국선출, 예산승인, 신회원국 가입승인, 사무총장 임명 등), 이사회(임기 3년의 49개국 대표로 구성되어 총회에서 위임한 임무를 수행하여 FAO의 사업활동을 평가하고 차기 총회 제출 안건을 심의), 위원회(계획, 재정, 헌장 및 법률문제, 상품문제, 수산, 임업, 농업, 세계식량안보위원회), 사무국(6개 지역사무소–아시아, 아프리카, 중동, 유럽, 중남미, 북미 및 유엔연락사무소–FAO Liaison Office with the UN)으로 구성되고 있다. 회원국은 2007년 191개국이며, 우리나라는 1949년에 FAO에 가입, 1953년에 FAO와 대한민국 간의 기술원조에 관한 기본협정을 체결하였고, 동시에 FAO 국제식물보호협정에 가입하였다(북한은 1977년 가입하여 로마에 FAO 상주 대표부를 설치). 부설기관으로 국제포플러위원회(International Popular Commission: IPC), 인도태평양수산위원회(Indo-Pacific Fisheries Commission: IPFC) · 국제미곡위원회(International Rice Commission: IRC) 등이 있다.

8절 국제상공회의소(ICC)

1. ICC의 성립 배경과 목적

국제상공회의소(ICC)는 제1차 세계대전 후 세계경제 부흥을 도모하기 위하여 세계 각국의 기업 및 사업자 대표들로 조직된 국제기관으로 국제통상의 개선, 각국 및 지역 상관습의 국제적 통일, 국제통상관련 분쟁 및 조정 그리고 각국 상업회의소의 친선 도모를 주요 목적으로 1920년에 설립되었다.

ICC는 1919년 10월 미국 뉴저지(New Jersey) 주에서 미국, 영국, 프랑스, 이탈리아, 벨기에 등의 기업 대표가 모여 전후 세계경제 재건, 국제통상의 부흥에 관한 회의를 개최한 데서 비롯되었는데, 이 회의를 통해 참가국 대표들은 민간기업인에 의한 항구적인 국제기구 설립의 필요성에 뜻을 같이하고 이듬해인 1920년 6월 프랑스 파리에서 총회를 개최함으로써 국제상공회의소가 정식 출범하였다.

2. ICC의 특징

ICC는 전세계 자유민간기업인의 대변기관으로서 상업, 공업, 운송, 금융, 보험 및 통신 등 모든 국제통상 분야에서 민간기업의 활동을 촉진하고 건전한 시장경제체제의 발전을 도모하는 한편, 국제무역 규칙 제정 및 기업인 간의 교류를 통한 국제경제협력의 기회를 확대하는 데 주력하고 있으며, 성격상 선진국과 개발도상국 등 모든 국가의 국제 무역인으로 구성된 순수 민간단체이나 오늘날 국제 연합의 통상관련 자문기관으로서의 역할을 수행하고 있다.

한국은 1951년 가입하여 1959년 ICC 한국위원회를 설립하였다. 또한 1985년 제 6차 연차총회를 서울로 유치, 전세계 40여 개국 350여 명의 각국 대표들이 모여 '세계경제성장의 원동력으로서의 아시아 태평양 지역' 을 주제로 토론했으며, 2002년 11월에는 박용성 상공회의소 회장이 동아시아 지역에서는 처음으로 ICC 부회장으로 선임되었고 ICC 정관에 따라서 2004년에 자동적으로 회장으로 선임되기도 하였다.

9절 국제통화기금(IMF)

1. IMF의 성립 배경과 구조

국제통화기금(IMF)은 GATT(현 WTO)와 함께 제2차 세계대전 이후의 세계경제 질서를 주도하여 온 국제기구로 구조적인 국제수지 적자로 인해 외환위기를 겪고 있는 나라에게 구제금융을 제공하는 기능을 수행하고 있다. 제1차 세계대전과 세계공황을 거치면서 금본위제가 붕괴되고 보호무역조치와 각국의 경쟁적인 평가절하가 단행되던 시기에 국제적 혼란을 해결하기 위해 영국과 미국은 각각 케인즈안과 화이트안을 제출하였다. 이를 바탕으로 1944년 뉴햄프셔(New Hampshire) 주 브레튼우즈(Bretton Woods)에서 협상한 것이 국제통화기금(IMF), 국제무역기구(ITO, 설립이 무산되었으나 이 기구의 정신은 1948년 GATT의 설립으로 이어짐), 국제부흥 개발은행(IBRD 혹은 World Bank)의 국제기구를 설립하는 것이었다. 이 회의에서 공동성명을 발표함으로써 IMF와 IBRD의 설립 원안이 확정되고, 이후 1945년 12월 27일까지 총 쿼터의 80%에 해당하는 35개국이 비준하여 1947년 3월 1일부터 국제통화기금(IMF)이 정식 발족되게 되었다.

IMF는 최고의결기관인 총회와 총회로부터 위임받은 권한을 행사하는 상무이사회 및 잠점위원회, IMF 일반업무를 관장하는 집행부로서 총재와 2명의 부총재 그리고 이들을 보좌하는 실무기구들로 구성되어 2,700여 명의 직원들이 근무하고 있다.

IMF는 주로 환율정책 및 외환제도에 대한 정책감시 기능, 국제수지 조정자금의 지원, SDR의 창출과 운용, 연구조사활동 및 가맹국에 대한 정책자문 등 크게 네 가지의 활동을 하고 있으나 1973년 변동환율제 이행으로 그 기능이 상당히 변질되어 개도국 및 구 사회주의권에 대한 구제금융에 치중하고 있다.

10절 북미자유협정(NAFTA)

1. NAFTA의 성립 배경

체약국 간의 경제적 통합에 관하여 규정하고 있는 GATT 24조에 부합하는 '하나의 북미 자유무역 지대' 를 창설하기 위하여 미국, 캐나다, 멕시코 3국 간에 1992년 12월 27일 체결되고, 1994년 1월 1일부터 발효하였다.

NAFTA는 미국의 자본과 기술, 캐나다의 풍부한 천연자원 그리고 멕시코의 상대적으로 풍부한 노동력과 그에 따르는 저렴한 임금을 상호 보완적으로 결합하여 단일무역시장을 형성시킴으로써 고용을 재창출하고, 경제성장을 가속화시킬 목적으로 성립된 무역 및 투자에 관한 자유무역협정이다. 협정의 주요 내용은 ① 미국과 캐나다는 10년 동안에 걸쳐 의복 등 섬유류에 대한 관세를 점진적으로 철폐하고 멕시코는 이 분야의 관세를 즉각 폐지한다. ② 3국은 자동차와 자동차부품의 모든 관세장벽을 10년 동안에 걸쳐 완전히 철폐한다. ③ 농업분야에 있어 미국과 멕시코, 캐나다와 멕시코는 즉각 무역장벽의 57%를 제거하고 10년 후에는 이를 전면 폐지한다. ④ 3국은 정부조달 분야의 개방을 위해 협력한다 등으로 향후 10년 이내에 상품 및 서비스 교역에 있어서 관세 및 비관세장벽을 전면 폐지하고 자본과 노동의 이동을 자유롭게 한다는 것으로 되어 있다.

2. NAFTA의 특징

EU의 단일시장 형성이 역내 국가 간 노동, 자본 등 생산요소의 자유로운 이동뿐만 아니라 금융 및 재정정책의 단일화를 도모하는 경제 발전 정도가 비슷한 국가 간의 적극적인 경제 통합인 데 비하여, NAFTA는 가맹 후 상호간의 무역장벽(관세 및 비관세 장벽)의 제거에 목적을 둔 소극적인 경제통합이다. 하지만 NAFTA의 결성으로 인해 소비자들은 값싼 물건을 구입할 수 있을 것이고, 기업들은 멕시코의 성장에 따른 판매증대효과를 거둠으로 무역 전환의 효과가 발생하여 이전에 값싼 노동력을 이용하기 위하여 아시아 지역으로 진출을 모색하였던 미국기업들에게 많은 이점을 주고 있다. NAFTA회원국과 역외국 간의 무역은 국가별로 상이한 영향을 받을 것으로 예측되었다. 대체적으로 미국의 대역외국 교역은 거의 영향을 받지 않을 것으로 예상되었는데 이는 이미 미국의 무역보호수준이 낮기 때문에 NAFTA가 결성되어도 무역 전환 정도가 그리 크지 않을 것이기 때문이다. 반면에 멕시코의 대역외국 교역은 30억 달러 가량 감소할 것으로 보였는데 주요인은 미국으로의 무역 전환 때문이라고 할 수 있다. NAFTA회원국의 대역외국 교역이 크게 감소하지 않는다 해도 NAFTA의 결성은 역외국의 대북미수출에 상당한 영향을 미칠 것으로 예상하였는데, 이러한 우려에 대해 미국은 역내 교역증가가 경제를 활성화시키고, 이를 통해 역외교역도 증가할 것으로 보았으며, 또한 NAFTA의 자연스러운 확산을 통해 범세계적 무역자유화가 촉진될 수도 있다고 보았다.

용어 정리

▶ **관세와 무역에 관한 일반협정(General Agreement on Tariffs and Trade: GATT):** 제2차 세계대전 이후 국제무역의 안정적인 발전을 위하여 설립되었다. GATT의 설립은 국제무역질서구축, 국제금융 및 통화질서 회복, 전후 경제복구 등을 포함한 세계경제 전반의 새로운 질서 확립을 위한 브레튼우즈협정의 일환으로 이루어졌다. 즉, 브레튼우즈 경제체제에서 국제통화 및 환율에 관한 IMF, 전후의 경제복구와 개발도상국 경제개발지원을 위한 IBRD와 함께 GATT는 국제무역에 관한 국제기구로서 탄생된 것이다.

[조영정, 국제통상학, 1999]

▶ **거시경제정책:** 정부가 국민의 경제활동에 영향을 미치기 위하여 취하는 조치를 통틀어 경제정책이라고 하며 경제정책은 정책대상이나 목표에 따라 보통 미시경제정책(micro-economic policy)과 거시경제정책(macro-economic policy)으로 나뉜다. 거시경제정책은 국민경제 전체를 하나의 관찰 단위로 삼아 경제현상을 총체적 또는 평균적으로 인식한 다음 성장, 고용, 국제수지 등 거시정책 변수들을 정책의 대상 및 목표로 하고 있다.

[이지순, 거시경제학, 2003]

▶ **마셜 플랜(Marshall Plan):** 미국과 소련 간의 '냉전'이 확대되고 특히, 프랑스와 이탈리아 등 몇몇 서유럽 국가에서 공산당의 정치적 영향력이 커짐에 따라 미국은 서유럽의 정치적 안정에 대한 관심을 갖게 되었다. 트루먼 대통령에 의해 미 국무장관에 임명되었던 마셜 장군은 1947년 6월 5일에 하버드대학 졸업식에서 행한 연설을 통하여 만약 유럽 국가들이 단합하여 일관된 지원 요청을 해 온다면 미국 정부는 호의적인 반응을 보일 것이라고 했고 이것이 소위 마셜 플랜의 기원이다.

[이헌대 역, 간결한 세계경제사, 1996]

▶ **분쟁해결기구(Dispute Settlement Body: DSB):** 분쟁의 해결은 세계무역기구 내에 설치된 분쟁해결기구가 전담하게 된다. 과거 GATT하에서는 분쟁해결 절차상에 많은 시일이 소요되고 구속력이 약하여 실효성이 작았던 문제가 있었다. WTO 체제하에서는 이러한 미비점을 보완하여 분쟁해결 절차상의 시한을 엄격히 정하는 한편, 패널 보고서의 채택에 있어서 종전의 GATT하에서는 만장일치제(positive system: consensus sytem)와 달리 패널의 설치가 만장일치로 부결되지 않는 한 패널을 설치해야 하는 역만장일치제(negative system: reverse consensus system)를 채택함으로써 일방의 저지나 지연을 어렵게 하여 신속하고 실효성 있는 분쟁해결이 되도록 하고 있다.

[어윤대 외, 국제경영, 2002]

▶ **지적재산권(Intellectual Property Right: IPR)**: 인간의 정신적인 창작에 의한 생성물을 권리화한 것이다. 보다 구체적으로 산업적 발명이나 문학, 예술에서의 창작 등과 같이 인간의 지적활동 성과로 이루어진 무형적인 재산에 대해서 배타적인 권리를 인정하는 것을 의미한다.

[조영정, 국제통상학, 1999]

▶ **WTO(World Trade Organization)**: WTO는 자유무역 질서를 보다 확고히 정착시키고 이에 위배되는 행위를 효과적으로 감시할 수 있도록 계약적 성격이 짙은 GATT 체제를 확대·개편한 다자간 무역기구이다. WTO의 출발은 과거 1960년대의 자유무역체제가 1980년대 접어들면서 관리무역체제로 변화된 국제무역 질서를 다시 자유무역체제로 전화시켜 세계경제의 활성화 계기를 마련하였다는 데 그 의의가 있다.

[김인구, 세계무역기구론, 2005]

시사 읽을거리

베트남 WTO 150번째 회원국

베트남이 마침내 세계무역기구(WTO)에 가입했다. 지난달 말 WTO 실무위원회가 "베트남이 회원국이 될 수 있는 모든 조건을 갖추었다."고 발표한 데 이어 지난 7일 WTO 이사회가 결국 베트남을 150번째 회원국으로 승인했다.

세계 정치·경제 무대에 등장

베트남의 이번 WTO 가입은 2001년 중국의 가입 때와 마찬가지로 세계 경제계의 큰 사건이다. 베트남으로서는 전쟁이 끝난 후 31년 만에 세계 경제 무대에 복귀하는 발판을 마련했다.

경제 발전도 가속화

베트남의 경제 발전도 더욱 가속화할 것으로 보인다. 베트남은 2000년대 들어 연평균 7.5%라는 고속성장을 지속하고 있고 2010년까지 연평균 8% 이상의 성장을 추구하고 있다.

WTO에 가입하면 대외 신인도가 높아져 외국 자본의 투자가 활발해지고 각종 규제와 관세 등이 줄어 수출이 늘어날 수 있다. 베트남은 성장을 위해 수출 증진과 외국인 투자유치가 필수적인데 이를 위한 선결 과제인 WTO 가입을 이뤄낸 것이다.

장밋빛 전망 뒤의 문제점

하지만 베트남의 WTO 가입이 반드시 장밋빛 전망만을 안겨주는 것은 아니다. 베트남은 섬유, 신발 등 경쟁력이 있는 업종의 수출과 투자가 증가하는 한편, 이들 품목에 대한 정부의 지원을 없애야 하고 수입 원자재값도 함께 올라 어느 정도의 비용을 감수할 수밖에 없는 상황이다. 또한 해외의 고급 섬유제품과 신발이 밀려들어올 경우 오히려 저임금을 무기로 한 이 분야에서 경쟁력이 떨어질 수도 있다.

더 큰 문제점은 베트남이 취약한 금융, 통신, 자동차, 서비스 등 다른 분야에서 선진국들과 대항할 수 있느냐는 문제다. WTO 가입으로 베트남은 주요 서비스 업종의 개방이 불가피해졌고 이 분야에서 선진국 기업들과 베트남 기업들 간의 경쟁이 불가피하다.

[한국경제 2006년 11월 13일자]

제3편

국제 금융

10:00
10:20
IN-TEMPELHOF
10:30
ON-HEATHROW
10:35
HESTER
EILLE
DUBLIN

제7장

외환

1절 외환의 개념과 특성

1. 외환의 개념

국제 간에 거래가 행해지게 되면 동시에 거래대금의 수급이 이루어지게 되며, 이에 따라 국제 간에 자금이동의 필요성이 발생한다. 국제간에 거래가 행해지게 되면 동시에 거래대금의 수급이 이루어지게 되며, 이에 따라 국제간에 자금이동의 필요성이 발생한다. 환(換)이란 국제거래의 위험을 해소하기 위해 서로 다른 지역에 있는 경제주체 간의 경제거래에 따른 화폐적 채권 · 채무관계를 현금수송에 의하지 않고 제3자를 통한 지급위탁으로 결제하는 것이며, 외환은 외국과의 대차를 결제하기 위한 수단 중의 하나이다. 외환거래는 외국과의 대금결제를 현금을 수송하지 않고 은행의 중개에 의해 어음이나 수표 등의 신용수단을 이용하여 행하는 것이라고 정의할 수 있다. 모든 대외거래는 국제 간 대차관계를 발생시키므로 외환거래가 이에 수반된다. 여기서 대외거래는 재화와 용역거래, 이전거래 및 자본거래로 크게 구별된다.

2. 외환의 형태

외국의 통화나 외국에 대해 외화를 청구할 수 있는 모든 유가증권인 외환은 다음과 같이 3가지 정도로 구분할 수 있다.

1) 송금환과 추심환

송금환은 채무자가 채권자에게 송금하기 위해 은행에서 환을 취결하는 방법으로 일반적인 국제송금을 의미한다. 추심환은 채권자가 채무자의 송금을 기다리지 않고 은행을 통해 채권(bond)을 회수하는 방법인데 일반적으로 국제무역에서는 추심에 의한 환결제가 D/A(Document against Acceptance)와 D/P(Document against Payment) 두 가지로 이루어진다.

2) 당발환과 타발환

당발환과 타발환은 송금환이나 추심환의 취급은행의 관점에서 구분한 것으로 취급은행이 직접 송금환을 보내거나 추심을 하는 경우 당발환(outward), 상대 은행으로부터 송금환을 받았거나 추심을 받는 경우 타발환(inward)이라 한다.

3) 매입환과 매도환

매입환과 매도환은 은행을 기준으로 은행이 매입하는 경우 매입환(buying exchange), 매도하는 경우 매도환(selling exchange)이라 한다.

3. 외환의 특성

환의 거래가 국내에 국한될 때는 내국환(domestic exchange)이라 하고, 국제 간에 걸친 채권·채무관계를 결제할 때는 외국환(foreign exchange)이라 하는데 외국환과 내국환은 다음과 같은 점에서 그 개념을 달리한다.

① 외국환은 외국에 있는 자와의 채권·채무관계를 결제하는 것이므로 이종 통화 간의 교환이 뒤따르게 된다. 따라서 외국환에는 내국환과는 달리 이종통화 간의 교환비율, 즉 환율이 개재되는데 환율은 항상 변동하는 것이므로 환리스크(exchange risk) 문제가 발생한다.

② 외국환은 국제 간의 대차관계를 발생시키는 모든 거래에 적용됨으로써 국가와 국가 간의 대차관계를 발생시키며, 그 결과는 국제수지(balance of payments)로 나타난다.

③ 외국과의 거래에는 시간적인 요소가 개재되므로 외국환 거래에는 이자요소가 개입된다. 즉, 외국환의 수단이 환어음에 의한 것일 경우 외국까지 환어음이 도달하기에는 일정한 우편기간이 소요되므로 해당기간에 대한 이자를 감

안하여야 할 것이다.

④ 외국환 거래에서는 환위험 때문에 선물환제도가 있다. 이것은 환계약 체결 후 장래의 특정일에 일정화폐금액과 특정 종류의 외국환을 특정환율로서 매매할 것을 약정하는 선물환계약(forward exchange contract)을 말한다. 계약기간은 보통 1~3개월 또는 6개월 이내인 것이 일반적인데 미리 환율을 결정하므로 환율변동에 따른 환리스크가 제거된다. 선물환과는 달리 외국환 매매약속과 동시에 또는 2~3일 이내에 인도가 이루어지는 외국환을 현물환(spot exchange)이라 한다.

⑤ 환은 내국환이든 외국환이든 결제차액이 있을 것인데 내국환의 경우에는 현금 과부족이 어음 교환제도에 의하여 최종적으로 중앙은행을 통하여 결제되나, 외국환의 경우에는 중앙은행을 통한 청산제도 대신 국제금융·외환시장이 그 역할을 대행한다. 즉, 각국의 국제거래에 따른 결제차액은 국제 간 거래가 집중되는 뉴욕 금융시장이나 런던 금융시장 등에서 집중 결제된다.

2절 환율의 개념과 종류

1. 환율의 개념

환율(exchange rates)이란 어떤 통화의 1단위에 대한 다른 통화의 표시가격을 말한다. 어떤 나라를 기준으로 보면 외국환에 대한 자국통화 가격, 즉 외국환시장에 있어서 외국환의 수요·공급에 의하여 결정되는 가격을 의미한다. 외국환이란 국제결제의 수단이므로 장기적으로는 국제수지 상태가 외국환의 수급을 반영하게 되며 환율을 결정하게 된다.

환율이 자국화와 외화와의 교환비율이라는 것은 환율이 바로 자국화의 대외가치를 표현한다는 것을 말한다. 즉, 환율은 자국화의 외국상품 및 용역에 대한 구매력을 표시한다. 자국화의 대외구매력이란 자국화를 가지고 외화를 매입하고 매입한 외화를 가지고 외국상품과 용역을 구매할 수 있는 능력의 정도를 말하므로 환율은 곧 자국화의 대외구매력, 즉 대외가치를 표시하게 된다.

일국 통화의 대외가치가 증가하는 것을 평가절상(환율인하)이라 하고 감소하는 경우를 평가절하(환율인상)라고 한다.

2. 환율의 종류

각국 간의 환율은 매매 기준율(basic rate), 크로스 환율(cross rate) 및 재정환율(arbitrated rate)로서 산정된다.

1) 기준환율

기준환율이란 각국이 국제통화로서 많이 사용되는 통화를 선택하여 산정되는 자국통화와의 교환비율을 말한다. 한국의 원화는 미국 달러화에 대한 환율을 기준환율로 하고 있다. 만일 2006년 12월 1일 미국의 달러화에 대한 한국의 원화의 교환비율이 $1=₩1,000으로 결정되었다면, 이 환율을 기준환율이라고 한다.

2) 크로스 환율

크로스 환율이란 일국의 관점에서 볼 때 매매 기준율의 대상이 되는 통화와 제3국 통화 간의 환율을 말한다. 한국에서 볼 때 미국 달러화와 일본 엔화 사이의 환율을 크로스 환율이라고 한다. 만일, 2006년 12월 1일 미국 달러화에 대한 일본 엔화의 교환비율이 $1=₩100으로 결정되었다면, 이 환율을 한국의 입장에서 크로스 환율이라고 한다.

3) 재정환율

재정환율이란 매매 기준율과 크로스 환율로부터 간접적으로 산출되는 자국통화와 제3국 통화 간의 환율을 말한다. 만일 2006년 12월 1일 미국 달러화에 대한 한국의 원화 환율이 $1=₩1,000 그리고 미국 달러화에 대한 일본의 엔화 환율이 $1=₩100으로 결정되었다면, 일본 엔화에 대한 한국의 원화 환율은 ￥100=₩1,000이 된다.

실제 은행 홈페이지에서 조회되는 내용을 바탕으로 정리해 보면 다음과 같다.

〈표 7-1〉은 2009년 11월 8일 외환은행 홈페이지에서 환율을 조회한 것이다. 붉은색으로 표시된 매매 기준율이 기준환율이 되며, 미 달러화 대비 1,168.00원으로 나타난다. 실제 우리가 은행에서 환전을 할 경우에는 「현찰 사실 때」 금액인 1,188.44원을 기준으로 거래되며 기준환율과 「현찰 사실 때」 금액의 차액이 은행이윤이 된다. 미화 환산율은 외국통화를 달러화로 환산한 것으로 크로스 환율과 비슷한 개념이긴 하나 약간의 차이가 있다. 미화 환산율은 외국통화 1단위당 달러의 금

표 7-1 **환율조사의 예시**

조회일	2009-11-08 * 선택하신 조회일이 휴일인 경우 전 영업일자로 조회됩니다.
고시회차	현재
통화	전체
NCU포함여부	⊙ 불포함 ○ 포함

▸외환계산기 조회

텍스트로저장 엑셀로저장 인쇄

● **기준일 :** 2009-11-06 ● **고시시간 :** 16:47(18 회차) [조회시각 2009-11-08 17:21]

통화명	현찰		송금_전신환		T/C	외화수표	매매	환가	미화
	사실때	파실때	보내실때	받으실때	사실때	파실때	기준율	료율	환산율
미국 USD	1188.44	1147.56	1179.40	1156.60	1182.01	1155.78	1168.00	2.5415	1.0000
일본 JPY 100	1312.90	1267.74	1302.96	1277.68	1303.22	1276.85	1290.32	2.5862	1.1047
유로통화 EUR	1772.20	1703.06	1755.00	1720.26	1763.69	1718.89	1737.63	2.8550	1.4877
영국 GBP	1979.85	1902.59	1960.63	1921.81	1970.33	1920.25	1941.22	2.9381	1.6620
스위스 CHF	1172.01	1126.29	1160.64	1137.66	0.00	1136.86	1149.15	2.5183	0.9839
캐나다 CAD	1119.90	1076.20	1109.03	1087.07	1114.52	1086.24	1098.05	2.7250	0.9401
호주 AUD	1089.75	1047.23	1079.17	1057.81	1084.51	1056.04	1068.49	6.0725	0.9148
뉴질랜드 NZD	863.05	829.39	854.68	837.76	0.00	836.50	846.22	5.3750	0.7245
홍콩 HKD	153.70	147.72	152.21	149.21	0.00	149.12	150.71	2.6150	0.1290
스웨덴 SEK	171.59	163.23	169.08	165.74	0.00	165.62	167.41	2.6850	0.1433
덴마크 DKK	239.38	227.72	235.88	231.22	0.00	231.00	233.55	3.4450	0.2000
노르웨이 NOK	210.95	200.67	207.86	203.76	0.00	203.53	205.81	4.1550	0.1762

액(€1.00=$ 1.4877)이며, 크로스 환율은 미화 1달러당 외화의 금액으로 미 달러화 대비 유로화의 크로스 환율은 $ 1.00=약 €0.6721이 된다.

3절 환율의 결정

앞에서 환율이란 일국 통화에 대한 외국 통화의 상대가격이라고 정의하였다. 이는 환율이 다른 재화와 용역과 마찬가지로 일종의 가격임을 알 수 있다. 한 재화의 가격이 그 재화의 수요와 공급에 의해 결정되듯이 환율 또한 외환시장에서 외환의 수요와 공급에 의해서 결정된다.

1. 외환 수요

외환에 대한 수요는 수입과 자본유출에 의해서 결정되며, 공급은 수출과 자본유입에 의해 결정된다. 여기에서는 자본의 이동에 따른 외환의 수급 문제는 제외하고 국제무역에 따른 외환의 수급 문제만 분석하도록 하자.

수입재의 해외가격이 일정하다고 가정하면 외환의 수요는 수입재의 수요에 비례하는데 환율이 높을수록 국내가격이 높아 수입수요는 감소할 것이고 반대로 환율이 낮으면 수입수요는 증가할 것이다. 외환에 대한 수요는 국내의 수입수요로부터 도출된 것이므로 외환 수요의 외환가격 탄력성은 수입수요 탄력성에 의해 결정된다.

2. 외환 공급

외환 공급은 수출재에 대한 해외의 수입수요에 의해 결정되므로 수출재의 국내가격이 일정하다면 환율인상은 외화로 표시한 수출재 가격을 하락시켜 외국의 수입수요는 늘고 반대의 경우 외국의 수입수요는 감소할 것이다.

외환의 공급은 본국의 수출재의 외화가격과 외국의 수입수요를 곱한 값으로 나타나는데 환율이 상승된 경우 이 크기는 외국의 수입수요 곡선의 형태(탄력성)에 따라 늘어나거나 줄어들 수도 있다. 균형환율은 외환시장에서 외환에 대한 수요와

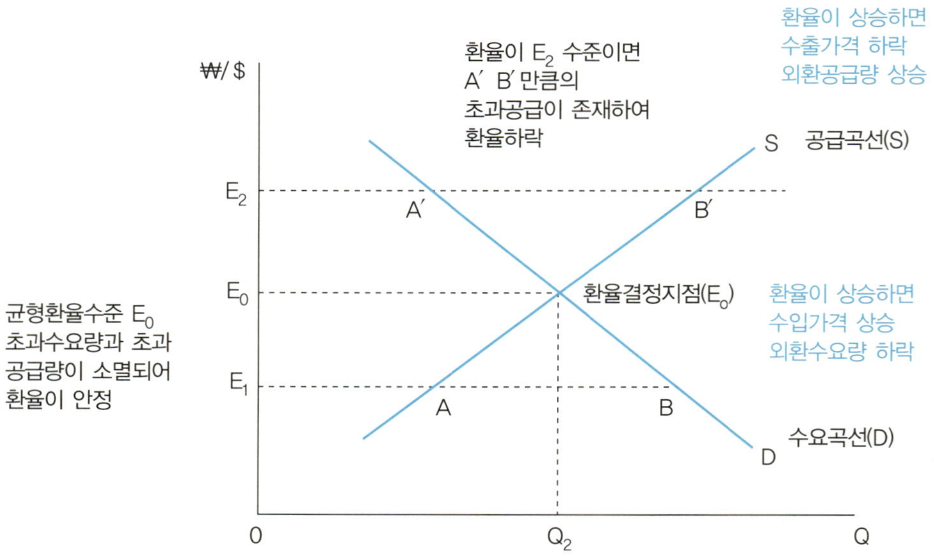

그림 7-1 **환율의 결정**

공급이 일치되는 점에서 결정된다.

〈그림 7-1〉은 달러 공급량(Q)에 따른 원/달러 환율 결정(E)에 대한 그래프이다. 국내의 달러 수요량을 D, 달러 공급량을 S라 할 때 국내의 달러 수요량과 공급량이 일치하는 지점인 E_0에서 환율이 결정된다. 만일 환율이 E_1 수준이라면 A−B만큼의 달러에 대한 초과수요가 존재하여 환율이 상승하게 되고, E_2 수준이라면 A′−B′만큼의 달러 초과공급이 존재하여 환율이 하락하게 된다.

4절 국제환율제도

1. 국제환율제도의 종류

현재까지 실시되었던 환율체제를 분류해 보면 크게 변동환율제도(floating exchange rate system)와 고정환율제도(fixed exchange rate system)로 나눌 수 있으며 간략히 정리하면 〈그림 7-2〉와 같다.

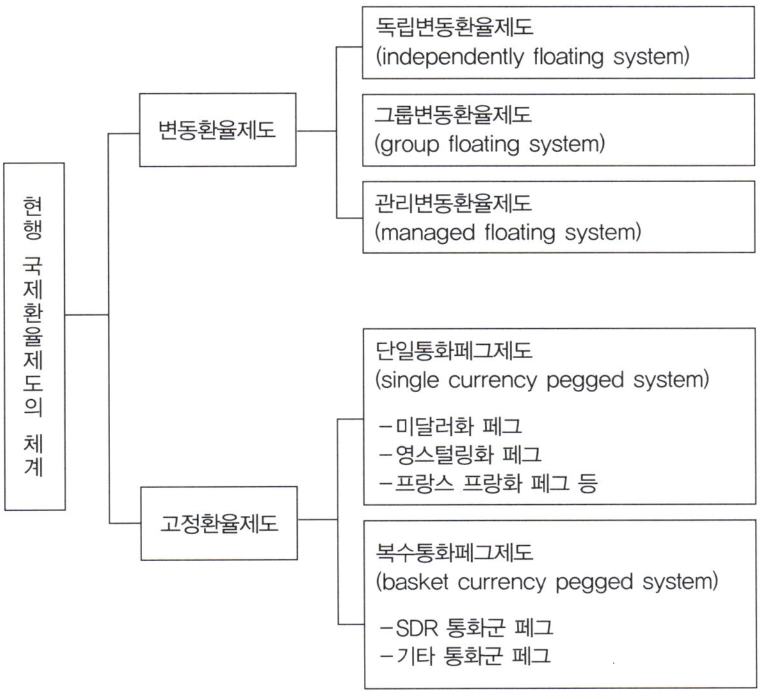

그림 7-2 국제환율제도의 체계

1) 변동환율제도

변동환율제도란 환율이 고정환율제도와는 달리 외환시장에서 외환의 수요와 공급에 따라 자유로이 변동하는 제도이다. 이 제도의 장점은 국제수지의 불균형이 자동적으로 개선된다는 점이다. 즉, 국제수지 적자가 계속되면 환율이 상승하여 이로 인해 수출증대·수입감소를 발생시켜 불균형이 자동적으로 해소된다. 따라서 국제수지가 항상 균형을 유지하므로 정부는 국내 경제정책을 우선적으로 수행하는 것이 가능하다.

변동환율제도는 다음과 같은 단점이 있다. 첫째, 환율변동에 의한 환위험이 존재하므로 무역거래 및 국제 간의 자본거래를 위축시킨다. 여기서 환위험이란 환율변동에 따른 손해발생의 가능성을 의미한다. 둘째, 환율변동에 따른 차익을 노려 외환시장에서 투기를 야기시켜 환율을 더욱 불안정하게 변동시킬 수 있다. 셋째, 변동환율제도에서 국내통화량의 증가에 의해 물가가 상승하면 환율이 인상된다. 환율인상으로 인하여 국내물가 상승이 매우 느리게 인지되어 한 나라의 정부가 적기에 정책을 수립할 수 없는 경우가 자주 발생한다.

① 독립변동환율제도(independently floating system)

독립변동환율제도는 개별국가들의 외환시장에서 외환의 수요와 공급에 의해 자유롭게 환율이 결정되는 제도로 자유변동환율제도라고도 한다. 선진국들의 환율제도가 이에 가까우며 1997년 12월 이후 우리나라에서도 택하고 있는 제도이다.

② 그룹변동환율제도(group floating system)

수개국들의 통화로 구성된 통화군(basket currency)을 형성하고, 집단내 통화 간에는 기준환율을 중심으로 일정한 범위 내에서만 변동하도록 규제를 하나 집단에 속해 있지 않은 역외통화들에 대해서는 그룹 내 각 통화의 대내가치를 외환의 수요와 공급에 의해 자유롭게 변동하도록 운용하는 제도이다. 유럽통화제도(European Monetary System: EMS)가 이에 속한다.

③ 관리변동환율제도(managed floating system)

장기적으로는 환율이 외환시장에서 결정되도록 허용하나 단기적으로는 환율의 지나친 등락을 방지하고 환율변동의 속도를 완화할 목적으로 중앙은행이 외환시장에 개입하는 형태로 환율을 관리하는 제도이다. 과거 우리나라가 채택했던 복수통화바스켓제도(1980~1990년)와 시장평균환율제도(1990~1997년)가 이에 속한다.

2) 고정환율제도

고정환율제도란 환율을 일정한 수준으로 정하여 이를 대외거래에 적용하는 제도를 말한다. 이 제도의 특징은 한 나라의 국제수지가 구조적 불균형이 없는 한 원칙적으로 환율을 변경할 수 없다는 것이다. 국제수지의 구조적 불균형이란 국제수지의 흑자 또는 적자가 만성적이면서도 그 규모가 상당한 상태에 있음을 의미한다. 따라서 한 나라가 이러한 상황에 놓여 있을 때는 국제수지 조정이 자동적으로 되지 않는다는 의미를 내포하고 있다.

고정환율제도의 장점은, 첫째 외국과 무역거래 또는 자본거래 시에 환변동에 따른 위험 즉 환위험이 없다는 것이고, 둘째 환위험이 없으므로 외국과의 거래가 촉진된다는 것이다. 이 제도의 가장 큰 문제점으로는 앞에서 설명한 국제수지의 구조적 불균형이 존재할 때 이를 시정할 정책수단이 마땅하지 않다는 것이다. 국제수지의 자동 조절기능이 그 역할을 상실하였기 때문에 긴축정책이나 각종 통제 등 환율 이외의 정책수단으로 국제수지의 불균형을 개선시켜야 한다.

① 단일통화페그제도(single currency pegged system)

단일통화페그제도는 외국의 특정통화에 대해 자국통화의 환율을 페그(peg: 고정)시키는 제도로 미국 달러(dollar)화 페그제도, 영국 파운드스털링(pound sterling)화 페그제도 등이 있다.

② 복수통화페그제도(basket currency pegged system)

복수통화페그제도는 수개국가의 복수통화군에 자국통화의 대외가치를 고정시킨 환율제도이다. 대표적으로 자국통화의 대외가치를 IMF가 창출한 특별인출권(SDR)의 가치에 고정시키는 SDR바스켓페그제도가 있다.

5절 우리나라의 환율제도

우리나라는 1990년 3월 2일부터 종래의 복수통화 바스켓 방식에 의거한 환율결정 방식에서 환율이 외환시장에서의 수요와 공급에 의해 결정되는 변동환율제도인

시장평균환율제도로 바뀌었으며, 외환위기 발생을 계기로 1997년 12월 16일부터 외환시장에서의 수요와 공급에 따라 환율이 자유롭게 결정되는 자유변동환율제도로 이행되어 현재까지 이어지고 있다. 시장평균환율의 산정법을 보면(미달러화의 경우) 전일 외화자금 중개실을 통하여 거래된 은행 간 원화의 대미 달러환율을 거래량으로 가중평균하여 당일 시장평균환율을 결정하고 다음 영업일의 은행 간 거래환율의 1일 변동폭을 이 기준환율의 상하 범위 내로 제한하였다.

현재 운용되고 있는 자유변동환율제도는 은행 간 거래환율의 1일 변동폭 제한을 폐지한 것으로 환율이 외환시장에서의 수요와 공급에 따라 자유롭게 결정되므로 시장기능이 더욱 활성화되는 장점이 있는 반면 급격한 환율변동 시 경제가 충격을 받게 되는 단점도 있다.

1. 고정환율제도(1945.10.1~1964.5.2)

우리나라는 해방 이후 1964년까지 고정환율제도(원화의 대미 달러환율을 고정)를 실시하였는데, 동기간 중 높은 인플레이션으로 인해 지속적인 원화가치의 하락압력이 존재함에 따라 몇 차례에 걸쳐 큰 폭의 평가절하가 불가피하게 되는 부작용이 발생하였다.

2. 단일변동환율제도(1964.5.3~1980.2.26)

1964년 5월 3일 1달러당 255원을 하한으로 하여 이전의 복수환율체계를 단일화하면서 환율변동을 일부 허용하는 단일변동환율제도(공정환율의 유동화, 실세화를 목적으로 원화의 가치를 미달러화에 연동시키는 사실상의 고정환율제도)를 채택하였다. 한편 1965년 3월 22일 그 동안의 물가안정과 IMF로부터 외환증서시장 안정기금 명목의 9백 30만 달러 차관확보 등을 바탕으로 수입쿼터를 대폭 철폐하고 변동환율제를 실시하였다. 이러한 단일변동환율제도 채택 이후 환율의 세부조정(fine tuning)이 있었음에도 불구하고 국내물가상승 등으로 4차례에 걸친 큰 폭의 환율인상 조치가 있었다.

3. 복수통화 바스켓 환율제도(1980.2.27~1990.3.1)

과거 환율을 경직적으로 운영함에 따른 간헐적이고 급격한 환율조정을 방지하고, 환율의 국제수지 조정기능을 회복하면서 주요 교역상대국 통화에 대한 원화환율의 안정성을 추구하기 위하여 1980년 2월부터 환율제도를 복수통화 바스켓 제도(단속적(斷續的)인 평가절하가 경제에 미치는 충격을 완화하고 원화환율을 유동화시키기 위해 도입)로 변경하였다.

이러한 복수통화 바스켓 제도에서의 환율결정은 먼저 SDR 바스켓과 독자통화 바스켓을 결합한 후 여기에 실세반영치를 가감하여 매일의 한국은행 집중기준율을 결정하고 이를 중심으로 하여 한국은행과 외국환은행 간의 외환 거래 시 적용되는 한국은행 집중매입률과 집중매도율을 고시한다.

외국환은행 간 매매율은 시장에서 자유롭게 결정되도록 하였으나 실제로는 한국은행 집중매매율 범위 내에서 형성되었으며, 외국환은행의 대고객매매율은 한국은행 집중기준율을 중심으로 일정 범위 내에서 외국환은행이 결정하여 고시한다.

이러한 제도는 원화환율이 주요국의 통화시세 변동과 우리나라의 국제수지 동향을 감안하여 결정되도록 함으로써 장기적으로 환율이 원화의 가치변동을 반영하면서 안정적으로 움직이는 데 기여한 면은 있으나, 환율이 외환시장의 수요 및 공급상황을 충분히 반영하지 못한데다 대외적으로 환율을 인위적으로 조정한다는 오해의 소지가 있어 환율결정에 있어 시장 메커니즘의 역할을 더욱 제고하기 위하여 1990년 3월 환율제도를 시장평균환율제도로 변경하였다.

4. 시장평균환율제도(1990.3.2~1997.12.15)

시장평균환율제도는 대외적인 환율조작 오해를 없애고 환율의 시장기능을 높이되 외환시장의 기초 여건이 성숙되지 못한 점을 감안하여 자유변동환율제도로 이행하기 위한 전 단계로 도입·시행되었다. 이러한 제도를 운영해 본 결과 외환시장의 거래 규모가 크게 확대되었고 단기금융시장과의 금리재정거래가 활발해지는 등 환율의 시장기능이 높아지는 한편 환율조작 시비로 인한 통상마찰 요인도 완화되었다.

시장평균환율제도에서의 대미 달러화에 대한 원화의 환율은 전일자 외국환은행의 은행 간 현물환거래환율을 거래량으로 가중평균하여 얻어진다.

표 7-2 시장평균환율제도에서의 환율산출 방식의 예

은행 간 거래환율(A)	외환 거래량(B)	거래 금액(C=A×B)
800.00(원/＄)	US＄3,000,000	2,400,000,000
800.20(원/＄)	US＄2,000,000	1,600,400,000
800.50(원/＄)	US＄1,000,000	800,500,000
합계	US＄6,000,000(D)	4,800,900,000(E)
시장평균환율	E/D=800.15	

5. 자유변동환율제도(1997.12.16~현재)

1997년 외환위기 발생을 계기로 외환시장의 불안이 심화되어 환율이 매일같이 폭등하는 상황이 발생하였다. 이러한 위급상황을 맞아 정부는 외환시장의 안정과 시장의 가격기능 활성화를 위해 기존의 환율변동 제한폭을 폐지하였다. 즉, 우리나

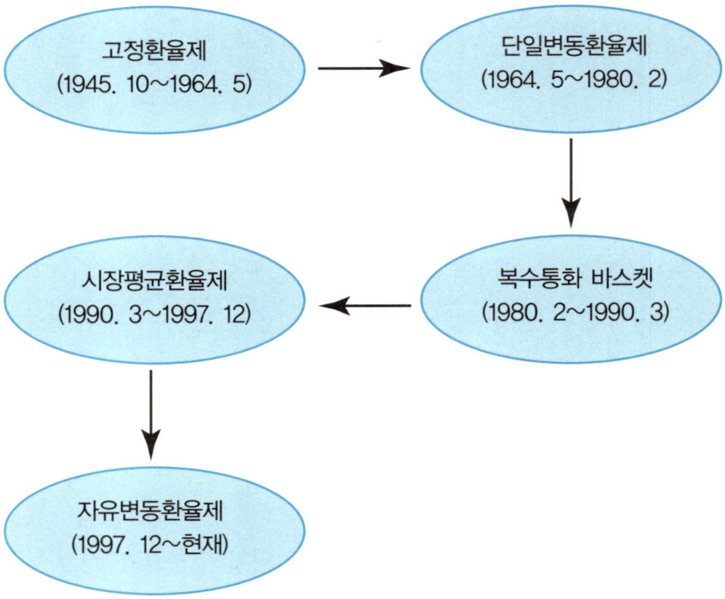

그림 7-3 우리나라 환율제도의 변천

라의 환율제도가 제한폭과 관계없이 각 은행이 외환시장에서의 수요와 공급에 따라 환율이 자율적으로 결정할 수 있는 자유변동환율제도로 이행되었다.

자유변동환율제도는 시장기능이 활성화될 수 있는 장점에도 불구하고 환율변동시 경제에 상대적으로 큰 충격을 줄 수 있다는 단점과 환율예측을 어렵게 하여 투기적 자금의 유입이 확대되는 등의 단점이 있다.

용어 정리

▶ **가격탄력성:** 상품에 대한 수요량은 그 상품의 가격이 상승하면 감소하고, 하락하면 증가한다. 가격이 P원일 때의 수요량을 X라 하고, 가격이 △P원만큼 변화했을 때 수요량이 △X만큼 변화하였다고 가정하면, 이 경우(△X/X)/(△P/P)를 수요의 가격탄력성이라 한다. 즉, 가격탄력성은 가격이 1퍼센트 변화하였을 때 수요량이 몇 퍼센트 변화하는가를 절대치로 나타낸 크기이다. 탄력성이 1보다 큰 상품의 수요는 탄력적(elastic)이라 하고, 1보다 작은 상품의 수요는 비탄력적(inelastic)이라고 한다.

[http://www.mk.co.kr]

▶ **선물환(Forward Exchange):** 장래에 이행될 통화 간의 환율을 미리 약정하고 둘째 영업일보다 길게 약정된 결제일에 당초 약정된 환율로 외환을 매매하는 것이다. 선물환 거래의 결제일은 현물환 결제일을 산정한 후 그로부터의 개월 수를 더해서 결정하게 된다. 따라서 선물환은 현재의 자산 혹은 부채에는 변화를 일으키지 않지만, 만기가 도래하게 되면 결제가 이루어지면서 대차대조표에 등재되어 회계상의 외환거래가 발생하게 된다.

[지호준, 환위험관리, 2000]

▶ **평가절상(Revaluation):** 고정환율제도하에서 환율을 하락시키는 것을 의미한다. 예컨대, US$1=₩600이었던 환율이 US$1=₩560으로 변화한 것을 말하며, 자국통화가치의 상승을 의미한다.

[http://mk.co.kr]

▶ **평가절하(Devaluation):** 고정환율제도하에서 환율을 상승시키는 것을 의미한다. 예컨대, US$1=₩600이었던 환율이 US$1=₩680으로 변화한 것을 말하며, 자국통화가치의 하락을 의미한다.

[http://mk.co.kr]

▶ **환리스크:** 장래의 예상하지 못한 환율변동으로 인하여 기업 등이 보유하고 있는 외화표시 순자산(자산−부채)의 가치 또는 현금 흐름의 순 가치가 변동될 수 있는 불확실성을 의미한다. 환리스크는 기본적으로 외환 포지션의 보유 형태와 규모, 장래의 환율변동 방향과 변동폭에 따라 결정된다. 일반적으로 환리스크에는 일상적 거래로부터 발생하는 거래위험(transaction risk)과 대차대조표상의 자산과 부채의 가치를 환산하는 과정에서 발생하는 환산위험(translation risk)이 있다.

[http://www.bok.or.kr]

시사 읽을거리

선박 수주 대금 원화로 받는다

삼성중공업이 선박 인도 대금 절반을 원화로 받는 계약을 성사시켰다. '달러 박스' 조선업체가 절반이긴 하지만 수주 대금을 달러가 아닌 자국통화로 받는 것은 세계 조선·해운업계에서 이번이 처음이다.

이번 계약 방식으로 대형선박 수주 때마다 되풀이되던 선물환 매도로 인한 외환시장 충격도 줄어 원화 값 안정에 기여할 것이라고 삼성중공업측은 설명했다. 삼성중공업은 이 같은 계약 방식을 향후 다른 선박을 수주할 때 적극 추진한다는 계획이다. 삼성중공업은 14일 노르웨이 선사측에서 북해 혹한지역에 투입되는 원유생산저장 하역 설비(FPSO) 1척을 4억 달러에 수주했는데 대금 중 58%를 원화로 받기로 했다.

삼성중공업 관계자는 "이번 계약은 수주 금액 중 수입 기자재 대금으로 다시 외국에 지불할 금액은 달러로 받고 국내에서 조달하는 강재, 페인트, 인건비 등은 원화로 받는 구조"라며 "원화값 변동 영향을 원천적으로 봉쇄하는 '다중통화 계약' 방식"이라고 말했다. 삼성중공업은 4억 달러 가운데 1억 6,000만 달러(선가 중 42%)는 국제통화인 달러로 받고 나머지 58%에 해당하는 2,220억 원을 원화로 받는다.

삼성중공업이 수주한 심해용 FPSO는 작년 세계 일류상품으로 선정되기도 했으며 아무 조선소나 만드는 선박이 아니다. 이 같은 점을 미뤄 보면 이번 계약은 세계 조선강국인 한국 위상을 반영한 것이라는 방증도 된다. 삼성중공업이 노르웨이 선사와 원화 결제를 놓고 협상에 들어간 것은 작년 10월이었다. 원화 결제를 전혀 생각지도 못했던 노르웨이 선사측이 당황하면서 협상이 길어졌다. 조선·해운업계 관행이 달러 결제이고 원화를 벌지 못하는 선주사 사정으로 원화 결제는 생각지도 못한 방식이다. 심지어 국내 해운사도 달러화로 결제하는 현실이고 보니 외국 선주사는 말할 여지도 없다.

삼성중공업 영업팀과 국제금융팀이 원화 결제 방식을 생각한 것은 노르웨이 선사가 글로벌 기업인 점을 미뤄 볼 때 원화 수입이 있다고 판단했기 때문이다. 삼성중공업 관계자는 "노르웨이 선사도 원화 수입이 있으니 원화를 달러로 바꿔야 하는 번거로움도 있고 원화 보유에 따른 리스크를 회피할 수 있어 서로 윈윈이 된다고 설득했다."고 말했다. 삼성중공업은 달러로 받아도 100% 환헤지를 하기 때문에 별 문제가 없지만 국내 환율 하락이 지속되는 상황에서 원화 결제가 유리하다고 판단했다. 협상은 넉 달 동안 계속됐고 이윽고 선주사도 'OK' 사인을 보냈다.

[매일경제 2007년 2월 15일자]

제8장

국제수지

1절 국제수지표

1. 국제수지의 개념

국제수지(international balance of payments)란 일정한 기간(보통 1년)에 한 나라에 경제적 근거를 가지고 있는 경제주체와 외국의 거주자 사이에서 이루어지는 모든 경제적 거래를 체계적으로 분류하여 집계한 것이다. 한편 국제대차(international indebtedness)란 한 나라가 일정한 시점에서 외국에 대하여 얼마만큼의 채권 · 채무를 지니고 있는가를 종합적으로 표시한 것이다. 그러므로 국제수지는 한 나라의 대외적 경제활동을 파악할 수 있게 하며, 국제대차는 한 나라가 채권국인지 채무국인지를 나타내 줌으로써 그 나라의 국제금융상의 지위를 판단하게 해준다.

국제대차 및 국제수지는 국가 간의 대차 및 수지관계를 뜻하는 것이 아니고 개인이나 기업, 또는 공공기관의 국제적 활동과 국제적 관계로 인한 결과를 종합한 것이다. 또한 국제대차는 각종의 대외 채권 · 채무 관계를 표시하는 대차대조표적인 성격을 지니고, 국제수지는 기업에서 볼 수 있는 손익계산서적인 성격을 지닌다.

2. 국제수지표의 형식

각국은 IMF의 국제수지 작성요람에 따라 국제수지표(statement of the balance of international payments)를 작성하고 있는데 이 요람은 각국이 국제수지표를 작성하는 데 있어서 그 원리 및 양식을 통일시키기 위한 지침서로 발간되었다. IMF가

표 8-1 국제수지표 (단위: 백만 달러)

	2001	2002	2003	2004	2005
경상수지	8032.6	5393.9	11949.5	28173.5	14980.9
상품 및 서비스수지	9615.9	6579.9	14527.8	29522.7	19024.9
소득수지	−1198.1	432.3	326.3	1082.8	−1562.5
경상이전수지	−385.2	−1618.3	−2904.6	−2432	−2481.5
자본수지	−3390.8	6251.5	13909.4	7598.8	4756.5
투자수지	−2659.8	7338.3	15307.8	9351.6	7096.9
기타자본수지	−731	−1086.8	−1398.4	−1752.8	−2340.4
준비자산증감	−7575.8	−11799.4	−25849.4	−38710.5	−19805.8
오차 및 누락	2934	154	−9.5	2938.2	68.4

권고한 새로운 기준에 따른 국제수지표의 기본체계는 크게 경상수지, 자본수지 및 준비자산증감으로 분류되는데 1998년 1월부터 새로 시행된 국제수지표의 항목분류는 다음과 같다(〈표 8-2〉 참조).

1) 경상수지(current account)

경상수지는 상품이나 서비스를 외국에 팔거나 외국에서 사들이는 거래의 모든 내용을 포함하며, 재화나 용역의 흐름을 나타내는 플로우(flow)의 개념이다. 경상수지는 상품수지, 서비스수지, 소득수지, 경상이전수지로 다시 구분된다.

① 상품수지

우리나라가 외국에 상품을 수출해서 번 금액(수입)에서 상품을 수입하고 외국에 내준 금액(지출)을 제한 결과

② 서비스수지

우리나라가 외국과 서비스를 거래한 결과 벌어들인 금액과 내준 금액을 기록한다. 용역의 수출입, 운수, 여행, 통신서비스, 특허권사용료, 사업서비스, 정부서비스, 기타서비스 등으로 다시 구분된다.

표 8-2 국제수지표의 항목분류 변화

구 국제수지표 항목분류 (1997년 12월까지)		신 국제수지표 항목분류 (1998년 2월부터)
I. 재화 및 서비스	상품	**I. 경상수지**
	비화폐용 금	A. 상품·서비스수지
	운임 및 보험	1. 상품수지
	기타운수	수출(FOB)
	여행	수입(FOB)
	투자수익	2. 서비스수지
	정부거래	수입
	기타용역	지급
II. 이전수지	민간	B. 소득수지
	정부	C. 경상이전수지
III. 자본 및 화폐용 금	민간장기	**II. 자본수지**
	민간단기	A. 투자수지
	지방정부	1. 직접투자
	중앙정부	2. 증권투자
	중앙통화기구	3. 기타투자
	기타통화기구	B. 기타자본수지
IV. 오차 및 누락		**III. 준비자산증감**
		IV. 오차 및 누락

③ 소득수지

우리나라 기업 등이 해외투자를 해서 얻은 이자와 외국에 진 빚에서 생기는 이자의 차액을 확인할 수 있다. 한국 근로자가 국내로 송금한 금액과 외국 근로자가 자국으로 송금한 금액이 기록된다. 임금, 투자소득(이자)에 대한 내용이 포함된다.

④ 경상이전수지

경상이전수지는 아무런 대가 없이 제공되며 수혜자의 소득이나 소비수준에 직접적인 영향을 주는 송금, 구호를 위한 식량, 의약품 등 무상원조와 국제기구출연금 등에 대한 내용이 기록된다.

2) 자본수지(capital account)

자본수지는 우리나라의 기업 및 금융기관 등과 외국의 기업 및 금융기관 등이 서로 돈을 빌려주거나 받는 거래를 통해 생기는 수입과 지출의 차액을 볼 수 있는 항목이며, 대외자산과 부채를 표시하는 스톡(stock)의 성격을 가진다. 자본수지는 투자수지 및 기타자본수지로 구성된다.

① 투자수지

통화당국의 준비자산 증감을 제외한 민간기업, 금융기관, 정부의 대외금융자산 부채의 소유권 변동과 관련된 거래를 기재한다. 투자수지는 경영권을 지배하기 위한 해외투자를 기록하는 직접투자, 배당이익을 얻기 위한 주식투자나 이자수익을 얻고자 하는 채권투자와 같은 투자형태가 기록되는 간접투자(포트폴리오투자) 및 기타투자로 구성된다.

② 기타자본수지

투자수지에 기록되지 않는 자본이전, 특허권 등의 기타자산의 증감내용을 기재한다.

3) 준비자산증감(official reserve assets)

일국의 통화당국(우리나라의 경우 한국은행)이 그 나라의 국제수지불균형을 시정하기 위해 직접 사용할 수 있는 모든 공적 준비자산의 증감 내용을 기재한다. 준비자산의 종류에는 화폐용 금, 특별인출권(SDR), 외화자산, IMF 리저브포지션, IMF 골드트란쉐 등이 있다.

4) 오차 및 누락

오차 및 누락은 경상수지, 자본수지, 준비자산증감의 내용에 누락된 부분을 기재한다.

2절 국제수지의 균형

1. 국제수지균형의 의미

국제수지는 차변과 대변의 총액이 항상 일치하므로 반드시 균형을 이루기 마련이다. 따라서 국제수지가 균형 또는 불균형인가 하는 문제는 국제수지표의 개별구성항목을 살펴봄으로써 파악할 수 있다.

국제수지표상의 모든 거래는 그 성격에 따라 크게 자율적 거래(autonomous transactions)와 보정적 거래(accommodating transactions)로 구별해 볼 수 있다. 자율적 거래라 함은 국가 간의 가격, 소득, 그리고 이자율 등 경제적 요인의 차이에 따라 발생하는 거래이며, 보정적 거래는 자율적 거래를 뒷받침하기 위한 보조적 거래라고 할 수 있다.

예를 들면 경상수지가 적자일 경우 국제수지는 외채의 도입, 외환보유고의 감소 등에 의하여 균형이 이루어지는 반면에 경상수지가 흑자일 경우에는 차관공여, 외환보유고의 증가 등에 의하여 균형이 이루어진다. 이와 같이 국제수지상의 일부 구성 부문이 균형을 이루지 못하는 경우에 외채를 도입하거나 차관의 제공 또는 외환보유고를 증감시키는 등의 거래를 보정적 거래(accommodating transaction)라고 한다.

이러한 보정적 거래는 그 자체로서 이루어지는 것이 아니고 상품과 서비스의 수출입, 민간자본거래 및 이전거래 등의 자율적 거래에 의하여 이루어지는 것이다. 즉, 자율적 거래는 다른 국제거래와 관계없이 독립적으로 발생하므로 자발적 항목(autonomous item)에 속하는 것들이며 외환보유고의 증감 등은 타 항목의 변동으로 인하여 생기는 것이므로 조정항목(compensatory item)이라고 한다.

결국 국제수지의 균형이란 자발적 항목의 차변과 대변이 일치되어 조정항목으로 조정할 필요가 없는 상태를 말하며, 반면에 국제수지의 불균형이란 자발적 항목에 차이가 발생하여 조정항목에 의해 조정할 필요가 있는 상태라고 할 수 있다.

2. 경상수지

한 나라의 외화수입과 지급은 균형을 이루는 것이 바람직하다. 왜냐하면 지급이 수입보다 많은 상태가 계속된다면 결국 그 나라의 보유외화가 고갈되고 급기야는

긴요한 재화마저 수입할 수 없게 됨으로써 경제가 파탄에 이르게 될 가능성이 있기 때문이다. 한편 수입이 지급을 항상 초과하는 상태도 국민경제를 위해서 반드시 바람직하다고 볼 수는 없다. 이것은 한편으로는 수출재화가 그만큼 제값을 받지 못하고 싸게 수출되었기 때문에 수출이 수입을 초과했다고도 해석될 수 있으며, 다른 한편으로는 획득한 외화는 단순히 축적하는 데 의의가 있는 것이 아니라 그것을 사용하여 외국의 소비재, 자본재 또는 원자재를 수입함으로써 국민의 생활수준을 향상시키고 경제발전에 도움이 되도록 이용하는 것이 바람직하기 때문이다. 따라서 국제수지의 균형을 이룬다는 것은 완전고용, 물가안정 등과 함께 정부의 경제정책의 3대 목표 중의 하나가 된다.

여러 국제수지 개념 중 대외거래의 건전성을 평가하는 기준으로 가장 많이 사용되는 것이 경상수지이다. 많은 사람들이 경상수지 흑자는 클수록 바람직하고, 경상수지 적자는 작을수록 바람직하다고 생각한다. 그렇지만 경우에 따라 경상수지 적자는 국민경제가 건실하게 성장하고 있음을 알리는 징표가 될 수도 있다. 투자지출의 증가로 인해 발생한 경상수지 적자라면, 이는 건실한 성장이 이루어지고 있다는 증거가 될 수 있다. 또한 투자에 충당될 수 있는 자금이 해외로부터 유입되었다는 것은 외국 사람들이 우리 경제의 미래를 낙관적으로 평가한다는 뜻이 될 수도 있다. 즉, 중요한 것은 경상수지 적자가 발생하였다면 적자를 가져온 원인이 무엇인지, 그리고 적자의 결과 해외로부터 유입된 자본이 효율적으로 투자되고 있는지를 판단하는 것이다.

3절 국제수지의 조정

1. 국제수지 조정의 의미

국제수지의 불균형이 발생할 때 이를 조정하는 것은 한 나라의 대외지급과 수취를 균형상태로 만든다는 것을 의미하며, 각 국가는 국제수지가 불균형일 때 이를 어떻게 조정할 것인가가 중요한 정책과제가 된다. 국제수지가 적자인 경우 대외부채가 증가하게 되는데 이를 줄이기 위해서 일시적으로는 외환보유액을 줄이거나 차관 등을 도입해서 해결할 수 있으나 적자가 계속되는 경우 화폐용 금이나 외환보유액도 바닥이 날 것이고, 대외신인도가 낮은 만성적인 적자국에 차관을 제공할 나라도 없을 뿐만 아니라 기존에 들여온 외채도 만기가 도래하면 갚아야 하므로 대외지급능력을 완전히 상실할 수도 있다. 이러한 극단적인 경제파탄이 올 것을 사전에 방지하기 위해서 각국은 자국의 국제수지 방어에 총력을 기울이는 것이다.

또한 국제수지의 흑자가 계속되는 경우 언뜻 보기에는 좋은 현상일 것 같지만 이것 역시 바람직한 것은 아니다. 왜냐하면 국제수지 흑자가 계속되면 외환 공급에 따른 국내 통화량의 증가로 인해 인플레이션이 일어나고 이러한 현상은 국내경제에 악영향을 끼치기 때문이다. 그 밖에도 교역상대국들의 적자를 유발하여 여러 가지 통상압력을 받을 수 있으며 종국적으로는 그 영향이 수출장애나 부진으로 파급될 수 있다. 이와 같이 국제수지의 불균형은 한 나라 경제에 아주 많은 영향을 미치게 되므로 항상 적정한 수준으로 유지·조정되어야 한다.

2. 국제수지의 자동조정기능

한 나라의 국제수지가 적자 또는 흑자이면 그러한 불균형은 이와 관련된 경제변수에 영향을 미쳐 시간이 흐름에 따라 자동적으로 조절된다. 이를 국제수지의 자동조정기능이라고 한다. 국제수지가 자동적으로 조정되는 것을 설명하는 이론에는 크게 가격조정이론과 소득조정이론이 있다.

1) 가격조정이론

환율조정에 의한 국제수지의 조정 과정은 먼저 국제수지 흑자 경우 환율을 인하하면 외화표시 수출품의 가격이 상승하게 되며, 자국통화표시 수입품의 가격은 하락함으로써 결과적으로 수출감소·수입증가가 이루어져서 균형에 도달할 수 있게 된다. 반대로 국제수지 적자의 경우에는 환율을 인상하여 수출증가·수입감소의 결과를 통해 균형상태를 달성할 수 있다.

이러한 고전학파적 견해에 따른 환율조정에 의한 국제수지 조정정책은 국제수지 균형화의 주된 요인을 환율의 변화와 그에 따른 교역조건의 변동으로 보고 있기 때문에 결국 가격효과를 강조하는 것이라 할 수 있다. 그러나 완전고용이란 전제조건이 성립하지 않을 경우에는 위에서 살핀 조정 과정이 반드시 존재한다고 볼 수는 없다. 더욱이 환율조정은 국내산업, 통화 및 금융 등 국민경제 전반에 걸쳐 커다란 영향을 미치므로 그 실시에 신중을 기해야 한다.

예를 들면 국제수지 적자에 대한 조정을 위하여 환율인상을 할 경우 전술한 바와 같이 수출확대·수입억제가 이루어져 적자는 해소되고, 이의 영향으로 수출산업과 수입대체산업 등 국내 산업활동은 활발해진다. 반면에 환율이 인상되면 외환어음에 대해 매입은행에서는 환시세가 오른 만큼 더 많은 자국화를 지급해야 하고, 또 외환 수요자로부터 더 많은 자국화를 받아야 하므로 자금 수요의 확대에 의해 자연히 통화량이 팽창됨으로써 인플레이션 현상을 가속화시킬 수 있다.

또한 국제수지 흑자에 대한 조정을 위하여 환율인하를 할 경우에는 위와는 반대로 국내 산업활동이 위축되어 경기가 침체될 수 있다. 따라서 환율조정은 모든 국제수지 조정수단이 효과를 거두지 못할 경우에 최후수단으로서 사용될 수 있는 것이라 간주되고 있다.

2) 소득조정이론

환율조정은 고정환율제도하에서 환율변경을 통해 국제수지의 균형을 시도하려는 데 대하여 재정·금융정책은 환율은 그대로 유지하면서 유효수요의 관리를 통해서 국제수지의 불균형을 시정하려는 조치이다.

① 재정정책

재정정책이란 한 나라의 총수요 수준에 그 기초를 두는 것으로 재정지출을 통하여 총수요 수준의 변화를 꾀함으로써 궁극적으로 국제수지의 불균형을 조정하고자 하는 것이다. 이는 케인즈 학파의 이론으로 고전학파가 가격효과를 강조한 것과는 달리 금융정책과 더불어 소득효과를 강조한다. 재정정책에 의한 국제수지 조정 과정은 완전고용 상태와 불완전고용 상태로 나누어 살펴볼 수 있다.

먼저 단기 완전고용 상태하에서의 국제수지가 적자일 경우 재정정책수단(재정지출과 조세정책)을 사용하여 재정지출을 감소시키면 총수출량은 불변이므로 수입에 지출되던 민간 부문의 총수요가 감소하게 되어 국제수지는 이러한 경상수지의 변화만큼 개선된다. 반대로 국제수지가 흑자일 경우에는 재정지출을 증가시켜 이를 조정할 수 있다.

다음으로 단기 불완전고용 상태하에서의 국제수지가 흑자일 경우 재정정책으로 수요확대를 유도하면 그에 따라 총수요가 증가하여 수입이 늘어남으로써 국제수지를 균형시킬 수 있다. 이때 사용되는 구체적인 정책수단으로는 정부투자·정부소비·이전지출의 확대 등이 있는데, 이러한 모든 정부지출의 확대 시너지 효과를 통해 소비를 자극함으로써 국제수지의 흑자는 조정될 수 있다. 그리고 국제수지가 적자일 경우에는 그 반대의 과정을 통하여 국제수지는 균형화될 수 있다.

② 금융정책

일반적으로 금융정책이라 함은 정부가 중앙은행의 화폐공급을 통제시킴으로써 국가정책 목표를 달성하는 것을 말하는데, 이는 크게 양적 통제와 질적 통제로 구분된다. 이때 만약 정부경제정책의 목표가 국제수지 균형에만 있다면 금융정책을 통한 목표달성은 다음과 같은 과정을 통해 이루어질 수 있다. 즉, 국제수지가 흑자일 경우에는 금융정책을 사용하여 국제수지를 조정한다. 금융정책에 의한 국제수지 조정도 역시 재정정책과 마찬가지로 완전고용 상태하의 조정과 불완전고용 상태하의 조정으로 구분되는데, 여기서는 완전고용 상태하에서 국제수지가 적자일 때의 조정 과정을 살펴보기로 하자. 이 경우 정부는 금융축소적인 정책(금리인상이나 지급준비율 인상)을 사용하여 민간보유 화폐량을 감소시킨다. 이때 완전고용 상태하에서는 총생산이 일정하고 다른 조건은 불변이므로 민간의 구매력만 감소하게 되는 결과가 된다. 따라서 민간 부문은 감소된 구매력을 회복하기 위하여 수입을 감소시켜서 국제수지를 개선시키거나 또는 외국의 증권을 판매하거나 고금리에 따른 외국자본의 유입을 통하여 자본수지를 개선시켜 국제수지 균형을 달성하게 된다.

3. 국제수지 조정정책

간접통제정책은 그 효과를 정확하게 측정할 수 없고 또한 시급한 조치가 요구되는 경우 직접적인 효과를 기대하기가 어렵다는 문제점이 있다. 따라서 한 국가의 대외거래에 정부가 직접통제를 가함으로써 국제수지를 조정하는 방법이 바로 직접규제조치인데, 외환관리와 소득정책이 그 대표적인 예라고 할 수 있다.

1) 외환관리

외환관리(foreign exchange control)란 민간의 자유로운 환거래를 인정하지 않고 정부가 외국환거래를 직·간접으로 규제하거나 조정하는 것을 말한다. 외국환관리를 실천하는 방법에는 여러 가지가 있으나 여기서는 외환집중제도를 중심으로 살펴보기로 한다. 외환집중제도(exchange concentration system)란 정부가 지정한 외국환은행이나 외국환업무 취급 금융기관에 한정시켜 외국환거래를 허용하고, 수취한 외환은 강제적으로 일정한 환율에 의해 지정 금융기관이 집중구매하며 필요한 외화는 정부가 할당해 주는 제도이다. 즉, 외화자산 및 외환거래를 집중시킨 제도라 할 수 있다. 그렇게 함으로써 외국환의 수요와 공급은 정부의 관리를 받게 되는 것이다. 이와 같은 외환집중제도의 수단에는 환시세의 조정, 자본의 해외이동 제한, 환투기 제한, 외화소지 제한, 대외채권의 대차관리 및 금지 등이 있다.

2) 소득정책

소득정책(income policy)이란 정부가 국내물가 안정을 위해 노동·자본·토지 등의 요소에 대한 가격과 기업이윤 등의 소득을 일정한 가이드라인(guide line)을 통해 직접 통제 내지 조정하는 것을 말한다. 이러한 소득정책은 본래 국내물가 안정을 위해서 실시되었다고 할 수 있으나 이는 대외균형에도 영향을 미치게 된다. 즉, 임금통제 등에 의해 국민들의 실질소득 수준이 떨어지면 이에 따라 소비자들의 구매력이 감소하기 때문에 이것은 결국 수입의 감소라는 결과가 나타나게 되는 것이다. 소득정책은 한때 국제수지 조정을 위한 재정·금융정책이나 환율조정의 대체방안으로서 각광을 받기도 했으나 근래에는 주로 국내경제에 있어서의 완전고용 내지 경제성장과 물가안정을 위한 정책수단으로 활용되고 있다.

용어 정리

▶ **국제수지(Balance of Payments):** '일정 기간 동안 국내 거주자와 외국 비거주자 간의 대외거래' 를 말하는데 이러한 대외거래를 거래형태별로 구분하여 체계적으로 정리한 것을 국제수지표라고 한다. 한 기업의 경영상태를 가장 쉽게 빨리 파악하기 위해서는 그 기업의 재무제표를 살펴보듯이 한 나라의 대외거래를 가장 손쉽게 파악할 수 있는 것이 국제수지표이다.

[안홍식, 국제금융론, 2003]

▶ **금리(Interest Rate):** 한마디로 돈의 가격이다. 일반 시장에서 물건을 사고팔 때 가격이 존재하듯 돈을 빌려주고 받는 금융시장에서도 일종의 가격이 형성되기 마련이다. 금리란 이와 같이 자금이 거래되는 금융시장에서 자금수요자가 자금공급자에게 자금을 빌려준 데 대한 대가로 지급하는 이자금액 또는 이자율을 뜻하는데 오늘날에는 이자율의 의미로 더 널리 쓰이고 있다.

[http://www.hankyung.com]

▶ **경상거래(Current Transaction):** 국제거래 중 자본 자본거래 이외의 거래이며 한 나라의 국민 소득과 국민총지출을 구성하는 실체적인 경제활동 가운데 해외와의 관계에서 생긴 활동이 계상된다. 경상수지가 흑자인 경우 그 나라의 상품에 국제경쟁력이 있고, 흑자의 축적에 의하여 해외투자를 행할 수가 있다. 따라서 경상수지 흑자국의 자본수지가 적자인 경우가 많고, 반대로 경상수지가 적자인 경우에는 자본수지는 흑자가 되기 쉽다.

[http://kr.yahoo.com]

▶ **대차대조표(Balance Sheet: BS):** 일정 시점(예: 회계년도 말, 반기 말, 분기 말) 현재 기업의 재무상태, 즉 자산, 부채 및 자본의 세부항목들을 대차대조표 등식에 입각하여 기록한 보고서이다. 대차대조표란 말은 원래 자산은 왼쪽(차변)에, 부채와 자본은 오른쪽(대변)에 두어 이를 상호 대조 및 비교한다는 취지에서 명명되었다.

[김호중 외, 회계학원론, 2006]

▶ **무역수지(Balance of Trade):** 어떤 나라의 무역 즉, 상품거래에 따른 수입과 지급을 일정 기간(보통 1년)에 대하여 종합한 결과를 말한다. 상품의 수출입 차이로서 수출이 수입보다 큰 경우를 수출초과라 하고 반대로 수입이 수출보다 큰 경우를 수입초과라 한다.

[http://mk.co.kr]

▶ **무역외수지:** 무형무역(無形貿易)으로 운임 · 보험 · 용선료 · 여행비 · 투자수익 · 주둔군에 대한 지출이나 수수료, 또는 특허권 사용료 등 각종 서비스의 거래에서 발생하는 수입액과 지급액의 차액을 나타내는 수지이다. 상품 수출입에 따른 수지인 무역수지와는 구별되며, 무역외수지는 무역수지, 국제적 증여를 나타내는 이전수지와 함께 경상수지를 구성한다.

[http://preview.britannica.co.kr]

▶ **손익계산서(Income Statement: IS):** 일정 기간(예: 1년, 6개월, 3개월) 동안의 기업의 경영성과를 이익등식에 입각하여 기록한 보고서이다. 손익계산서를 경영성과 보고서(statement of financial performance)라고 부르기도 하는데, 이 용어가 그 의의를 더 잘 표현하므로 보다 적절하다고 생각된다. 또한 손익계산서는 대차대조표와는 달리, 일정 시점이 아닌 일정 기간 동안의 경영성과를 나타내는 동태적 보고서이다.

[김호중 외, 회계학원론, 2006]

▶ **스태그플레이션(Stagflation):** 스태그네이션(stagnation: 경기침체)과 인플레이션(inflation)의 합성어이다. 1970년대에 들어와 미국을 비롯한 주요 선진국에서는 인플레이션이 높아지면서 동시에 실업률이 높아지고 경제성장률이 떨어지는 현상이 발생하였다. 즉 실업률이 떨어지기는커녕 오히려 높아지는 현상을 의미한다.

[이지순, 거시경제학, 2003]

▶ **실질소득:** 화폐액으로 표시된 명목소득을 소비자 물가지수로 나눈 것으로서, 그 소득의 실질적인 구매력을 나타낸다. 만일 전년도에 비해 화폐소득이 20% 증가했고 소비자 물가 상승률이 동 기간 중 10%였다면, 실질소득은 10%만큼 증가한 셈이 된다((명목소득÷물가지수)×100).

[http://www.mk.co.kr]

▶ **인플레이션(Inflation):** 일반물가 수준이 지속적으로 현저하게 상승하는 현상을 의미한다. 한편 인플레이션율은 기준시점(t)의 물가를 기준으로 해당시점의 물가가 얼마만큼 증가하였는가를 나타낸다.

$$\Pi(t) = \frac{\triangle P(t)}{P(t)} = \frac{[P(t) - P(t-1)]}{P(t-1)}$$

위 식에서 물가(P)를 어떻게 정의하느냐에 따라 다양한 정의가 가능하다. 예를 들면 소비자물가 상승률, 도매물가 상승률 또는 GDP 디플레이터 상승률 등 여러 가지 인플레이션율을 정의할 수 있다.

[주성환, 경제원론, 2002, p. 427]

▶ **준비자산(Reserve Asset):** 중앙은행(한국은행)이 국제유동성 확보를 위해 보유하고 있는 외환보유액을 말하는데 이것은 경상수지와 자본수지에 따라 증가하기도 하고 감소하기도 한다.

[http://www.bok.or.kr]

▶ **지급준비율:** 금융기관은 예금 등 금전채무의 일정비율에 해당하는 부분을 의무적으로 한국은행에 예치하거나 또는 시재금으로 보유하고 있는데 이를 지급준비금이라고 한다. 원래 예금자보호 차원에서 출발하였으나 오늘날에는 재할인정책 및 공개시장 조작과 함께 중앙은행의 정통적인 통화신용정책 수단의 하나로 활용되고 있다. 한국은행은 시중에 자금이 너무 많이 풀려 있다고 판단되면 금융기관의 지급준비율을 높여 통화량을 줄이고 그 반대의 경우에는 지급준비율을 낮추어 통화량을 늘리게 된다.

[http://www.bok.or.kr]

시사 읽을거리

올해 경상수지 10년 만에 적자 돌아서나

지난해 상품 수출액에서 수입액을 뺀 상품수지 흑자가 2년 연속 감소했다. 반면 서비스수지 적자는 사상 최대치를 기록하며 상품과 서비스를 합한 경상수지는 적자를 겨우 면했다. 1998년 이후 9년 연속 경상수지 흑자를 기록했지만 기력은 현저히 쇠퇴한 모습이다.

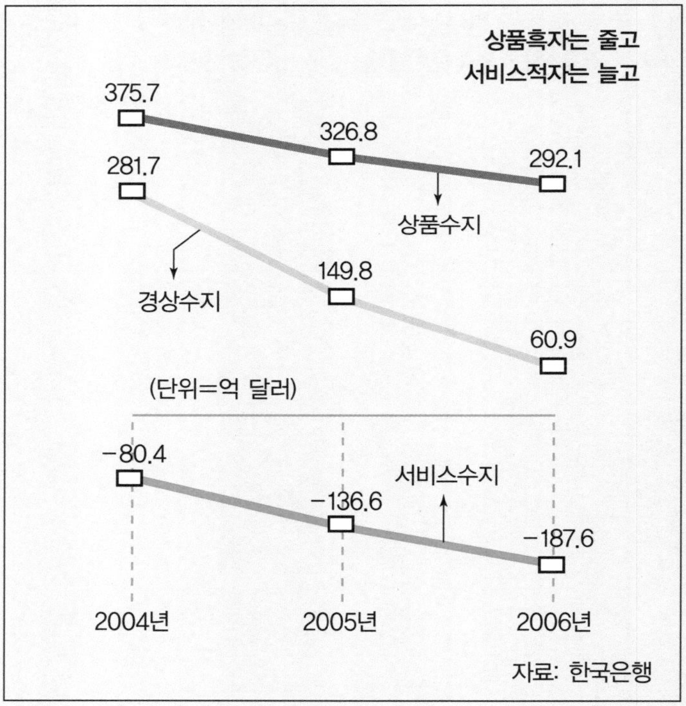

수출동력 IT 산업 주춤

수출비중이 30%에 육박하는 IT 수출은 지난해 898억 달러를 기록하며 1.8% 증가한 데 그쳤다. 특히 가전제품과 휴대전화 수출이 감소했지만 그나마 반도체 수출이 두 자릿수 증가율을 기록한 덕분에 전체 IT 수출은 소폭 증가했다. 이를 두고 경제전문가들은 IT에 의존하는 한국 수출 동력이 현저히 약화되고 있다고 지적한다.

IT 수출이 기대에 못 미치며 상품수지 흑자는 2년 연속 감소했다. 2004년 376억 달러에 달했던 상품수지 흑자는 지난해 292억 달러까지 줄었다. 이 같은 흐름은 올해도 이어질 전망이다.

서비스수지 적자 200억 달러 육박

지난해 서비스수지 적자는 187억 6000만 달러를 기록했다. 2005년보다 폭이 50억 달러 확대되며 사상 최대치를 기록했다. 이는 상품수지 흑자 대부분을 까먹으며 경상수지 흑자폭을 60억 달러 선까지 줄였다.

서비스수지 적자가 급증한 것은 해외여행과 유학·연수가 급증했기 때문이다. 지난해 한국 경제는 일반여행과 유학·연수에서 각각 85억 달러와 44억 달러의 적자를 기록했다. 원화 값 급등으로 해외여행 부담이 크게 줄면서 출국이 급증한 반면, 외국인의 국내 여행 부담은 크게 늘어 국내 여행이 감소한 데 원인이 있다.

올해 서비스수지 적자는 200억 달러를 넘어설 것으로 보인다. 원화 값 강세가 지속되면서 출국자와 입국자 간 불균형 현상이 더욱 심화될 전망이기 때문이다. 이처럼 서비스수지 적자는 급증하는 반면 상품수지 흑자폭은 줄고 있어 올해 경상수지 흑자 달성은 불투명할 전망이다. 민간 경제연구소들은 20~60억 달러 적자를 예상하는 상황이다.

빚더미 자본수지 흑자

지난해 한국 경제는 직접투자와 증권투자에서 각각 35억 달러와 225억 달러 적자를 기록했다. 공장 설립이나 자산 투자에서 내국인의 해외투자가 외국인의 국내투자를 압도했다는 뜻이다. 한국시장의 투자 매력이 갈수록 떨어지면서 이 같은 현상이 벌어졌다.

하지만 전체 자본수지는 186억 달러에 달하는 흑자를 기록하는 기현상이 벌어졌다. 지난해 은행권이 해외단기차입을 통해 434억 달러나 들여왔기 때문이다. 결국 지난해 자본수지 흑자는 빚더미 흑자였던 셈이다.

지난해 은행들은 기업들의 선물환 매도 수요를 맞추는 동시에 싼 금리로 돈을 빌려오기 위해 해외 차입을 크게 늘렸다. 이는 외환공급을 늘려 원화 값 상승 요인이 되기도 했다. 이러한 흐름은 진정될 기미를 보이지 않고 있다. 12월 한 달에만 은행차입 등을 통해 국내에 유입된 외화가 63억 달러에 달했다.

한 경제전문가는 "경상수지가 악화되는 상황에서 자본수지는 빚을 통해 흑자를 기록했다."며 "국제수지 건전성이 취약해지고 있다."고 지적했다.

[매일경제 2007년 1월 31일자]

제9장

국제통화제도

1절 국제통화제도의 의의

국제통화제도(international monetary system)란 국가 간의 무역 및 자본의 거래를 원활히 하기 위해 만들어진 결제제도라 할 수 있다. 국내에서도 통화제도가 필요한 것처럼 국제경제의 안정과 발전에 상응하는 국제적인 통화제도가 필요하다는 것은 말할 필요도 없다. 국제통화제도에서는 첫째, 국제적으로 통용되는 통화가 선정되어야 하며 둘째, 통화 발행 기관이 결정되어야 하고 셋째, 국제통화의 공급량이 정해져야 한다. 그리고 국제통화제도는 국제통화에 대한 각국의 거부현상이 일어나지 않도록 유지되어야 한다.

2절 은본위제도(Silver Standard)

은본위제도는 일정량의 은에 화폐단위를 정하고 은화의 자유주조를 허용하는 제도로 근대적인 본위제도에 있어서 가장 초기의 제도이다. 실제로 프랑스는 1790년부터 1803년까지, 영국은 1774년까지 은본위제를 채택하고 있었으며 신대륙발견 및 수요감소로 은의 가치가 폭락함에 따라 사라지게 되었다.

3절 금 · 은본위제도

금 · 은본위제도는 금과 은을 모두 화폐의 본위로 하는 제도로 은본위제도에서 금본위제도로 넘어가는 중간 단계에 해당한다. 영국과 미국은 각각 1816년과 1873년 금본위제를 채택할 때까지 금 · 은본위제도였으며 프랑스도 1870년대 중반까지 채택하고 있었다. 금 · 은본위제도는 시장에서 금과 은의 수급에 따라 가치가 수시로 변하고, 유통과정 중 가치가 떨어지는 악화만 남게 되는 그레샴의 법칙으로 인해 통화의 안정적 운용이 어렵다는 단점이 있었다. 신대륙 발견에 따라 세계적인 은의 산출량 증가로 은의 가치를 유지하기가 어렵게 되어 점차 금본위제도로 이행되었다.

4절 금본위제도(Gold Standard, 1880~1914)

순수한 고정환율제도는 19세기 말부터 제1차 세계대전 발발 이전인 20세기 초까지의 금본위제도이다. 금본위제도에서 무역의 결제수단은 금이고, 각국의 금보유량은 곧 그 나라의 부의 척도가 된다. 또한 각국의 통화량은 금보유량에 따라 발행하므로, 한 나라의 금보유량은 그 나라 통화의 가치를 나타내는 기준이라고 할 수 있다. 각국은 자국 통화량의 일정비율 이상의 금을 준비자산(reserve asset)으로 보유함으로써 자국통화의 가치를 일정 수준으로 유지하였다.

금본위제도를 유지하기 위해서는 몇 가지 '게임의 준칙' 이 요구된다.

첫째, 각국 정부는 자국의 통화가치를 순금의 양으로 고정시켜 금평가(gold parity)를 설정해야 한다. 이를 통해 자국통화 1단위가 포함하고 있는 순금의 양이 결정되며 금본위시대의 실제 1oz는 £4.24(영국), $20.67(미국)로 평가되어 있었다.

둘째, 각국 정부는 국가 간에 금의 자유로운 유출 · 입을 허용해야 한다.

셋째, 각국 정부의 중앙은행은 금의 유입(유출)에 따라 국내통화공급을 자동적으로 증가(감소)시켜야 한다.

금본위제도에서 금의 순유입은 국제수지의 흑자이고, 금의 순유출은 국제수지의 적자이다. 만일 한 나라의 금이 외국으로 유출되어 국제수지가 적자 상태가 되었다고 하자. 금의 순유출은 통화량의 감소를 의미한다. 통화량의 감소는 다음 두

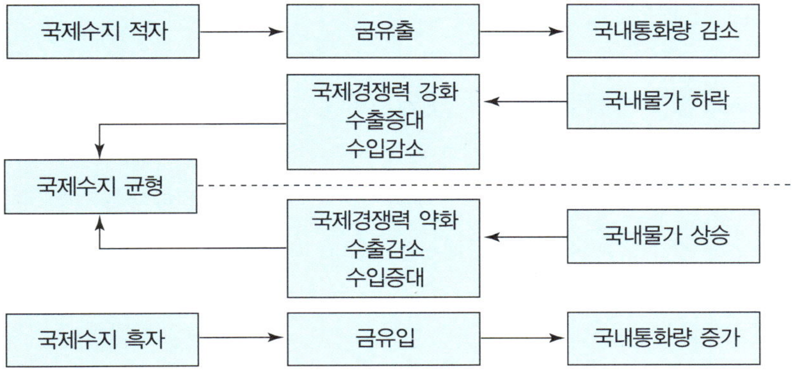

그림 9-1 **금본위제도와 국제수지의 자동조정 메커니즘**

가지의 경제적 의미를 내포한다. 첫째, 한 나라의 통화량의 감소는 물가수준을 하락시켜 수출이 증가하고 수입이 감소한다. 둘째, 한 나라의 통화량의 감소는 이자율을 상승시켜 외국으로부터의 자본의 유입을 촉진시킨다. 따라서 국제수지의 적자는 자동적으로 개선되어 균형상태로 복귀된다. 똑같은 논리로 국제수지의 흑자도 자동적으로 해소되어 균형상태로 돌아간다. 이와 같이 금본위제도에서 국제수지의 불균형은 자동 조절되므로 통화를 평가절하하거나 평가절상할 필요가 없다. 금본위제도는 제1차 세계대전이 시작되기 전까지 국제통화제도로서의 역할을 담당하였다.

5절 브레튼우즈 체제(Bretton Woods System, 1945~1976)

제2차 세계대전 후의 세계경제를 위기에서 구출하고 새로운 국제통화 질서를 수립하기 위해 1944년 7월 미국 뉴햄프셔 주의 Bretton Woods에서 연합국 44개국 대표들이 모여 IMF와 IBRD를 설립하기로 합의하였다. 브레튼우즈 체제는 양차대전 사이에 있었던 평가절하 경쟁을 지양하고 보다 안정된 환율제도를 유지하며, 동시에 외환에 대한 제한조치를 철폐함으로써 국제무역의 확대와 균형적 발전을 도모하고자 함에 그 기본 목적이 있다. 세계 각국이 금본위제를 다시 채택할 수 없는 상황이었으므로 어떻게 하면 금본위제에서와 같이 환율을 안정시키면서 국제수지를 조정할 수 있겠는가 하는 방안이 주요 관심사였다.

브레튼우즈 체제는 '조정 가능한 고정환율제도'를 통해 환율을 안정시키고 국제수지의 불균형을 해소시킴으로써 국제무역을 증진시킬 것을 목적으로 하였다. 이 체제는 1960년대까지 그런 대로 환율의 안정을 유지하면서 세계무역의 증진에 기여해 왔으나 근본적으로 안고 있던 문제점인 국제 유동성 확보와 통화의 신뢰성 확보라는 상호 모순되는 유동성 딜레마(liquidity dilemma) 때문에 1970년대 초에 급격히 붕괴하였다.

1. 국제통화기금(IMF)

IMF(International Monetary Fund: IMF)는 1930년대에 나타난 각국의 경쟁적인 외환조작과 무역통제를 제거하고, 두 차례에 걸친 세계대전을 통해 경험한 국제통화와 외환의 불안정을 지양하기 위해서, 또 국제수지의 균형을 도모함과 동시에 단기적 국제수지 불균형국가에 외화자금을 공여하며, 외환율의 조정, 외환제한의 실시를 제한함으로써 다국적 결제제도의 확립과 세계무역의 발전에 기여하기 위해 1946년 창설되었다.

IMF의 주요목적은 국제통화협력의 증진, 외환의 안정, 통화의 자유교환성 확립 및 국제 유동성의 원활화, 그리고 국제무역의 확대와 세계경제의 균형적인 성장을 위해 국제적으로 협력하는 데 있다. 즉, IMF는 외국환시세의 안정과 환거래의 자유를 확립하여 통화 문제로 야기되는 무역장애를 제거함으로써 국제무역의 균형적인 발전을 도모하려는 국제금융기구이다.

2. 국제부흥개발은행(IBRD)

국제부흥개발은행(International Bank for Reconstruction and Development: IBRD)은 세계은행(World Bank)이라고도 하며 IMF와 더불어 1944년 7월 브레튼우즈 회의에서 채택된 IBRD 협정에 의거하여 설립된 국제금융기구를 말한다. IBRD는 전쟁으로 파괴된 경제의 부흥과 저개발지역의 개발원조를 목적으로 하는 국제적인 장기투자기관으로서 국제민간자본의 원활한 이동과 국제투자의 합리적 촉진을 도모하고 있다.

IBRD의 주요목적으로는 가맹국의 정부 또는 기업에 융자하여 경제·사회 발전에 기여하고 국제무역의 확대와 국제수지의 균형을 도모하며 저개발국 또는 개발도상국에 대하여 기술원조를 제공하는 것이다.

6절 킹스턴 체제(Kingston System, 1976~현재)

1. 변동환율체제

IMF의 창설과 함께 출범한 브레튼우즈 체제는 국제 유동성 문제와 국제수지의 조정문제 등으로 몇 차례의 진통을 겪다가 1971년 달러에 대한 금태환을 공식적으로 부정한 닉슨 성명을 기점으로 붕괴되기에 이르렀다. 1971년 미국 달러화에 대한 금태환 정지가 발표된 이후 대부분의 주요국 통화는 변동환율제로 이행하게 된다. IMF 중심으로 국제통화제도의 개혁에 대한 논의가 거듭되어 오던 중 1976년 자메이카의 킹스턴에서 열린 IMF 잠정위원회에서는 세계각국이 독자적으로 환율제도를 선택할 수 있다고 정식 결의하였다. 이로써 브레튼우즈체제의 고정환율제는 완전히 붕괴되고 새로운 국제통화 체제를 맞이하게 되는데 이를 킹스턴 체제 또는 신 IMF 체제라고 한다.

킹스턴 체제의 특징은, 첫째 고정환율제에서 변동환율제로의 전환, 둘째 미국 달러화를 기축통화로 하는 금·달러본위제도의 폐기와 더불어 세계 주요국의 통화를 국제결제통화로 사용하게 되었다는 점, 셋째 1·2차 오일쇼크로 대표되는 자원파동, 개도국의 외채문제, 남북무역문제, 제3세계 국가들의 대두 등 제반 국제무역 환경의 변화로 IMF·IBRD 등 기존 국제경제기구의 기능과 역할이 크게 확대·변경되었다는 것으로 요약할 수 있다.

2. 협조적 정책공조체제

1) 플라자 협정

1980년대에 들어서면서 미국 달러화의 가치는 외국통화에 대해 급속히 상승하기 시작했다. 미국의 무역수지 적자가 큰 폭으로 증가하면서 미국의 경상수지 적자를 완화시키기 위해 달러화의 가치를 다른 주요국들의 통화에 대해 하락시키도록 공동의 노력을 할 것에 합의하였다. 1985년 2월 미국 뉴욕 플라자 호텔에서의 G-5

회의에서 플라자 협정(Plaza Accord)을 마련했는데, 미국 달러화의 평가절하 유도를 위해 G-5 중앙은행이 공동으로 외환시장에 개입하기로 하였다. 이는 환율조정을 위해 선진국들이 공동노력을 시작하였고, 국제적인 공동보조 즉 공조체제가 가동하기 시작하였음을 뜻한다.

2) 루브르 협정

플라자 협정 이후 수년간 지속된 미국 달러의 평가절하로 인해 선진국들 간의 새로운 국제공조가 필요하게 되었다. 1987년 파리에서 개최된 G-6 정상회담의 루브르 협정(Louvre Accord)에서 보여진 국제적 공조협력의 결과는 목표환율대역을 설정하고 환율이 목표대역을 벗어나면 중앙은행들이 공동으로 외환시장에 개입한다는 것이었다. 환율안정을 위해 선진국들에게 보다 긴밀하게 상호 공조하도록 한 이유는 민간자본의 국제이동 규모가 크게 증가하여, 개별국가들이 자국통화의 가치하락을 안정시키기 위해 필요한 외환지급준비금에 대한 수요가 크게 증가하였기 때문이다.

루브르 협정을 통해 등장한 국제통화제도는 변동환율체제를 기반으로 하되, 주기적으로 적정목표 환율대역을 공식적으로 알리고, 환율이 목표대역을 벗어나면 중앙은행들이 공식적으로 개입한다는 것이었다. 이러한 정부개입 위협은 환율의 안정성을 제고시켰다. 즉, 통화가 목표대역에서 벗어나면 중앙은행의 달러 구입 규모가 커질 것으로 예상한 투자자들이 통화를 구입함으로써 통화가 목표대역 안으로 재진입하는 것을 유도하는 효과가 있다.

플라자 협정과 루브르 협정은 협정 자체의 실효성이나 영향력뿐만 아니라 선진국들이 국제적으로 거시경제정책의 조화를 시도했다는 점에서 매우 중요한 의미를 갖는다고 할 수 있다.

용어 정리

▶ **고정환율제도(Fixed Exchange Rate System):** 정부가 환율을 일정 범위 내로 고정시킴으로써 환율 안정을 도모하는 제도이다. 이와 상대되는 개념으로 변동환율제도가 있다. 최근 대부분의 나라에서는 변동환율제도를 채택하고 있으나 현실적으로 완전한 자유변동환율제도를 택하는 나라는 거의 없으며, 자국 화폐의 환율결정을 외환시장의 수급에만 의존하지 않고 정부가 직접 또는 간접적으로 규제하는 관리변동환율제도를 채택하고 있다. 고정환율의 장점은 ① 국내 인플레이션과 신용 확대에 쉽게 대처할 수 있으며 ② 환율이 안정되어 환율불균형에 의한 자본 이동의 폐해를 방지할 수 있다는 것이다.

[http://www.hankyung.com]

▶ **변동환율제도(Floating Exchange Rate System):** 각국의 통화가치를 고정시키지 않고 외환시장의 수급상태에 따라 자유로이 변동하도록 하는 제도이다. 1978년 4월 출범한 킹스턴 체제에서 IMF는 각국에 환율제도의 선택재량권을 부여함으로써 변동환율제를 사실상 인정하였다.

[http://mk.co.kr]

▶ **채권(Bond):** 국가, 공공단체, 회사 등이 널리 일반대중으로부터 일시에 대량의 자금을 조달하고, 그 반대급부로 조달원금의 상환과 이자지급 등의 조건을 명확히 표시하여 발행하는 일종의 차용증서이다. 채권의 발행을 일상적인 금전의 대차관계에 비유하면, 발행자는 채무자가 되고, 채권을 보유하는 투자자는 채권자, 채권은 차용증서에 해당한다.

[http://www.donga.com]

시사 읽을거리

휴 록오프의 '오즈의 마법사' 해석

경제학자인 휴 록오프(Hugh Rockoff)는 1990년 발표한 논문 「The Wizard of Oz as a Monetary Allegory」에서 「오즈의 마법사」의 등장인물과 소재를 다음과 같이 해석했다.

"마법사의 이름인 오즈(Oz)는 금 등의 무게를 재는 단위인 온스(ounce)의 약자이다. 주인공 도로시는 미국의 전통적인 가치관을 나타내고 있으며, 허수아비는 가난한 농민, 양철 나무꾼은 산업 노동자, 그리고 소리만 크고 겁 많은 사자는 힘없는 정치가를 의미한다. 서쪽에서 불어 닥친 회오리바람은 금본위제와 금 · 은본위제에 대한 정치적인 대립을 의미한다. 도로시가 은구두를 신고 노란 벽돌길을 걷는데, 여기서 은구두는 모든 소원을 이루어주는 은본위제, 노란 벽돌길은 금본위제를 뜻한다. 도로시와 친구들은 화폐를 의미하는 초록색 안경을 통해 세상을 보는 에메랄드 시(워싱턴 시)에 도착하는데, 마법사 오즈를 만나기 위한 험난한 여행길은 금본위제하에서 디플레이션으로 인한 고난을 의미한다."

금이 귀해 디플레이션이 유발되었기 때문에 당시 보유량이 풍부했던 은을 화폐의 기준으로 삼으면 인플레이션이 촉진되면서 경제가 살아날 것이라는 주장을 담은 것이다.

[http://monkeymoney.tistory.com/523]

[한상춘의 '국제경제 읽기'] 제2 브레튼우즈 체제에서 新플라자 체제로

국제통화기금(IMF) 연차총회를 앞두고 1970년대 이후 약 30년 이상 유지돼 온 '제2 브레튼우즈 체제' 를 종식하고 신플라자 체제를 태동시켜야 한다는 요구가 강하게 일고 있다.

브레튼우즈 체제란 1944년 IMF 창립 이후 미국 달러화를 기축통화로 삼았던 금환본위 제도를 말한다. 이 제도하에서는 미국의 달러화만이 금과 일정한 교환비율을 유지하고 각국 통화는 기축통화와의 기준환율을 설정 · 유지해 세계무역에 기여했다. 같은 맥락에서 제2 브레튼우즈 체제란 1971년 당시 닉슨 미국 대통령의 금태환 정지선언 이후 '강한 달러-약한 아시아 통화' 를 골간으로 미국과 아시아 국가들 간의 묵시적인 합의하에 유지해 온 환율제도를 의미한다. 미국이 자국의 절대적인 희생을 바탕으로 이 체제를 유지해 온 데는 아시아 국가들의 경제발전을 도모하고 공산주의 세력 확장을 방지하고자 했던 의도가 깔려 있었다. 시각 차가 있으나 제2 브레튼우즈 체제는 이런 미국의 의도를 달성한 것으로 평가된다. 일부에서 제2 브레튼우즈 체제를 2차 대전 이후 폐허가 된 유럽의 부흥과 공산주의 세력 확장을 막기 위해 미국이 지원했던 '마셜 플랜' 의 또 다른 형태라고 부르고 있는 것도 이런 이유에서다.

그후 제2 브레튼우즈 체제에 균열이 보이기 시작한 때는 1980년대 초다. 아시아 통화에 대한 의도적인 달러화 강세로 미국의 경상수지 적자가 더 이상 용인할 수 없는 수준에 이르렀다. 당시 레이건 행정부는 여러 방안을 동원했으나 결국은 선진국 간 미 달러화 약세를 유도하기 위한 플라자 합의로 이 문제를 극복할 수 있었다. 제2 브레튼우즈 체제가 또 한 차례 균열을 보이게 된 계기는 1995년 4월 달러화 가치를 부양하기 위한 역(逆)플라자 합의와 아시아 외환위기다. 역플라자 합의에 따라 미 달러화 가치가 부양되는 과정에서 외환위기로 아시아 통화가치가 환투기로 폭락하면서 '강한 달러-약한 아시아 통화' 간의 구도가 재연됐다. 특히 중국이 위안화 가치를 고정시킴에 따라 제2 브레튼우즈 체제는 1970년대보다 더 강화된 모습을 띠었다.

그 결과 미국의 경상수지 적자 문제가 다시 불거지기 시작하면서 올해는 6,000억 달러를 상회할 것으로 예상돼 1980년대 초 상황이 재연되고 있다.

그렇다면 제2 브레튼우즈 체제가 붕괴되고 플라자 체제가 다시 올 수 있는 것인가. 결론부터 말한다면 앞으로 플라자 체제가 다시 온다 하더라도 명시적인 합의 형태를 띠기는 어려워 보인다. 1980년대와 달리 세계 각국 간의 경기회복세 차이로 일방적으로 달러화 약세를 용인하기 힘든 상황이기 때문이다. 또 미국의 경상수지 적자 내용도 많이 변했다. 1980년대에는 미국 경상수지 적자의 주범이 일본을 비롯한 선진국이었으나 최근에는 중국을 비롯한 아시아 국가이다. 따라서 신플라자 체제는 명시적이기보다는 묵시적으로 달러 약세를 유도하는 중심통화도 엔화를 비롯한 신진국 통화보다는 위안화를 비롯한 아시아 통화에 초점이 맞춰질 가능성이 높다. 신플라자 논의와 함께 아시아 국가들의 환율 모형(template)으로 바스켓 제도가 부각되고 있는 것도 이런 이유에서다.

[한국경제 2005년 9월 19일자]

제4편

국제 경영

제10장

세계화와 글로벌 기업

1절 다국적 기업의 정의와 유형

1. 다국적 기업의 정의

다국적 기업(multinational enterprise)은 그 내용과 활동 및 기능의 복잡성으로 인하여 통일적인 개념을 규정할 수 없다. 실제로 다국적 기업은 국제적인 조직이나 활동형태에 따라 국제기업(international company) 혹은 세계기업(world business) 등 다양한 명칭으로 불리고 있을 뿐만 아니라 이에 대한 개념도 다양하다. 즉, 다국적 기업은 보는 시각에 따라 여러 가지로 분류되고 정의될 수 있을 것이다.

피터 드러커(P.F. Drucker)에 의하면, '다국적 기업이란 공간적 제약요인을 초월하여 세계적 규모로 기업활동을 기획하고 관리하며 세계 어디에서나 제조·판매가 가능한 기업' 이라고 하였으며, 로빈슨(R.D. Robinson)은 다국적 기업을 '해외사업과 국내사업을 동격으로 취급하는 기업' 이라고 정의하였다.

비즈니스 위크(Business Week)는 다국적 기업을 다음과 같이 설명하고 있다. "다국적 기업은 국내지향적 기업이 아니고 국제적인 활동을 하는 기업이다. 그것은 다음 두 가지 점에서 합격하지 않으면 안 된다. ① 적어도 한 곳 이상의 정착된 제조거점 또는 기타 형태로 된 직접투자를 가지고 있을 것, ② 경영자는 실질적인 의미에서 글로벌(global)하게 내다보고 시장개척, 생산 및 연구에 관한 기본적인 결정을 세계의 어디에서나 실행할 수 있는 대책으로서 밀고 나가야 하는 것이다."

UN의 다국적 기업 연구그룹에 따르면, "다국적 기업이란 어휘는 2개국 또는 그 이상의 국가에서 자산, 즉 공장, 광산, 영업소 등을 지배하고 있는 모든 기업을 포함하는 광범한 의미로 사용되는 것이며, 외국투자의 주체는 법인에 한정된 것이 아니라 법인 형태를 취하지 않는 국가기업과 협동조합의 경우도 있다."고 설명하고 있다.

2. 다국적 기업의 유형

다국적 기업이 해외에 진출하는 형태에는 여러 가지가 있을 수 있지만 일반적으로 다음의 네 가지 유형으로 구분된다.

① 시장 확보형: 제품시장의 확보를 목적으로 하는데, 이것은 기존시장을 개척하여 확대하려는 경우와 관세나 수입허가제 같은 수출장벽이 강화됨에 따라 시장방어를 목적으로 진출하는 방법
② 노동력 확보형: 현지의 임금이 낮고 세제가 유리한 경우 이를 이용하여 유리한 산업입지를 획득하려는 목적으로 해외에 진출하는 방법
③ 원자재 확보형: 자국 내에서 원자재를 충분히 조달할 수 없거나 부족한 기초자원을 확보하기 위하여 해외에 진출하는 방법
④ 국제협력 지향형: 선진국이 개발도상국의 경제안정이나 경제개발을 원조하는 입장에서 국제협력을 하려는 목적으로 해외에 진출하는 방법

이상에서 다국적 기업의 해외진출 유형을 네 가지로 분류하여 살펴보았지만, 일반적으로는 어느 특정한 목적 하나만을 가지고 진출하지 않고 복합적인 목적으로 진출하는 경우가 많다.

2절 다국적 기업의 경제적 효과

다국적 기업의 해외투자에는 여러 가지 투자동기와 조건이 주어져 있다 하더라도 외국투자에 의하여 나타나는 경제적·정치적 효과를 무시할 수는 없다. 오늘날의 다국적 기업은 투자국과 현지국은 물론, 세계경제 전체에 많은 영향을 미치고 있다. 여기서는 다국적 기업의 경제적 영향을 세계경제에 미치는 영향과 투자국 및 현지국에 미치는 영향으로 구분하여 그 긍정적 측면과 부정적 측면을 살펴보겠다.

1. 세계경제에 미치는 영향

다국적 기업의 가장 큰 경제적 효과는 국제적인 자원배분에 의한 효율성의 증가를 들 수 있다. 즉, 각 국가들이 자신들의 경쟁력 있는 산업에 특화하여 국제적인 분업체제를 구축하게 됨으로써 적재적소에 자원을 효율적으로 배분시키는 효과를 가져온다. 이 밖에도 다국적 기업들은 투자대상국(현지국) 종업원을 훈련시켜 현지 공급자 및 구매자를 통해 기술을 이전시키고 경영능력 및 연구개발에 있어서 규모의 경제를 실현시켜 현지국 시장의 경쟁유발 등 세계경제의 효율성을 높이는 역할도 수행한다. 나아가서는 국가 간의 긴밀한 연계를 통하여 세계 자본의 생산성을 증대시키고 세계 경제 후생의 증대를 가져온다.

그러나 다국적 기업에 의해 유발된 과잉투자는 자원의 낭비를 초래하고 무역장벽 등에 의한 효율적인 자원배분의 저해를 가져오기도 한다. 또한 해외투자의 이익이 현지국에 빈약하게 분배됨으로써 저개발국의 경제발전을 위해 이용될 수 있는 경제적 잉여가 다국적 기업에 의해 유출되는 등의 경제적 왜곡 효과를 가져올 수 있는 가능성도 존재한다.

2. 투자국에 미치는 영향

투자국은 해외 직접투자를 통해 인력, 자본, 경영기술 등 생산자원 활용을 통한 기업이윤과 요소소득을 해외에서 획득하게 된다. 또한 자국 내에서 확보가 불가능한 기술이나 천연자원, 그리고 저임금 노동력과 같은 생산요소를 확보할 수 있다. 이는 결과적으로 자국의 국제수지를 개선하는 효과를 가져올 수 있으며 세계무역의 빠른 변화에 효율적으로 대처해 나갈 수 있도록 국내 산업의 유연성을 증가시킬 수 있다.

그러나 해외 직접투자는 기업이 자본을 가지고 해외에 진출하기 때문에 투자국의 이용 가능한 국내 자본이 그만큼 줄어들게 된다. 이것은 때로는 투자국의 생산기반을 위축시켜 산업공동화와 실업을 유발시켜 투자국의 국제 경쟁력을 약화시킬 수 있다. 또한 해외에 진출한 자국 기업이 자사의 이익만을 위해 본국의 통제를 벗어나 독자적으로 활동하여 현지국과 충돌을 빚는 경우, 투자국에게 정치·외교적인 부담을 줄 수 있는 위험요소도 존재한다.

3. 현지국(피투자국)에 미치는 영향

현지국은 외국인 직접투자를 받아들임으로써 경제성장 효과와 고용증대 효과를 기대할 수 있다. 즉, 대규모 자본조달에 의한 현지국의 자본부족을 완화하고, 다국적 기업의 진출에 의한 고용증대 효과는 현지국 노동력의 전반적인 기술수준 향상에도 기여한다. 또한 외국인 직접투자는 요소소득을 증대시키고 선진기술과 경영을 전파시키는 매개체 역할을 하여 현지 국내 자본형성을 자극하는 역할을 한다. 이 같은 기술파급 효과는 개발도상국의 기술수준 향상과 이를 통한 경제개발 촉진에 기여할 뿐만 아니라 신기술의 개발 및 확산에 크게 기여하고 있다.

그러나 다국적 기업은 본질적으로 자신의 이익을 추구하기 때문에 현지국의 이익과 충돌할 가능성이 항상 존재한다. 다국적 기업이 자원채취산업에 집중투자하는 경우에는 기술 및 경영의 전수 효과가 적고, 현지 국내 산업에 대한 연관 효과 및 소득 효과도 크지 않다. 또한 사치성 산업, 비생산성 서비스산업에 투자하면 경제의 균형적 발전이 저해되며, 국내자본 형성을 저해한다. 외국인 직접투자로 인한 일정한 기술이전 효과가 있는 것은 사실이지만 그 효과가 제한적인 경우도 많다. 만일 기술적인 해외의존도가 지나치게 커질 경우 현지국의 자체기술 개발잠재력을 훼손할 수 있는 가능성도 존재한다.

용어 정리

▶ **경제적 잉여(Economic Surplus)**: 생산량과 소비량 간의 차이이다. 바란(Baran)에 의하면 후진국에서는 투자재원이 부족한 것이 아니라 잠재적 투자재원이 큼에도 그것이 잘못 사용되므로 후진성을 면하지 못한다고 한다. 이것을 나타내기 위해 바란은 현실적 경제잉여와 잠재적 경제잉여의 개념을 구분하였는데 잠재적 경제잉여란 주어진 자연적·기술적 환경과 생산자원하에서 생산할 수 있는 생산 가능량과 필수적 소비 간의 차이를 가리키는 것으로 그 사회구조를 합리적으로 개선함으로써 현실적 경제잉여를 잠재적 경제잉여의 수준으로 끌어올릴 수 있다고 한다. 즉 경제잉여의 개념은 단순히 생산과 소비 간의 차이를 나타낼 뿐, 그것이 어떻게 생산되는가의 분석을 결여함으로써 통계적인 계량화에는 도움이 되나 사회 내의 갈등과 모순 즉 현실의 운동을 파악하는 데는 문제가 있다.

[http://mk.co.kr]

▶ **서비스산업(Service Industry)**: 1차산업·2차산업의 발전을 기초로 하여 서비스를 생산하는 것이 3차산업이다. 상업·금융업·보험업·운수업·통신업·관광업·광고업 등이 이에 속한다. 이 산업의 종사자는 자본주의의 발전과 함께 증가하고 있다. 이는 생산과정의 발전에 따른 유통 부문의 확대를 의미하는 동시에, 신규 졸업자나 소농가의 젊은 노동자들이 서비스업에 유입됨을 뜻한다.

[http://www.naver.com]

▶ **해외 직접투자(Foreign Direct Investment)**: 해외에서 경영지배 또는 통제권을 행사함으로써 직접 사업을 수행하기 위하여 투자하는 것을 의미한다. 따라서 해외 직접투자에는 자본뿐 아니라 제품, 기술, 특허, 경영관리능력 등과 같은 각종 경영자원의 이동이 동시에 일어나는 것이 특징이다.

[어윤대, 국제경영, 2002]

시사 읽을거리

다국적 기업 유럽으로 '발길'

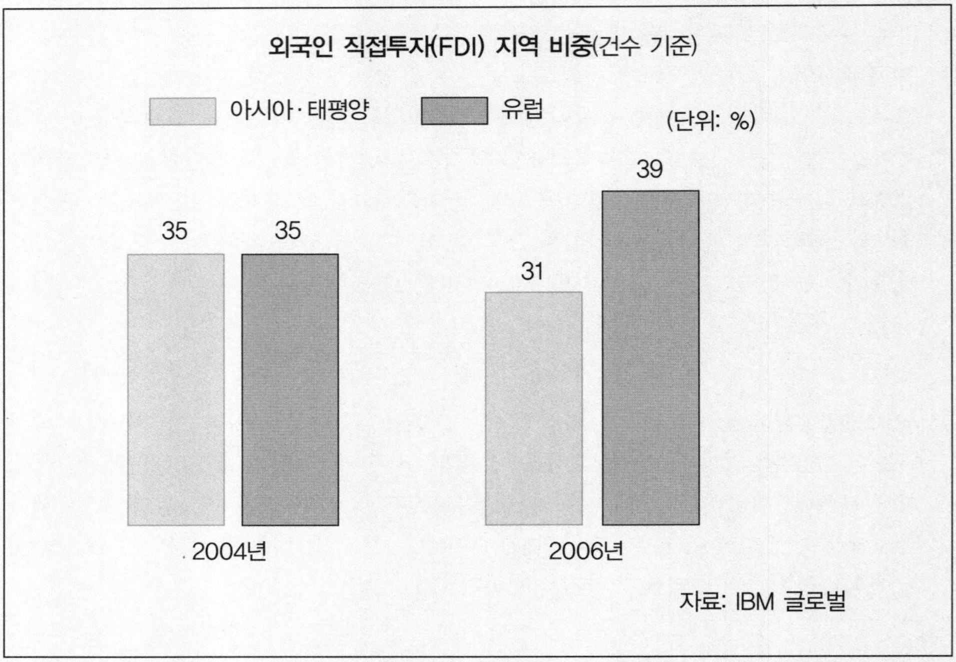

다국적 기업들의 해외투자 대상 지역으로 아시아의 인기는 시들해지고 있는 반면 유럽의 인기는 점점 올라가고 있는 것으로 나타났다.

파이낸셜타임스(FT)는 18일 IBM의 컨설팅 자회사가 실시한 외국인 직접투자(FDI) 현황 조사 결과를 인용, 다국적 기업의 FDI가 싼 임금으로 대표되는 아시아·태평양 지역에서 고객과 각종 납품업체가 풍부한 유럽 쪽으로 방향을 틀고 있다고 보도했다.

이 같은 움직임은 최근 몇 년 동안 다국적 기업들이 인도, 중국 등 임금이 싼 아시아 국가로 제조 및 서비스업을 집중적으로 아웃소싱했던 관행과 역행하는 것이어서 주목된다.

IBM 조사에 따르면 유럽은 지난해 전세계 FDI의 39%(건수 기준)를 유치, 31%에 그친 아시아·태평양 지역을 따돌렸다. 북미는 18%를 차지했으며 2004년의 경우 유럽과 아시아는 똑같이 35%를 점했었다. 유럽 중에서는 영국이 가장 많이 유치해 유럽 전체의 4분의 1이 넘는 FDI가 영국으로 갔고 다음은 프랑스로 19%였다.

영국은 특히 연구개발 분야 투자를 많이 유치했다. FT는 영국, 프랑스 등 서유럽 국가들이 연구개발 분야에서의 강점을 토대로 다국적 기업의 진출 무대로 다시 각광을 받고 있다고 전했다.

IBM 관계자는 "최근 글로벌 경제 붐으로 기업 경기가 좋아지면서 다국적 기업들이 단순히 생산지로서 임금이 싼 국가만을 찾아 다니던 관행에서 벗어나 고객과 납품업체 등이 풍부한 유럽 지역으로 대거 진출하고 있다."고 설명했다.

한편 투자 금액 면에서는 아직도 중국이 가장 많은 FDI를 유치, 총 FDI의 12.5%를 점하고 있는 것으로 나타났다.

[한국경제 2006년 9월 19일자]

제11장

해외시장 진입과 국제 마케팅

1절 해외시장 진입 방법

1. 수출

수출은 기업이 해외활동을 시작하는 초기단계에서 이루어지며, 기업의 해외활동 유형 중 가장 위험도가 낮은 형태라 할 수 있다. 즉, 라이센싱이나 직접투자에 비해 기술유출의 위험이 낮고 상대적으로 적은 자본의 투입이 이루어지기 때문에 위험의 정도도 상대적으로 낮다고 할 수 있다.

1) 간접수출(Indirect export)

제조기업 자체 내의 특수활동에 의해 해외시장에 제품이 판매되는 것이 아니라 타인 또는 타 기업에 의해 이루어지는 형태이다. 이는 사실상 제조기업의 입장에서 국제개입(international involvement)을 하지 않고 있는 형태이다. 제조기업의 입장에서는 다른 수출업자나 수출대리인을 통해 상품수출을 하기 때문에 투자비용과 위험이 적다는 장점이 있다.

2) 직접수출(Direct export)

제조기업이 수출업무(export task)를 직접 수행하는 형태이다. 여기에서 수출업무는 해외시장의 선정, 목표시장에 있어서 거래 당사자 선정, 거래 상대방에 대한 통제 그리고 물적유통 및 수출서류 작성 등을 포함한다.

2. 라이센싱

국제 라이센싱(International licensing)이란 상표, 기술적인 과정 또는 노하우 등 공업소유권과 상업적 자산의 사용을 대가를 받고 해외기업에 허가해 주거나 대여해 주는 해외진출 방식이다. 지적재산권을 사용할 수 있는 권리를 제공하고 그 대가로 일정한 로열티(royalty) 또는 수수료(fee)를 수수하는 형태로 대표적인 예로 국제기술이전계약이 이에 해당한다. 이러한 라이센싱은 해외 직접투자에 비해 상대적으로 적은 위험과 비용으로 해외시장에 쉽게 침투할 수 있다는 장점이 있다. 따라서 이 방식은 해외 직접투자를 시행할 만한 자본력이나 경영능력이 없지만 우수한 기술력을 보유하고 있는 기업들이 효과적으로 활용할 수 있는 방식이다.

그러나 라이센싱은 기술에 대한 통제력이 약화되고 비밀유지가 힘들어지는 등의 위험이 존재한다. 또한 라이센싱 공여자는 기술적 우위를 계속 유지하기 위하여 기술에 대한 투자를 계속하여야 하는 부담을 안게 되는 등의 문제도 발생할 수 있다.

3. 프랜차이징

프랜차이징(franchising)이란 특정기업이 보유하고 있는 유명상표 또는 상술에 대한 이용권리를 부여하고 특정한 방식으로 영업을 할 수 있는 권리를 제공하는 대신 일정한 로열티를 받는 형태를 말한다. 라이센싱과의 차이점은 라이센싱은 일정기간 동안 기술이나 브랜드만을 공여하는 것에 비해 프랜차이징은 기술이나 브랜드 이외에 품질관리·경영방식·조직운영 등에 대한 지원을 통하여 직접적으로 관리·통제하게 되므로 수직적으로 결합된 하나의 기업과 같은 특성을 나타낸다. 프랜차이징은 패스트푸드·호텔 등의 서비스산업에 많이 이용되고 있으며 이러한 경우 제품·가격·유통 등 포괄적인 마케팅을 제공함으로써 소비자가 본사와 동일한 제품·서비스를 제공받는 것을 목표로 한다.

프랜차이징은 적은 자본으로 해외시장으로의 신속한 확산이 가능하면서 표준화된 마케팅 전략의 사용이 가능한 장점이 있다. 또한 가맹점도 이익을 창출할 수 있는 기회를 가지므로 동기부여가 가능하기 때문에 일반적으로 효율적인 운영이 가능하다. 그러나 프랜차이징 본사가 획득할 수 있는 이익에 한계가 있으며 가맹점 운영에 있어서 완벽한 통제가 불가능하기 때문에 향후 경영노하우를 획득한 가맹점이 경쟁자로 등장할 수 있는 등의 위험이 존재한다.

4. 해외 직접투자

해외 직접투자(foreign direct investment: FDI)는 일반적으로 더 많은 비용이 들기 때문에 위험도가 가장 높은 형태의 해외진출 방식이지만, 기업의 국제경영활동 중에서 가장 중심이 되는 해외진출 형태이기도 하다. 해외 직접투자의 방식은 다른 기업과 협력 여부에 따라 단독투자와 합작투자로 구분한다. 또한 기업을 새롭게 신설하는가 아니면 기존의 기업을 매수하는가에 따라 기업신설형 투자와 M&A를 통한 투자로 구분된다.

1) 단독투자와 합작투자

단독투자란 기업 자체적으로 다른 기업과 협력하지 않고 현지에 기업 혹은 공장을 설립하는 경우를 의미한다. 해외 직접투자는 그 소유 지분이 100%인가 아니면 그 미만인가에 따라 단독투자와 합작투자로 나누어진다. 그러나 일반적으로 현지 자회사에 대한 의결권의 95% 이상을 모회사가 소유하고 있는 경우 단독투자가 이루어진 것으로 파악한다. 단독투자의 장점은 모기업을 중심으로 한 일사분란한 경영체제 확립이 가능하며 이를 통한 강력한 통제권을 행사할 수 있다는 것이다. 또한 기업 정책이나 비전의 일관성을 유지할 수 있는 장점이 있다.

합작투자란 2개 이상의 기업이 협력하여 기업을 설립하거나 인수하여 기업의 운영에 공동으로 참여하는 형태를 말한다. 현지 기업과의 합작투자는 현지 시장정보 획득에 유리할 뿐만 아니라 현지기업이 받을 수 있는 여러 가지 제도상의 혜택을 누릴 수 있다. 그 외에 합작투자의 장점으로는 투자에 필요한 자금 등을 합작 파트너와 나누어 충당할 수 있고, 현지국에서의 외국비용(cost of foreignness)을 절감함으로써 정치적 위험을 줄일 수 있으며, 합작 파트너의 마케팅 능력을 적극 활용할 수 있다는 점 등을 들 수 있다.

2) 신규설립 투자와 M&A를 통한 투자

해외 직접투자의 방식이 기존기업을 매입하는 방식이냐 아니면 새로운 신규창업을 하느냐에 따라 M&A(mergers and acquisitions) 방식과 신규설립 투자 방식으로 구분된다. M&A란 기존에 사업을 영위하고 있는 기업을 인수하여 현지시장에 진출하는 방식을 의미한다. 이 경우에도 기업이 단독으로 현지기업을 인수하게 될 경우 단독투자가 되고, 다른 기업과 함께 M&A를 행하는 경우 합작투자가 된다. 기업들이 M&A를 통하여 현지시장에 진출하는 이유는 현지기업이 보유하고 있는 특정자산을 획득하고 이를 자사의 자산과 결합시켜 시너지 효과를 창출하기 위해서이다. M&A를 통한 진출방식의 장점은 현지시장에 신속하게 진입할 수 있으며, 진입에 드는 비용을 상당히 절감할 수 있다는 점이다. 또한 앞서 설명했듯이 기존 현지기업이 가지고 있는 생산요소 및 기술, 노하우를 습득할 수 있어서 자사의 역량과 결합하여 경쟁력을 유지하거나 강화시킬 수 있다. 그러나 M&A를 통한 진출방식은 인수대상 기업의 장점뿐만 아니라 문제점도 동시에 인수하게 되며, 인수가격의 산정과 절차의 복잡성으로 인해 때로는 과도한 인수자금을 소비하는 경우도 있다. 인수 후의 기업문화 차이로 인한 문제점도 사전에 반드시 고려해 봐야 하는 운영상의 과제이다.

2절 국제 마케팅

1. 국제 마케팅의 개념과 의의

국제 마케팅(international marketing)은 한 기업의 재화 및 용역이 한 나라 이상의 소비자 및 사용자에게로 이동되는 영업활동의 수행을 말하는 것으로 한 나라 이상의 국경을 넘어선 기업의 마케팅 활동이다. 국제 마케팅은 국내 마케팅과 달리 마케팅 활동이 이질적인 환경을 가지고 있는 해외에서 이루어지기 때문에 시장기회가 확대됨과 동시에 위험 또한 증가하는 특성을 가지고 있다. 국내 마케팅 단계에서 해외 마케팅 단계로의 전환은 기업의 중요한 성장기회인 동시에 기업의 성장을 확실히 해 주는 주요 수단이 된다.

앞 장에서 살펴본 바와 같이 기업이 해외시장에 진출할 때 초기에는 주로 수출을 통하여 진출한다. 따라서 마케팅도 초기에는 수출 마케팅의 단계에서 확대 과정을 거치면서 국제 마케팅의 단계로 접어들게 된다. 이러한 국제 마케팅의 전개 과정을 살펴보면 다음과 같다.

1) 국내시장 지향 단계

아직 수출이 행해지지 않은 단계로 기업의 성장동기를 국내시장에서 찾는 경우이다. 점차 국내시장의 경쟁 격화로 인하여 이윤이 감소되고 기업의 잉여 생산량의 소화를 위해서 해외로 눈을 돌리게 된다.

2) 해외시장 지향 단계

수출을 기점으로 마케팅의 시야를 해외로 돌리기 시작하는 단계로서 수출 마케팅이 새로운 활동으로 등장하는 단계이다. 그러나 아직까지 국내시장의 중요성을 간과할 수 없는 단계로 해외시장을 시험한다.

3) 국제시장 지향 단계

국내시장도 국제시장의 한 부분으로 여기고 지속적인 해외 마케팅을 이행하는 단계이다. 수출량이 급속히 증가함에 따라 점차적으로 수출 마케팅의 중심이 현지 마케팅의 개념으로 전환되면서 국제 마케팅의 단계로 이행된다.

2. 국제 마케팅 믹스

마케팅 믹스(marketing mix)란 기업이 국내외의 통제불가능한 환경변화에 대응하기 위하여 기업 내부에서 통제할 수 있는 모든 요소들을 유기적으로 혼합·조정·통합하는 활동을 말하는 것으로 기업 내의 통제가능한 요소로는 제품(product), 가격(price), 유통경로(place), 촉진(promotion)을 들 수 있다. 고객의 욕구와 시장의 필요를 충족시키는 목표를 달성하기 위한 마케팅 도구인 이들 4가지 요소를 4P라고 한다.

1) 국제제품 전략(Product)

제품은 마케팅 믹스 요소 중에서 가장 중요한 것으로 국제시장에서 소비자의 욕구를 충족시킬 수 있는 제품을 공급하는 것이 주 목적이다. 국제시장에서는 여러 가지 환경요인과 문화적 요인에 의해 소비자의 욕구가 더욱 다양하다. 따라서 국내 마케팅보다 더욱 복잡한 양상을 띠고 있다고 할 수 있다.

다국적 기업에 의해 채택되는 국제 마케팅 전략으로서의 제품정책은 제품차별화를 기본으로 하면서 다음 두 가지가 중심과제가 된다. 첫째, 각국 시장에 제품을 새로이 도입하는 경우 제품의 적합성과 둘째, 제품의 전 세계적 표준화 정도를 결정하는 문제이다. 적합성의 문제는 다른 문화적 특성이나 시장환경에 대한 신제품의 적합성의 문제이다.

제품이 국제시장에서 표준화되면 세계적으로 생산라인의 표준화를 통하여 규모의 경제를 확보할 수 있기 때문에 단위 원가의 절감을 가져올 수 있으며 통일된 판매계획의 수립이 가능하다. 그러나 각국 시장이 가지고 있는 특수성에 제품을 적용시키지 못한다는 단점도 있다.

2) 국제가격 전략(Price)

국제제품 가격은 해외의 소비자에게 직접적으로 소구할 수 있는 수단으로서 기업의 경쟁력을 확보할 수 있는 무기이다. 가격을 책정할 때 기업은 비용, 수요, 경쟁상태 등 여러 가지 요인을 고려하여 책정하게 된다.

국제가격을 결정하는 방법은 다양하고 복잡하다. 국제가격 결정 전략은 현지국의 수요에 따라서 가격을 결정할 수 있다. 그러나 맹목적으로 시장수요 중심의 가격을 책정할 경우 바람직하지 않을 수도 있으며 때로는 가격을 시장균형가격보다 높거나 낮게 책정하는 것이 효과적일 수도 있다.

다국적 기업은 국제적으로 구체적인 가격전략을 전개함에 있어서 다음 사항을 고려해야 한다.

① 전체 마케팅 믹스에 있어서의 경쟁의 정도
② 전 세계적으로 통일된 가격을 설정할 것인가, 각국에 차별화 전략을 시행할 것인가
③ 가격선도자가 될 것인가, 가격추종자가 될 것인가
④ 판매촉진을 지향한 가격설정을 중시할 것인가의 여부
⑤ 제품수명주기를 고려한 가격설정을 할 것인가의 여부

3) 유통경로 전략(Place)

전 세계적으로 다수의 다양한 제품을 생산하고 있는 다국적 기업은 최종 소비자에게 제품을 판매하기 위해 다수의 유통경로를 국제적으로 선택하고 최적의 유통경로 믹스를 구성하여야 한다. 다국적 기업이 유통경로의 통제에 직접 나설 것인지

또는 현지 유통업자에게 맡길 것인지는 다음의 요소를 검토한 후 결정해야 한다.

① 비용: 경로의 개발에 소요되는 자본의 투자비용과 경로 유지에 따르는 계속적인 비용을 검토
② 자금의 필요성: 독자적인 경로와 판매요원을 확보하는 데 드는 비용
③ 통제: 가격이나 판매량 및 촉진에 관한 통제 여부
④ 시장의 규모: 판매 가능한 최적 판매량과 적당한 시장점유율의 확보 여부
⑤ 기업과 시장의 특성: 선택된 유통경로 시스템이 당해기업과 시장의 특성에 적합한가의 여부
⑥ 계속성: 기업과 현지 중간 유통업자와의 장기적인 관계의 유지 가능성

4) 촉진 전략(Promotion)

촉진이라 함은 좋은 제품을 만들고 적정가격을 책정하여 그 제품을 목표 시장에 유통시키는 것 이상으로 고객과의 효과적인 의사소통을 하기 위한 커뮤니케이션을 말한다. 이는 최종 소비자, 유통업자 또는 일반 대중에게 자사제품이나 자사에 대한 즉각적인 판매나 긍정적인 이미지를 창출해 내는 모든 활동을 포함한다. 이러한 촉진의 목적은 현재 또는 잠재적인 고객들에게 기업이 제공하는 제품이나 서비스의 편익과 가치를 알려 주고 나아가 고객들에게 자사제품을 구입하도록 설득하는 데 있다.

기업이 우수한 제품을 생산하고, 적절한 가격을 책정하여 시장에 공급한다고 하더라도 소비자를 설득할 수 있는 적절한 촉진 방법을 동원하지 못한다면 성공적인 판매에 실패할 것이다. 따라서 촉진전략은 고객이 자사제품을 구입하도록 효과적인 설득을 하는 커뮤니케이션 활동이라고 할 수 있다.

용어 정리

▶ **공업소유권(Industrial Property):** 특허권 · 실용신안권 · 의장권 · 상표권의 네 가지를 말한다. 공업소유권의 보호를 위한 파리 협약에 의하면 공업소유권은 광의로 해석되어 본래의 공업 및 상업뿐만 아니라 농업 및 채취산업과 포도주, 곡물, 연초엽, 과일, 가축, 광물, 광수, 맥주, 꽃 및 곡분과 같은 모든 제조 또는 천연산품에 대해서도 적용된다. 따라서 공업소유권의 보호는 특허, 실용신안, 의장, 상표, 서비스마크, 상호, 원산지 표시 또는 원산지 명칭 및 부당경쟁의 방지를 그 대상으로 하고 있다.

[http://www.yeslaw.com]

▶ **규모의 경제(Economy of Scale):** 새로운 기술에 대한 고정비가 생산량에 할당될 때 실현된다. 그 결과는 거래당 비용의 감소이다. 예컨대, 주식거래 과정의 자동화는 산업 전체의 구조를 변화시켰고, 수백만에 달하는 매일매일의 거래량을 다룰 수 있게 했다. CAT나 MRI 스캐너와 같은 새롭고 값비싼 의료기술은 대형 병원에서 집중적인 의료서비스가 이루어지게 만들었으며 결국 자본 집약적인 기술은 서비스의 집중과 수요의 통합을 가져왔다.

[강병서 외, 서비스경영, 2003]

▶ **로열티(Royalty):** 소유자가 타인에게 자신의 소유권을 이용할 수 있도록 허락하는 데서 얻는 생산의 몫이나 이익의 몫이다. 즉 이익이나 생산의 비율에 근거하여 원래 소유권자에게 지불되는 특허권이나 저작권 또는 공업소유권의 사용료다. 이것은 문학작품, 발명, 기타 지적 생산뿐 아니라 광업리스, 운송 등에도 이용된다. 로열티 지급은 기술개발 촉진에 따라 외국으로부터의 기술도입이 확대되고 상표도입 등이 늘어남으로 인해 점점 고액화 추세를 보이고 있다. 이 때문에 로열티는 국제수지상 무역외수지의 중요한 요소가 되고 있다.

[http://www.hankyung.com]

▶ **특허권(Patent Right):** 특허권자가 갖는 독점적이고 배타적인 지배권을 말한다. 등록주의와 선원주의를 위하고 있는 우리나라 법제하에서는 특허법에서 정하고 있는 서류를 구비한 출원서를 특허청에 제출하여 등록을 받아야만 권리화할 수 있다. 따라서 똑같은 기술을 나중에 발명한 자가 이전에 발명한 자보다 먼저 출원을 하면 그 사람이 권리를 갖게 된다. 특허청의 심사관은 특허의 대상 여부를 판단하여 발명의 요건을 갖추었다고 인정될 경우 등록을 받고 특허권을 부여하게 된다.

[http://www.beopjeon.com]

▶ **플랜트 수출(Plant Export):** 생산설비나 대형기계를 수출하는 것으로 공장의 전부 또는 일부를 건설하고 관련기계를 시설, 가동할 수 있을 때까지 모든 것을 떠맡는 수출이다. 키(key)만 돌리면 모든 설비가 가동하게 된 상태에서 인도한다는 의미에서 플랜트 수출의 계약 방식을 '턴키 방식(turnkey system)' 이라고도 한다.

[http://dcmo.moct.go.kr]

▶ **OEM:** 상품의 생산을 주문한 발주자의 상표를 부착하는 경우이다. OEM은 때로는 하청 생산이라고도 불리나 하청 생산은 넓은 개념이다. 다시 말해 다른 기업으로부터 주문을 받아 완제품이나 부품을 생산, 주문자에게 납품하는 하청 중 주문자의 상표가 부착되는 경우만을 지칭한다. 우리나라 상품 중 신발 · 의류 · 가전제품 등이 대표적인 OEM 수출품목들이다.

[http://www.hankyung.com]

시사 읽을거리

무역수지와 FDI

세계적 권위의 미국 국제문제 격월간지 『포린 어페어즈(Foreign Affairs)』는 최근호에서 미국이 강달러 정책을 앞으로도 고수해야 한다는 주장의 글을 실었다.

'무역적자에 대한 미국의 위험한 집착' 이라는 제목을 단 이 글의 핵심은 미국은 이미 수출(9,330억 달러, 98년 기준)보다 해외에 나가 있는 미국기업 자회사들의 매출(2조 4000억 달러)이 압도적으로 더 많은 무역구조로 변화돼 있어 더 이상 애덤 스미스식의 무역제일주의는 무의미하다는것이다.

그러면서 이 글은 미국이 무역적자에만 집착해 약달러를 추진할 경우 새로운 형태의 보호무역주의가 촉발되는 것은 물론이고 미국 다국적 기업들의 활동을 위축시키고 미국 내 자산의 헐값 매각이 우려될 뿐이라고 주장한다.

미국에서도 국제 금융자본측 논리에 가까워 보이는 이 이야기를 장황하게 소개하는 것은 무역수지와 외국인 직접투자 가운데 어느 것이 중요한지 우리 경우도 따져보자는 뜻이 아니다. 소국 개방경제인 한국경제 입장에서는 무역수지와 외국인 직접투자가 모두 중요하다.

문제는 무역수지 및 외국인의 국내투자에 모두 유리할 수 있는 원화의 약세(우리의 전략적 선택도 아니지만)가 줄곧 지속되고 있는데도 최근 실적은 그야말로 처참한 상황이라는 점이다.

4일 산업자원부가 발표한 '4월 중 외국인 투자동향' 에 따르면 지난달 외국인 직접투자액(신고 기준)은 3억 7100만 달러로 지난해 4월에 비해 무려 62.9% 감소했다. 지난 1998년 4월(−63.8%)에 이어 사상 두 번째로 큰 감소폭이라고 한다.

가격경쟁도 일단 수요가 전제되어야 의미가 있다. 사주겠다는 사람은 없는데 가격만 내린들 효과가 있을 리 만무하다. 유리한 환율조건에서 우리의 수출과 외국인 직접투자가 기를 펴지 못하고 있는 것도 이때문이다. 세계경제 침체만을 탓할 게 아니라 한국경제의 현 좌표를 전면 재점검할 시점이다.

[매일경제 2001년 5월 6일자]

제12장

국제물류

1절 유통과 물류

1. 유통의 의의와 유통활동

오늘날 사회에서는 물건이 생산되는 생산지와 그 물건의 실제 소비가 이루어지는 소비지가 일반적으로 분리되어 있다. 따라서 생산지와 소비지 사이에 공간적, 시간적인 격차, 또는 생산량과 소비량의 격차가 발생하게 된다. 이러한 생산지와 소비지의 격차를 메우는 것이 유통의 역할이다.

① 장소적 조정기능
② 시간적 조정기능
③ 수급 조정기능

장소적 조정기능이라 함은 생산지와 소비지의 공간적 · 거리적 격차를 메우는 것으로 운송활동이 여기에 해당된다. 시간적 조정기능은 생산에서 소비까지의 시간을 조정하기 위해 운송시간을 단축시키거나 일정기간 보관하고 있는 것을 말한다. 이와 같은 기능은 물리적인 성격을 지닌 유통기능이다. 반면, 수급 조정기능은 생산량과 소비량을 조정하는 것으로, 경제적인 성격을 지닌 유통기능이다. 이는 가격에 영향을 주거나 물품부족 또는 과잉이라는 불안정한 상황을 야기시킬 수 있다.

생산자에게서 소비자에게까지 상품을 이동시키는 것을 유통활동이라고 한다. 일반적으로 생산지에서 상품이 만들어지면 공장 창고에 납입되고, 도매업자에 대한 판매활동을 통해 상품은 도매업자의 창고로 이동된다. 도매업자는 자신의 창고에 있는 상품을 소매업자에게 판매활동을 하고, 최종 소비자까지 이어지게 된다. 상품 또한 소매업자의 창고로 이동되었다가 소비자에게까지 도달하게 된다. 이러한 활동을 정리하면 크게 두 부분으로 나누어 볼 수 있다.

① 상적(거래 · 판매) 유통활동: 세일즈, 마케팅, 구입, 판매촉진, 수주처리 등
② 물적(상품의 이동 · 관리) 유통활동: 보관, 운송 · 배송, 포장, 하역, 재고관리 등

과거 이 두 활동은 개별적으로 전개되어 왔던 경향이 다소 강했으나, 전체적인 관리의 필요성을 느끼면서 기업의 유통 시스템 또는 로지스틱스(logistics) 시스템이라는 개념으로 통합되기 시작했다. 컴퓨터에 의한 정보통신 기술이 발달함에 따라 더욱 가속화되고 있다.

2. 물류의 의의와 목표

물류 또는 물적유통이라는 용어는 1960년대에 사용되기 시작한 Physical Distribution을 번역한 것으로, 일반적으로 유 · 무형의 일체의 재(財)의 폐기 · 환원을 포함한 것으로서, 공급주체와 수요주체를 연결하여 시간과 공간의 극복 및 부분적인 형질의 변형에 의한 효용창출과 관련하는 물리적인 경제활동으로 정의한다. 이보다 상위 개념인 로지스틱스(logistics)는 '시장과 생산 · 매입의 동기화(同期化)를 도모하기 위한 관리' 라고 할 수 있다. 물류와 로지스틱스는 동일한 의미로 자주 사용되고 있지만, 엄밀히 말하면 로지스틱스의 개념이 더 많은 것을 내포하고 있다. 로지스틱스는 공급, 상품관리와 유통이 합해진 것으로 즉, 원자재에서부터 완제품으로 고객에게까지 실질 상품과 정보의 흐름이라고도 한다. 미국의 CSCMP (Council of Supply Chain Management Professionals)에 따르면 로지스틱스 관리(logistics management)란 고객의 요구를 만족시키기 위해 원산지에서부터 소비지까지 물품, 서비스와 관련 정보의 흐름을 효율적 · 효과적으로 계획하고 관리하는 것을 의미한다. 쉽게 말하자면, 물류가 단순히 완성된 물품을 고객에게 배달하는 활동이라면, 로지스틱스는 원재료 및 부품 등의 조달에서부터 고객 납품까지 일관된 시스템인 것이다. 오늘날 세계화가 이루어짐에 따라 생산지와 소비지의 장소적 ·

시간적 격차는 더욱 커지고 있어, 그 중요성은 더욱 대두되고 있다. 이러한 물류의 목적은 원가를 절감하고 최소비용으로 고객서비스를 극대화하는 데 있다. 하지만 최소 비용을 추구할 경우 고객 서비스는 상대적으로 저하되고, 반대로 고객 서비스를 최대화할 경우 비용은 그만큼 증가하게 된다. 이런 트레이드오프(trade-off) 현상으로 두 항목이 동시에 만족을 이루기는 상당히 힘들다. 따라서 적절한 상품을 적절한 시간과 적절한 장소에 배송함[1]으로써 이율배반적인 목표를 최대한으로 만족시키려고 하는 것이 오늘날의 과제인 셈이다.

3. 물류활동의 구성 요소

물류의 목적을 달성하기 위한 수단으로 다음과 같은 활동이 있다. 물류활동은 크게 운송·배송, 보관, 하역, 포장, 유통가공, 물류 정보로 나눌 수 있다. 각각의 활동이 모여 물류의 전체적인 기능이 완성된다.

1) 운송·배송

상품을 하나의 지점에서 다른 지점으로 이동시키는 것을 운송 또는 배송이라고 한다. 일반적으로 장거리에는 운송을, 단거리에는 배송을 사용한다. 운송·배송에 이용되는 수단으로는 선박, 항공, 철도, 자동차(트럭)가 있으며, 하나의 운송수단(unimodal transport)만을 이용하거나 둘 이상의 운송수단(multimodal transport)이 결합되어 이용되기도 한다. 운송수단의 결정 시에는 일률적인 기준보다는 상품의 종류 및 특색과 운송 수단의 장·단점(속도, 비용 등)을 고려한 최적의 수단을 선택하는 것이 효율적이다.

2) 보관

앞서 말한 물류의 의미에는 시간적 격차를 메우는 기능이 있다. 생산지와 소비지 사이에서 발생하는 이 격차를 조정하는 것이 보관 활동의 주요 기능이다. 즉, 상

---

1) 적절한 상품을 적절한 고객에게 적절한 수량과 적절한 품질로 적절한 장소와 적절한 시간에 적절한 비용으로 고객의 만족을 최대화하고자 함－7R's of logistics: Right product, Right customer, Right quantity, Right condition, Right place, Right cost (Coyle. J, Edward. B, C. John, L., The Management of Business Logistics 7th Edition, South-western, 2003, p. 39)

품의 시간적 효용을 높이는 기능이다. 또한 이러한 기능을 통해 공급과 수요를 조정함에 따라 가격에도 영향을 주게 된다. 따라서 보관은 '시간조정'과 '가격조정'의 두 가지 기능을 가지고 있다고 할 수 있다. 보관활동은 주로 창고에서 이루어지는 경우가 많은데, 오늘날에는 창고의 기능도 단순 보관 이외의 작업도 행하고 있어 점차 변하고 있다. 고객에 대한 판매 촉진과 서비스 강화를 위해 제품의 일시적 보관뿐만 아니라 원활한 유통을 위해 포장 또는 간단한 가공 등의 활동도 함께 이루어지고 있다. 이에 따라 명칭도 보관창고(storage warehouse) 대신 유통창고(distribution warehouse) 및 유통센터로 불리고 있는 추세이다.

3) 하역

하역이란 상품의 운송·배송, 보관의 활동에 수반되어 발생하는 반출입 작업을 말한다. 생산지로부터 운반되어 온 상품을 차에서 내려서 창고 내 지정된 장소로 이동시키고, 고객주문에 따라 창고에서 내어 분류 및 정리하여 배송차에 싣는 활동이라 할 수 있다. 과거 하역활동은 주로 사람들의 노동에 의존해 왔다. 근래에는 고객의 니즈(needs)에 따라 상품을 분류하여 반출입하는 작업이 중요해짐에 따라, 하역활동 또한 합리화 및 효율화를 위해 화물의 팔렛트화(palletization)나 컨테이너화(containerization)와 같은 유니트 로드(unit load)를 통해 점차 기계화 및 생력화(省力化)되고 있다.

4) 포장

포장은 내용물의 보호, 하역의 편의, 유니트화, 상품의 구분 표시 등을 목적으로 하고 있다. 생산 공정의 마지막 단계로 상품을 정리하여 소비지까지 안전하고 확실하게 운송할 수 있도록 한다. 자세히 살펴보면, 기본적으로는 상품의 외형이나 품질을 손상시키지 않도록 해야 한다. 또한 중간 물류 거점에서의 보관 및 하역이 용이하여야 하며, 공간을 많이 차지하지 않으면서 적재도 효율적으로 이루어지도록 포장이 되어야 한다. 즉, 물류 비용을 최소한으로 억제하되, 상품의 보호와 운송상의 안전도 함께 보증되어야 한다. 이 밖에도 폐기와 회수의 문제도 함께 고려해야 된다. 불필요한 과잉 포장 등 잘못된 포장은 자연환경을 오염시키고 그에 따른 많은 비용을 발생시키게 된다. 따라서 적절한 포장을 하고, 포장 재료의 개발도 꾸준히 이루어져야 한다.

5) 유통가공

유통과정에서 제품에 간단하게 행해지는 가공 · 조립, 재포장 등의 작업을 유통가공이라고 한다. 과거에는 주로 소매점과 같이 고객과 가까운 장소에서 행해졌으나, 대형 소매점 체인 등의 등장으로 유통과정이 발달하고 가공과정 또한 물류센터나 유통센터 등으로 옮겨가고 기계화가 이루어지고 있다. 유통가공은 비용이 많이 발생하는 작업 중에 하나이지만, 계속해서 증대하고 있는 추세이다. 이러한 과정은 고객의 니즈(needs)에 보다 적합하게 하기 위함인데, 이를 통해 상품의 부가가치가 증대되고 고객의 편리성은 향상되어 판매촉진으로 이어지게 된다.

6) 물류정보

기업의 물류활동에 의거하여 발생하는 물류정보는 운송 · 배송, 보관, 하역, 포장 및 유통 가공을 원활하게 하기 위해서 필요불가결한 것이다. 정보를 토대로 고객서비스 향상 및 보다 나은 물류 시스템을 운영하기 위한 방안도 마련할 수 있기 때문에 이런 정보를 수집하고 관리하는 것 역시 매우 중요하다. 물류정보를 각 활동별로 분류하면 다음과 같다.

① 수주정보
② 재고정보
③ 생산지시 정보(구입지시 정보)
④ 출하정보
⑤ 물류관리 정보

고객으로부터 주문이 들어오면, 현재 보유하고 있는 상품에 대한 재고정보를 확인하며, 필요할 경우 생산지시 및 구입지시가 이루어지며, 해당 재고가 있을 경우 출하가 이루어진다. 물류관리 정보는 납품완료 통지, 물류비용, 창고 · 차량 등 물류시설 · 기기의 가동률 등에 해당하며 전반적인 물류활동을 관리 및 통제하는 데 필요하다. 물류의 목표는 고객 서비스를 향상시키면서 총비용을 최소화하는 데 있다. 이러한 상호 배반적인 목표에 대해 물류관리 정보는 물류 각각의 활동을 관리하여 적절하게 조화시키는 역할을 맡고 있다고 할 수 있다.

2절 국제생산과 국제물류

1. 세계화와 물류

세계화는 이제까지의 '해외에서 판매한다' 는 관점을 '세계시장을 목표로 하는 최적 생산거점에서의 공급' 이라는 움직임으로 변화시켰다. 이것은 물류에 많은 영향을 미치고 있다.

1) 해외 조달의 증가

이제까지 공장의 입지는 국내에서의 조달의 용이성 및 지가, 노동비용 등을 고려하여 결정해 왔다. 각 공장에서 만들어진 것을 보관하는 물류거점도 공장의 입지에 맞추어 입지선정이 이루어져 왔다. 해외 조달이 증가한다는 것은 이 전제가 붕괴된다는 것이다.

2) 공장의 해외진출

공장의 해외진출에는 다음과 같은 형태가 있다.

① 인건비가 저렴한 지역에 진출하는 형태

해외에서 만든 것을 국내 및 해외의 시장에서 판매하려고 하는 것이다. 해외에서 만든다는 것은 원재료 및 부품을 현지에서 충당하는 것이 많게 된다는 것, 즉 해외조달이 더욱 증가하게 되는 것이다. 이것은 지금까지 국내에서 만들어진 것이 해외로 이전한다는 것이므로, 국내생산의 공동화를 초래하는 원인이 되고 있다. 따라서 수입품의 증가와 국내생산품 감소라는 쌍방의 관점에서 볼 때 물류 시스템의 재고가 필요하게 된다.

② 해외시장의 근처에 공장을 진출하는 형태

유럽·미국의 진출은 이 형태가 많은데 최근에는 중국의 진출도 저렴한 노동력(노동시장)이 목적이라기보다는 오히려 중국에서의 판매를 목표로 하는 것이 증가하고 있다.

물류면에서 보면 우선 이것은 이들이 진출한 공장의 원재료, 부품이 공급되어야 한다. 그리고 이 공장에서 만든 것을 세계시장에 운송하는 것도 필요하게 된다.

③ 세계적 규모의 물류 시스템 재구축

이제까지 우리나라는 가공무역국으로서 해외수출에 의존해 온 측면이 있었다. 그러나 향후 수출증대는 더욱 어려워질 것으로 보인다. 원인은 높은 생산비용이다. 국내에서 만든 것을 해외에서 판매한다는 구도도 이제 성립하지 않게 되었다. 대신에 세계시장을 향해 세계 규모의 최적 장소에서 만든 것을 사용하고, 판매하는 형태로 되고 있다. 물류는 이제 세계 규모의 로지스틱스 시스템 구축을 요구하고 있는 것이다. 이것을 '글로벌 로지스틱스 시스템'이라 한다.

2. 국제물류와 국내물류의 차이점

국제물류와 국내물류의 차이점을 크게 수출입 통관 등의 각종 절차, 국가에 따라 다른 수송 사정 등으로 나누어 볼 수 있다.

1) 통관 등의 각종 절차

국제물류는 국내에서 진행해 온 로지스틱스 시스템을 세계 규모로 구축하는 것을 요구한다. 그 기본적인 사고는 국내물류와 아주 동일하다. 그러나 국제물류로서의 요건이 추가된다. 우선 다수국가를 대상으로 하는 물류가 되므로 통관 등의 각종 절차가 필요하게 되며 이러한 절차에는 시간이 요구된다. 즉, 실제의 수송에 소요되는 시간 이상으로 처리시간이 늘어나게 된다. 그러므로 각국의 통관 구조를 알아 둘 필요가 있다.

최근에는 통관 등의 각종 절차에 대해, 정보시스템에 의한 지원이 행해지고 있다. 정보시스템이 지원된 절차를 행하지 않으면 통관처리에 소요되는 시간이 상당히 길어지는 국가가 있는 반면 정보시스템에 의한 절차를 지원하지 않는 국가도 있다.

2) 국가에 따라 다른 수송 사정

각국의 수송 사정의 파악도 중요하다. 어느 제조업체가 생산비용의 저렴함에 현혹되어 해외에 공장을 건설하더라도, 그 국가의 물류 사정이 좋지 않아 만든 것을 운반하기 위한 수송의 확보에 문제가 있는 경우가 있을 수도 있다. 국가에 따라 물류의 품질 및 서비스에 차이가 있는 것도 주의해야 할 점이다.

언어 및 상관습의 차이도 커다란 문제이다. 국가에 따라서는 품질, 팔레트의 재질 등에 대한 국가별 대응이 필요하게 되는 경우도 있다. 이처럼 나라에 따라 물류 사정이 다르기 때문에 이것에 대응한 물류 시스템의 구축이 필요하다.

3절 국제물류의 합리화와 물류 시스템

1. 국제물류의 합리화

최근 전자상거래의 발달은 무역상품의 생산 및 주문 패턴에 큰 변화를 일으키고 있다. 특히, 생산측면에서 보면 상품의 다품종화·소량화가, 주문측면에서는 다빈도화 경향이 두드러지게 나타나고 있다. 때문에 수출기업의 입장에서 보면, 이러한 새로운 경향을 따르면서 재고감축 및 판매증진이라는 두 마리 토끼를 동시에 잡아야 할 필요성이 증대되고 있다고 볼 수 있다. 이를 위해 수출기업은 최근 JIT(Just In Time) 시스템과 혼재 시스템을 구축함으로써 물류 합리화를 제고하려는 노력을 가속화시키고 있다. 그러나 수출기업이 해외시장에서 고객의 요구에 맞춘 국제물류 전략을 전개하기 위해서는 단순한 물류비용 절감의 차원을 넘어서서 고객에 대한 서비스 수준 개선까지를 고려한 통합적 물류 시스템을 재구축할 필요가 있다. 이러한 국제물류 시스템의 변화 과정을 국제물류의 합리화 과정이라고 한다.

최근 수출기업의 물류 합리화 동향을 살펴보면, 두 가지의 특징적인 면이 나타난다. 첫째로 분산되어 있던 출하거점 및 해외 배송거점과 같은 물류거점들을 집적하고, 둘째로 기업 내의 국제적 물류 시스템화를 더욱 강화하는 방향으로 발전하고 있다. 다시 말해, 기업은 국제적으로 분산되어 있던 물류거점의 정리·집약화와 적절한 재배치를 통해 재고품목 및 재고량을 적정화하고 이와 아울러 운송의 합리화를 꾀함으로써 고객에 대한 서비스 수준의 향상과 물류비용 절감 등의 목표를 달성하려는 통합적 물류전략들을 전개하고 있다.

기업들이 운송수단(mode)을 선택하는 패턴을 살펴보면, 원재료와 대량 화물은 주로 해상운송을 이용하는 데 반해, 컴퓨터·반도체 등의 고부가가치 제품이나 패션·의류와 같은 납기 및 판매시기에 따른 제약이 있는 제품 및 신선도를 요하는 생선식품 등은 항공운송을 이용하고 일반 무역상품의 대부분은 컨테이너선을 통해 운송되는 실정이다. 특히, 근래에는 고객의 요구에 부응하고 물류 합리화를 꾀하는 측면에서 항공운송과 컨테이너선 운송을 병행하는 해·공 복합운송에 대한 수요가 높아지고 있다.

수출기업이 이러한 물류관리의 합리화를 추진하기에 앞서 가장 관건이 되는 것은 '해외의 물류거점을 어느 지역에 어떻게 배치하고, 이들 물류거점을 연결하기 위해 물류 시스템을 어떻게 구축할 것인가' 하는 것이다. 따라서 해외의 물류거점을 어느 나라·어느 지역에 설정할 것인가에 대한 의사결정을 하기에 앞서서 특정 지역의 지리적·경제적 여건, 정치와 통화의 안정성 여부, 외환자유화의 정도, 외국인의 소유권 허가, 외국기업에 대한 우대조치 등 여러 가지 요인들을 비교분석해야 할 필요가 있다. 또한, 무역상품의 유통형태와 특징에 따라서 각기 다른 최적의 국제물류 시스템을 설계·운용해야 할 필요가 있다.

2. 국제물류 시스템의 형태와 선택

국제물류 시스템은 무역상품이 수출국 기업에서 출하되어 수입국 고객에 이르기까지의 물류경로와 처리방법 등에 따라서 크게 고전적 시스템·통과 시스템·직송 시스템·다국적 창고 시스템이라는 네 가지 형태로 구분할 수 있다. 물론 이 외에도 여러 가지 변형된 형태의 물류 시스템도 존재할 수 있겠지만, 기본적으로 상기한 네 가지의 범주에 포함될 수 있다. 때로는 한 기업이 두 가지 이상의 시스템을 복합적으로 사용하고 있는 경우도 있다. 국제물류 시스템의 기본적인 네 가지 형태의 개요와 특징은 다음과 같다.

1) 고전적 시스템

고전적 시스템은 무역상품이 수출국 기업에서 해외의 자회사 창고로 출하된 후 발주요청이 있을 때 해당 창고에서 최종 고객에게 배송되는 형태로 가장 보편화된 물류 시스템이다. 이 경우 해외의 자회사는 일종의 창고로서 기능하게 되며, 대량의 상품이 수출국 기업의 생산공장(또는 창고)에서 해외의 자회사 창고로 출하될 때에 가능한 한 가장 저렴한 운송수단을 활용하되 운송횟수나 운송속도를 줄여야 할 필요가 있다. 그리고 이러한 고전적 물류 시스템을 채택하는 수출기업이 최상의 고객서비스 수준 유지와 최적의 생산을 도모하기 위해서는 상품의 최소빈도·대량출하 방식을 선택하게 된다. 이 경우 다음과 같은 이점을 지니게 된다. 즉, 수출기업은 해외에 있는 자회사 창고까지 지속적으로 대량의 운송수단을 이용할 수 있기 때문에 운임이 싼 해상운송을 통한 저렴한 운송을 행할 수 있다. 또한 상품을 혼재하여 출하할 수 있기 때문에 저운임률을 적용받게 되고, 운송관련 업무를 포괄적으로 처리하기 때문에 서류작성에 따른 작업이 줄어든다. 더욱이 언제라도 상품을 공급할 수 있는 재고를 보유하기 때문에, 품절로 인한 고객상실을 피할 수 있다. 반대로 이러한 시스템하에서, 해외의 자회사는 보통 대형 창고에 대량의 재고를 보유해야 하므로 총물류비용 가운데 보관비가 차지하는 비중이 다른 어느 시스템보다도 높아질 가능성이 있다는 단점이 있다.

2) 통과 시스템

통과 시스템은 일면 고전적 시스템과 유사한 듯 보인다. 그러나 고전적 시스템에서 자회사 창고가 저장 센터로만 기능하는 데 반해, 통과 시스템에서의 자회사 창고는 저장기능보다는 통과 센터로서의 기능이 강하다고 볼 수 있다. 즉, 수출기업에서 해외 자회사 창고로 1차 운송된 상품을 단시간 내에 유통경로의 다음 단계에 따라 고객에게 배송하는 형태이므로 저장 기능은 그다지 크지 않다. 또한, 통과 시스템은 고전적 시스템에 비해 수출기업으로부터의 출하빈도가 높기 때문에 해외 자회사 창고에서의 보관비가 상대적으로 절감되는 이점이 있다. 그렇다고 반드시 총보관비가 절감된다고는 볼 수 없다. 왜냐하면, 해외 자회사 입장에서만 보면 보관비가 절감될 수 있지만, 상대적으로 수출지에서의 보관비가 그보다 더 높아질 가능성이 존재하기 때문이다. 따라서 만일 통과 시스템을 채택하고 있는 기업이 고전적 시스템과 똑같은 수준의 고객 서비스와 시장 범위를 유지하고자 한다면, 운송을 여러 번에 걸쳐 신속히 행해야 하기 때문에 고전적 시스템에 비해 운송비가 높아지고 서류작성 작업에 따른 업무부담도 많아진다는 단점을 지닌다. 또한 파업 등의 이유로 해외 자회사로의 운송이 두절될 경우에는 판매에 손실을 입을 가능성이 매우 크다.

3) 직송 시스템

직송 시스템이란 상품을 수출국의 공장 또는 배송센터로부터 해외 자회사의 고객에게 직송하거나 또는 수출국 배송센터에서 최종 소비자나 판매점으로 직송하는 형태를 말한다. 따라서 해외 자회사는 상거래 유통에는 관여하지만 물류에는 직접적인 관여를 하지 않는다고 볼 수 있다. 이 시스템의 경우, 수출국에 있는 하나의 창고에 전체 재고를 집중시켜 운영할 수 있기 때문에 보관비가 다른 어떤 시스템보다도 절감된다는 장점이 있다. 이에 반해, 다른 시스템에 비해 상대적으로 출하 빈도가 높기 때문에 혼재운송을 하기가 힘들고 서류작성 횟수나 이에 따른 업무비용이 증가한다. 또한, 고객 서비스의 수준을 유지하기 위해서는 항공운송을 사용해야 할 필요성이 있기 때문에 그만큼 부담이 늘어난다. 이 외에도 파업으로 인한 운송 두절의 상황에서는 고객으로의 상품공급이 불가능해지고 결국 고객 상실로 이어질 수 있는 등의 위험이 존재한다.

4) 다국적 창고 시스템

다국적 창고 시스템이란 수출기업이 EU · 동북아 경제권 등과 같은 특정 경제권 내에 있는 몇몇 국가에 자회사를 가지고, 해당 경제권의 중심 국가에 중앙창고(regional center)를 설치해서 그 중앙창고를 통해 동일한 경제권 내의 모든 국가에 대한 상품공급을 행하도록 하는 형태를 말한다. 해당 시스템하에서, 상품은 수출국 기업의 공장에서 특정 경제권 내의 중앙창고로 대량 운송되고, 이 중앙창고에서 해당 경제권에 속한 각국 자회사 창고 혹은 고객에게 운송된다. 물론 이 중앙창고는 보관형 창고로서의 기능과 통과형 창고로서의 기능을 모두 수행하기 때문에, 이러한 시스템하에서는 다양한 운송 형태가 나타날 수 있다. 이 시스템은 특정 경제권의 중앙창고에 재고가 집중되기 때문에 각국에 각각의 재고를 지니는 고전적 시스템보다 총재고량의 삭감이 가능하고 그만큼 보관비도 절감된다. 그러나 수출국 창고에 재고를 집중하는 통과 시스템에 비하면 상대적으로 보관비가 높아진다고 볼 수 있다. 이 시스템은 고전적 시스템보다도 1회의 상품출하량을 대량으로 만들어 통합운송할 수 있다. 따라서 운송비의 절감은 주로 중앙창고에서부터 동일 경제권에 속한 수입국의 자회사 창고 또는 고객으로의 운송에서 발생된다고 봐야 할 것이다.

한편 이 시스템은 중앙창고로부터의 운송 서비스를 함에 있어서 지리적 제약을 받을 수 있다. 예컨대 지리적으로 운송이 불편한 지역이나 수입국에 대해서는 일정 수준 이상의 고객 서비스를 유지하기 힘들기 때문에 대량의 재고를 보유해야 할 필요가 있다. 또 하나의 결점은 중앙창고가 소재하는 국가의 고객은 우선적인 서비스를 받지만 다른 국가의 고객은 그렇지 않다는 것이다. 또한 중앙창고의 유지관리비 등을 어떤 나라가 어느 정도로 부담할 것인가 하는 것도 자회사 간에 갈등을 낳는 요인이 될 수 있고, 때로는 본사가 직접 중앙창고의 유지 및 관리에 관여하지 않으면 안 되는 경우도 있다.

4절 국제 공급사슬 관리

1. SCM의 개요

'공급사슬 관리' 또는 '유통총공급망 관리'로 불리는 SCM(supply chain management)은 정보통신기술을 활용해 제조와 물류, 유통업체의 상품 흐름을 한눈에 파악할 수 있도록 하는 유통공급관리망을 말한다. 제조, 물류, 유통업체 등 유통 과정상에 있는 모든 기업이 공동으로 데이터베이스를 구축함으로써 재고를 최적화하고 납기를 줄이는 전략적 제휴 형태로 운영된다. 이 때문에 성공적인 SCM 정착을 위해서는 유통공급망 안에 있는 모든 기업들이 전략적으로 협력적인 관계를 형성하는 것이 무엇보다 중요하다. 즉, 상호협력을 통해 강력한 경쟁 우위를 확보할 수 있다는 신념을 기업들은 가져야 한다.

서로 멀리 떨어져 있는 고객-소매상-도매상-제조업-부품·자재 공급자 등 동적인 공급활동이 실시간으로 파악·전달되는 것으로, 궁극적으로는 공급망 전체에 흐르는 현금 흐름(cash flow)의 효율을 향상시키기 위함이다. SCM은 단순히 데이터를 처리하는 전사적 자원관리(ERP)에 '지능'을 부여하는 것에 비유되곤 한다.

또 SCM은 생산에서부터 최종 소비자에게 판매될 때까지 상품의 흐름에 대한 정보를 공유해 불필요한 시간과 경비를 제거하는 데 목적을 두고 있다. 소비자의 실제 수요에 보다 잘 적응할 수 있는 유통공급망을 만들기 위한 기업 간 BPR(business process re-engineering)의 일종이다.

SCM은 제조 물류 유통업체 등 유통 과정과 관련된 모든 업체가 공동으로 데이터베이스를 구축함으로써 재고를 최적화하고 납기를 줄이는 전략적 제휴 형태를 띠게 된다. 이를 통해 SCM에 관련된 기업들은 비용을 줄이고 가격인하를 통하여 소비자 만족을 극대화시킬 수 있다.

2. SCM의 발전 과정

1) 1단계

창고와 수송기능 간의 연관관계에서 시작된다. 물리적 유통관리는 이들 두 기능을 통합하여 더 빠르게 더 자주, 그리고 특히 더 확실한 수송방법을 이용함으로써 재고감소를 이루며, 더 빠른 창고운용을 통한 더 짧은 주문 응답시간과 더 빠른 수송으로써 예측기간의 길이를 줄이고, 그 결과 예측의 정확도를 증가시키는 것이다. 또 수송과 창고운용을 동시에 고려하는 능력에 중심을 두면서, 더 나은 서비스와 더 낮은 총비용을 위해 창고의 위치를 최적화하는 것이다.

물리적 유통관리는 서로 다른 계층의 창고들(공장, 지역유통센터) 간의 개선된 자료교환과 더 복잡한 분석들(예를 들어, 총 창고-수송비용, 수송/창고 네트워크의 최적화 등)에 의해 가능해진다. 보다 나은 자료와 더 진보한 분석 기법들은 더 복잡한 요인들의 집합들 간의 의사결정을 촉진한다. 따라서 모든 개선된 정보교환과 분석은 더 복잡한 의사결정을 하는 능력을 강화시켜 준다.

2) 2단계

2단계는 '물류단계' 이다. 이는 첫 번째 단계에 제조, 조달, 주문관리 기능들을 추가한 것으로 EDI, Worldwide Communications, 자료를 저장하고 분석을 수행하는 컴퓨터 능력의 증대 등에 의해 지원된다.

3) 3단계

세 번째 단계는 '통합 SCM 단계' 이다. 통합된 기능들의 사슬이 연장되어 한쪽 끝에는 공급자가 또 다른 한쪽에는 고객이 추가된다. 이는 두 가지 기능의 물리적 유통망보다 훨씬 복잡해진다. 이러한 복잡성을 다루기 위해, 전자적 자료, 전자적 자금이동, 최신의 통신, 계획과 실행을 위한 전산화된 의사결정 시스템 등이 필요하게 된다.

4) 4단계

SCM의 다음 단계인 'Super-SCM' 은 제품개발, 마케팅, 고객 서비스와 같은 더 많은 기능들을 통합하게 될 것이다. 이는 훨씬 고도화된 통신, 사용자에게 친숙한 전산화된 의사결정 지원 시스템 등을 통해 가능해질 것이다. 이러한 예들 가운데 일부는 벌써 사용되고 있다.

이러한 SCM에서의 제품 개발자들은 공급연쇄팀의 일부로서, 더 쉽게 설치할 수 있고 서비스될 수 있는 고객화(customize)된 제품의 개발을 촉진시키며, 사전-주문정보와 주문정보를 모든 공급망의 참여자들에게 전달하여 더 빠르고 정확하게 반응하도록 한다. 이러한 통합된 프로세스를 가능하게 한 것은 컴퓨터 기술과 통신기술의 폭발적인 발전, 즉 정보기술혁명이다.

3. SCM의 효과와 장점

SCM이 정착되면 납기 단축으로 재고가 줄어든다. 또한 운영비와 재고비 절감은 최종 소비자가격의 하락으로 이어진다. SCM의 장점을 간략히 살펴보면 다음과 같다.

① 고객별로 고객화(customize)된 전자 카탈로그를 제공할 수 있고 부가적으로 고객화된 서비스를 제공할 수 있다.

② 부분별로 다양한 가격 옵션을 직접 제공받고 제공할 수 있다.

③ 구매 사이클 타임(cycle time)을 줄일 수 있고 따라서 최소의 재고를 유지할 수 있다.

④ 구매 주문에 들어가는 각종 업무비용을 줄일 수 있고 주문 프로세스의 간접비를 감소시킨다.

⑤ 제품 배송의 파이프사이클(pipecycle)을 감축할 수 있고 실시간으로 24시간 언제나 전세계의 고객을 만족시킬 수 있다는 장점을 가지고 있다.

용어 정리

▶ **물류 시스템(Logistics System):** 물류의 기본은 물류의 여러 활동의 조합이다. 그리고 그 활동은 채널(유통경로) 속의 다양한 장소, 예컨대 공장 · 지점 · 도매업의 데포(depot) · 소매업의 상품센터 · 점포 등에서 행해진다. 또한 그 활동을 실시하거나 관리하는 주체도 다르다. 그리고 각 활동의 관계는 보완적이기도 하고 상충적이기도 하다. 이러한 활동을 조합하여 하나의 경영 기능체로서 본 것이 물류 시스템이라 할 수 있다.

[박명섭, 국제물류의 이해, 2006]

▶ **전자상거래(Electronic Commerce):** 기업과 고객, 기업과 기업 사이에 상거래 프로세스를 증진하기 위하여 IT 기술을 사용하는 것이다. 사용되는 기술에는 인터넷, 멀티미디어, 웹 브라우저, 특화된 네트워크, AMT 및 홈뱅킹부터 EDI까지를 포함한다. 그러나 전자상거래 성장의 근본바탕은 가용 기술로서 인터넷을 사용하는 데 있다.

[정세현, 웹 정보시스템 총론, 2002]

▶ **팔레트(Pallet):** 알루미늄 합금으로 제작된 평판으로 Pallet 위에 화물을 특정 항공기의 내부 모양과 일치하도록 적재 작업한 후 망(net)이나 띠(strap)로 적재된 화물을 고정시킬 수 있도록 고안한 장비이다.

[경윤범, 무역실무론, 2005]

▶ **JIT(Just-In-Time):** 가능한 한 최소한의 재고량으로 생산설비를 가동하도록 설계된 생산통제 시스템이다. 그러나 JIT는 재고통제기법에 그치는 것이 아니라 모든 비효율을 제거하여 끊임없는 생산성 향상을 추구하는 경영철학이다. 재고의 수준을 높여 문제점들을 극복하려고 했던 전통적인 재고관리 시스템과는 달리 JIT 시스템은 무재고(zero inventory)를 목표로 필요한 부품 및 원재료가 즉시 조달되는 방식을 말한다.

[조동성, 21세를 위한 경영학, 2002]

시사 읽을거리

[박명섭 경제포럼] 동북아 물류 중심화 전략

우리나라의 21세기 국가경제정책 방향은 고도의 개방형 통상국가를 지향하는 동북아 물류·비즈니스 중심화 전략이다.

이는 우리나라의 경제구조를 지식기반 고부가가치 산업 중심으로 고도화시키고, 국내외 기업이 자유롭게 비즈니스 활동을 수행할 수 있는 기반을 조성함으로써 동북아 경제권의 산업·물류·비즈니스 중심지로 성장시킨다는 미래지향적 전략이다.

동북아 물류·비즈니스 중심화 전략의 핵심은 산업구조의 고도화와 국제물류 중심지화, 국제 비즈니스 거점화 등 세 가지로 이들 전략은 상호 연관관계를 갖고 국가 경쟁력 강화에 영향을 미친다.

산업구조의 고도화는 국제물류 시스템을 통해 국부로 실현될 수 있으며, 국제물류 중심지화는 국제교역, 물류산업, 금융 투자, R&D 등 비즈니스 산업의 활성화를 촉진하고, 비즈니스 거점화는 국가산업 및 물류체계의 고도화를 주도한다.

그러나 우리의 동북아 물류·비즈니스 중심화 전략은 대외적으로는 중국, 일본, 대만 등과의 극심한 경쟁에 노출돼 있다. 또 대내적으로도 전략 추진을 위한 국가 역량의 집중이 이루어지지 못하는 등 갖가지 문제를 노출하고 있다.

중국, 일본, 대만 등은 이미 1990년대 초반에 자국을 동북아 경제권의 물류·비즈니스 중심국으로 성장시킨다는 국가전략을 채택, 적극적인 투자와 산업구조 개편에 나서는 등 국가 역량을 집중해 왔다.

특히 역동적인 경제성장을 거듭하고 있는 중국은 '아시아 경제권 산업·해운·물류중심화 정책' 을 채택, 적극적인 개방정책과 함께 산업, 물류 인프라 개발에 나서고 있다.

상하이는 100대 다국적 기업의 80% 이상이 투자하고 있으며, 3,300여 개의 금융 및 관련 업체들이 비즈니스 활동을 수행하는 등 이미 동북아 물류중심지로 부상했다.

이 같은 대외 여건에도 불구, 우리나라의 국제물류 · 비즈니스 중심화 전략은 아직 걸음마 단계를 벗어나지 못하고 있는 것이 현실이다.

국제물류·비즈니스 중심화 실현을 위한 기본요소인 공항·항만 및 물류시설 인프라 개발, 수출입 및 국내 물류·유통 시스템 개선, 외국인 투자제도 개선, 원스톱 서비스 체제 구축 등이 다른 정부부처에 의해 제각기 추진되고 있다.

이 때문에 통합적이고 계획적인 정책추진이 이뤄지지 않고 있으며, 국내외 기업 역시 중·장기적 물류정책을 수립, 추진하지 못하고 있다.

새정부는 이에 따라 지난 1995~1999년 5년간 한시적으로 운영됐던 '국가경쟁력 강화

기획단'과 유사한 범정부차원의 가칭 국가물류위원회를 하루빨리 설립, 동북아 물류 · 비즈니스 중심화 전략을 단계적으로 체계적으로 추진해야 한다.

국가물류위원회는 당연히 국제물류 관련 법 · 제도 개선과 인프라 개발 및 추진계획 조정, 물류정보 시스템 구축, 외국인 투자유치 전략 추진 등 각 분야에 대한 통일된 정책방향을 설정해야 한다. 또한 정부 각 부처가 일관되고 계획적으로 업무를 추진할 수 있도록 조정자 역할도 충실히 해야 한다.

이를 통한 국가역량을 결집하고 국가 경쟁력을 강화함으로써 우리나라의 동북아 물류 · 비즈니스 중심화 전략을 조기에 달성하고 우리나라를 신통상국가로 발전시켜 21세기 선진 경제 대국으로 발전시키기 위한 기반을 조성해야 한다.

국제물류에서 항공운송과 육상운송도 무시 못하지만, 우리나라의 지정학적 여건에서 볼 때 동북아 물류의 핵심은 역시 컨테이너 해운 중심의 부산항이다.

물류에서 가장 큰 비중을 차지하는 운송의 핵은 선(線: 운송노선)과 점(點: 항만, 공항)이다. 이 선과 점에서 비효율이 발생하면 국제물류는 실패할 수밖에 없다.

최근 급속하게 돌아가는 국제 해운항만 · 물류 환경에서 볼 때 부산항은 앞날을 낙관하기 힘들어 보인다.

중국(동북지역)과 일본(서일본지역)의 틈새에서 환적 화물에 힘입어 세계 3위의 자리를 지켜온 부산항에 대해, 중국 상하이항과 선전항의 약진, 일본 기타큐슈 히비키항의 개발은 심각한 위협으로 떠오르고 있다.

부산항의 경쟁력 제고에 무엇보다도 필요한 것은 기업경영 방식의 항만운영체제이다. 따라서 독립적이고, 효율적이며 신축적인 관리체제를 갖춘 항만공사(PA) 체제를 하루빨리 부산항이 갖출 수 있기를 기대한다.

이러한 측면에서 올해는 새정부가 우리나라를 동북아 물류 · 비즈니스 중심지로 성장시킬 수 있는 기반을 조성하는 한 해로 삼아야 한다.

[국제신문 2003년 1월 7일자]

[박명섭, 기조강연자료] 물류 Operations 최적화를 통한 경쟁력 강화 세미나

우리는 항상 미래에 우리가 무엇이 되어야 할 것인가에 대한 비전을 생각하고 이를 공식화하기 위하여 비전 선언문을 작성합니다.

그리고 비전의 현실화를 위하여 전략을 수립하고 실행하여 '미래의 우리'에 대한 답을 찾고자 합니다. 그러나 대다수의 조직들이 전략의 실행에 가장 큰 어려움을 겪고 있습니다.

이 자리에서 먼저 말씀드리고자 하는 그 유명한 알렉산더 대왕은 전략수립의 대가였을 뿐만 아니라 전략실행의 대가이기도 하였습니다. 여기서 우리가 주목해야 할 점은 알렉산더의 전략계획과 실행기반이 효율적이고 효과적인 공급사슬 관리였다는 것입니다.

현대 역사학자인 Donald Engels는 그의 저서 『Alexander the Great and Logistics of the Macedonian Army』에서 알렉산더를 '물류전문가'로 설명하고 있습니다.

당시 모든 군대조직은 전투장비, 보급품의 공급을 위하여 상당히 큰 규모의 보급부대를 두었으며, 이러한 보급부대 운용에 투입된 인적자원이 전투부대를 초과하거나 이에 상응하는 정도였습니다.

그러나 알렉산더가 이끄는 마케도니아군에서는 전쟁물자 보급을 위한 수레사용이 엄격히 제한되었으며, 병사들은 자신의 장비와 보급품들을 스스로 휴대하도록 훈련받았습니다.

이에 따라 마케도니아군은 소규모의 보급부대를 운용하게 되어 어느 군대보다도 신속한 이동성을 확보하게 되었으며, 이와 함께 전투 시 상당한 수준의 기동성 또한 보유하게 되었습니다. 달리 말하면 알렉산더는 물류구조 혁신을 통하여 신속한 이동성과 기동성이라는 자신만의 독특한 무기를 확보하였던 것입니다.

적군이 무슨 일이 일어나고 있는지조차 깨닫기도 전에 신무기를 휴대한 마케도니아군은 번개 같은 공격으로 적군을 제압하였고, 때로는 수적으로 훨씬 우세했던 적들을 깜짝 놀라게 하고 압도할 수 있었습니다.

이상에서와 같은 알렉산더의 물류구조 혁신은 1990년대 초 'Hammer'나 'Davenport'가 주장한 급진적이고 근본적인 프로세스 혁신과 이에 기초한 Lean Logistics의 실현이라 할 수 있을 것입니다.

알렉산더는 아마도 전쟁에서의 승리와 마케도니아의 영광을 미래 비전으로 삼지 않았을까요? 그리고 전반적인 전쟁수행 과정을 자신만의 프로세스로 이해하고 세분화하였을 것입니다.

그리고 난 후 마케도니아군의 역량에 비추어 혁신 가능한 프로세스로서, 전쟁물자 보급 프로세스를 선정하고 이에 대한 급격한 변화를 추진하였을 것입니다.

환언하면, 전투부대를 뒤따르는 대규모의 보급부대를 전투부대 이동의 신속성을 떨어뜨리는 핵심요인으로 판단하였고 이의 혁신을 통하여 전쟁에서의 승리를 위한 전략을 수립하고 실행하였던 것입니다.

또한 이와 같은 전쟁물자 보급 프로세스의 혁신을 통하여 상대보다 적은 자원의 투입으로 즉, 소수의 병력으로 적군을 위협하거나 제압시킬 수 있었습니다.

이는 전쟁물자 보급 프로세스에서 불필요하거나 가치를 창출하지 못하는 활동을 제거하여 최소한의 경영자원 투입으로 최대의 전투 성과를 창출하게 되었던 것입니다.

한편, 공급사슬 관리 관점에서 알렉산더는 자신만의 독특한 관리방법이 있었음을 찾아볼 수 있습니다.

예를 들어 새로운 영토에 진입하기 이전에 알렉산더는 기존 영토 통치자의 항복을 받아내고, 현지인들에게 자신의 군대가 필요로 하는 보급품들을 준비하도록 하였습니다.

그리고 항복을 받지 못한 경우에는 위험회피를 위하여 주력부대를 투입하지 않았으며, 소수의 정예부대로 적군을 교란하면서, 해당 지역의 길, 자원, 기후 등에 대한 정보를 수집하였으며, 효율적인 전쟁물자 보급을 위하여 선박이 항해 가능한 강이나 바다와 가까운 지역에 새로운 전진기지를 세웠습니다.

알렉산더는 자신의 공급사슬에 대한 능력과 한계를 정확히 간파하고 있었으며, 이를 극복하기 위하여 공급사슬 통합을 수행하였다고 볼 수 있습니다.

우선 그 당시의 상황에 비추어볼 때 상당히 강압적인 상호협력이 이루어졌다고 볼 수 있습니다. 불필요한 자원 활용을 최소화하면서 자신의 역량을 한 곳에 집중하고자 새로운 영토의 기존 세력에게 전쟁물자 보급을 담당하도록 한 것입니다. 그리고 대량수송이 가능한 선박 이용의 효율성 극대화를 위하여 주요 요충지를 선정하여, 그 곳을 물류기지로 구축했습니다.

[대한상공회의소, QM&E, 2006년 11월]

제13장

국제협상

국제협상은 협상의 주체들이 이질적인 문화적 배경을 가지고 있다는 특성으로 인해 문화와 협상 행태에 대한 이해가 선행되어야만 정확한 의사소통이 가능하고 갈등의 합리적 해소가 가능하다.

1절 협상의 주체와 유형

1. 협상의 주체

협상은 당사자가 개인인 경우와 기업, 정부, 기구 등인 경우로 나누어 생각할 수 있다. 전자의 경우는 한 사람이 대부분의 일을 수행하지만, 후자의 경우는 각 분야 또는 역할에 대한 전문가로 구성되는 것이 일반적이다. 당사자가 다수일 경우 협상을 한다는 것은 상호의존성이 있다는 것을 의미한다. 또한 이 같은 협상자 간의 상호의존성이 어떠한가에 따라 협상자 간의 관계나 전략이 달라질 수 있다.

협상은 일방적 행위가 아닌 상대방과 밀고 당기는 쌍방적 행위이다. 이는 협상 전략을 아무리 잘 짜더라도 상대방의 입장, 협상경험, 협상목적, 대응전략 등에 따라 전혀 다른 결과가 나올 수 있다는 것을 의미한다. 협상의 이 같은 상호작용 때문에 기업이나 국가의 다른 행위와 비교해 협상의 결과나 성과를 예측하기가 매우 힘들다.

당사자 수와 구성을 보면 협상 팀의 수가 많은 경우, 협상 과정의 진전과 더불어 각자의 이해관계가 분명해지고, 이에 따라 각각의 입장에 전략적인 요소가 강화된다.

2. 협상의 유형

협상의 유형에는 분배적 협상과 통합적 협상이 있다.[1] 분배적 협상은 'Win-lose negotiation', 즉 일방이 긍정적인 결과를 얻으면 상대방이 부정적인 결과를 얻는 협상을 의미한다. 이 경우에는 당사자 간의 관계가 기본적으로 경쟁적이어서 어느 일방이 이익을 보는 만큼 상대방이 손해를 보게 된다. 크기가 정해져 있는 몫을 서로 분배하는 협상을 벌이는 경우가 바로 이 협상 유형에 속한다.

분배적 협상과 상반되는 유형이 통합적 협상이다. 'Win-win negotiation'이라고도 불리는 이 협상은 공통이익을 증진시킨다는 측면에서 통합적 협상 혹은 융화적 협상이라고 부를 수 있다. 협상 당사자들의 이해관계가 상호배타적이지 않으며, 어느 일방의 목적 실현이 상대방의 목적 달성을 저해하지 않는 상황에서 이루어질 수 있는 협상 유형이다. 통합적 협상이 분배적 협상과 다를 수 있는 근본적인 이유는 분배적 협상은 고정된 가치를 분배하려는 상황을 전제하고 있는 데 반해, 통합적 협상은 가치가 고정되어 있지 않고 양자의 협조에 의해 보다 큰 가치가 창출될 수 있다는 점을 전제로 하기 때문이다.

통합적 협상을 이끌어 낼 수 있는 중요 요인은 협상이 협상 주체들에게 어떠한 방향으로 어느 정도의 영향을 주는지를 명확하게 파악하는 것이다. 즉 상대방에게는 효용이 크지 않으나 자신에게는 효용이 큰 항목이 있는 경우 그 항목을 상대방에게 양보하고, 상대방에게는 작은 효용을 가지나 자신에게는 큰 효용을 가지는 항목을 택하여 갈등을 효과적으로 관리하는 예가 이에 해당된다고 할 수 있다.

2절 협상의 과정

1. 갈등의 인식과 상황분석

협상 준비에서 갈등에 대한 인식이 있으면 그것을 해소하거나, 아무 조치도 취하지 않고 방임하거나, 둘 중 어느 하나로 나아가게 된다. 당사자들이 협상을 벌이

1) 이달곤, 협상론, 법문사, 1996.

기 위해서는 일단 협상을 통한 해결이 다른 대안에 비해 이익이 된다는 판단이 상호간에 서 있어야 한다. 협상을 개시하기 전에 우선 상황분석이 필요하며 협상에서 선택할 수 있는 대안에 어떤 것이 있는지를 충분히 검토하는 것이 협상을 효과적으로 끌고 나가는 방안이 된다.

2. 사전협상

사전협상이란 상대방과 더불어 본질적인 협상 의제의 범위를 확정하고, 협상방식과 절차 등에 대해 합의하는 과정을 의미한다. 본질적인 협상 의제의 명확화는 향후 협상의 핵심적인 사안인 이해관계의 조정을 효율적으로 수행할 수 있도록 도와준다.

3. 제의와 대응제의

협상테이블에 앉아서는 어느 일방의 제의가 있으면 상대방은 대응제의로써 자신의 요구를 제시하게 된다. 이러한 제의의 교환은 전략적인 매개로 해서 이루어지기 때문에 상호작용 과정을 면밀히 분석해야 상대방의 진정한 의도에 대한 정보를 얻어 낼 수 있다.

4. 협상의 마무리

협상의 마무리 과정은 첫째, 완전한 타결을 이루거나, 둘째, 협상이 완전히 결렬되거나, 셋째, 부분적인 합의와 부분적인 미해결로 마무리되는 경우로 나누어 볼 수 있다. 어떤 경로 협상이 진행되는가에 따라서 그 후로 진행될 협상에 많은 영향을 미치게 된다.

1) 필수적 합의

필수적 합의를 보아야 하는 경우 합의가 이루어지지 않으면 제3자의 개입으로 문제를 해결하는 수도 있다. 예를 들어 협약에 의해 중재가 수용되어 있는 경우라면 소송 등으로 바로 이어질 수 없으며, 반드시 중재를 통해서 해결해야 한다.

2) 추후승인과 집행

협상대표가 충분한 권위와 권한을 확보하지 못해 최종 결정권자의 승인을 받아야 하는 경우 상대방이 협상을 거부하는 경우도 있다. 또는 본인이 협상의 최종 승인권자가 아님을 협상에서 활용할 수도 있다. 협상 당사자가 최종 결정권을 가지고 있지 않고 사후승인을 받아야 하는 경우 최종 승인권자가 완강하기 때문에 요구조건을 들어줄 수 없다는 핑계를 이용할 수 있기 때문이다.

3) 부분적 합의

협상 당사자들이 부분적 합의를 이루게 되는 가장 일반적인 이유는 합의 가능한 것에 대해 우선적으로 노력을 집중시킬 수 있기 때문이다. 즉, 과도한 분쟁사안은 다음 협상으로 미루고, 합의 가능한 이슈에 대해서는 협상을 지연시키지 않고 합의단계에 들어가 타결 짓는 것이 전체적인 갈등해결에 도움을 주기 때문이다. 또 다른 이유로는 의견이 상반되는 이슈들을 묶어 따로 분리시킴으로써 갈등이 다른 주제영역으로 확산되는 것을 방지하여 전반적인 관계 유지에 도움이 되기 때문이다. 즉, 부분적 합의를 통해 남은 분쟁들을 다루기 쉬운 새로운 맥락하에 둘 수 있다.

형식적 합의와 관련된 것으로 가합의가 있다. 형식상으로는 완전한 합의지만 새로운 교환이나 공통이익의 새로운 결합이 없어 새로운 결정을 담고 있지 않은 합의안이다. 의도를 마음속에 묻어 두고 서로 이러한 묵계를 인정하면 형식적인 것만을 담은 타결안에 합의할 수 있다. 그러한 가합의는 상징적인 의미를 지니고 있으며, 실제로는 묵시적인 협상이 이루어져 있는 것이다. 가합의가 이루어졌다는 것은 앞으로 전개될 협상에서 실질적인 합의를 이루겠다고 상호 확약한 것으로 볼 수도 있다.

4) 협상의 결렬

협상이 아무런 암묵적인 합의조차도 이루지 못한 경우라 하더라도 협상 과정에서 토의된 이슈는 시간이 지나면서 그 성격이 변화될 수 있다. 이러한 연속적인 변화가 생기는 이유는 첫째, 다음에 계속되는 협상을 독립된 것으로 보지 않고 그 이전의 것과 연결된 하나의 패키지로 보기 때문이다. 둘째, 협상 과정에서 표명하는 마지막 입장이 때로는 선전의 기초가 되고 이미지를 부각시키는 작용을 하며 셋째, 협상 당사자 내의 내부 의사결정 과정이 일관성을 갖기 쉽기 때문이다.

3절 국제협상의 특성과 종류

1. 국제협상의 특성

국제협상은 상이한 문화권과 협상한다는 점에서 국내협상과 차이점을 가지며, 정치·경제·법률적 다원성과 이데올로기 문화 등의 차이로 인해 국내협상과 비교할 때 그 불안정성이 상대적으로 높다고 할 수 있다. 국제협상은 일반적으로 다음과 같은 특성을 가진다.

1) 불확실성

국제협상은 일차적으로 정치적 불확실성이 항상 존재하며 상대국 정부의 정책 변화 등에 의해 크게 영향을 받을 가능성이 있다. 또한 환율변동이 협상 당시에는 예상하지 못한 환차손을 가져올 수 있는 가능성이 존재한다.

2) 상이성

문화적 차이는 국제협상 과정 전반에 커다란 영향을 미친다. 문화적 차이에 따른 각종 장벽과 의사소통의 문제가 다른 문화권과의 협상을 어렵게 하는 주요 이유이다. 또한 협상 상대방에 대한 문화적 이해뿐만 아니라 협상 상대방의 정부와 국민들의 문화에 대한 이해도 협상에서 중요한 역할을 하는 경우도 있다. 협상 당사자들은 다양한 이해관계자들에게 협상의 결과가 성공적으로 비춰지기를 원하기 때문에 이에 대한 문화적 이해도 필요하다.

3) 다원성

모든 국가는 자신의 고유한 제도와 체제를 가지고 있기 때문에 각 나라 제도의 차이를 잘 알고 국제협상에 임해야 효율적인 협상이 가능하다. 또한 상대국의 정치제도나 외교정책이 국제협상에 중대한 영향을 미칠 수 있다.

2. 국제협상의 종류

국제협상은 다른 국가 또는 다른 문화권에 속한 당사자 간의 협상이라고 정의할 수 있다. 일반적으로 국제협상은 크게 다음과 같이 구분할 수 있다.

1) 국제정치관계 협상

국제정치, 군사, 외교상의 협상이슈를 국가 간 또는 국제기구 간에 협상하는 것을 말한다.

2) 국제통상 협상

WTO로 대표되는 다자간 협정이나 FTA 등의 국가 간 협정에서 이루어지는 협상으로 협상 당사자가 정부 또는 국제기구인 경우를 말한다.

3) 국제경영 협상

기업 간의 협상이나 또는 기업과 정부 간의 협상 등 기업이 당사자로 개입이 된 협상을 의미한다. 즉, 한쪽 당사자만 기업이면 상대가 개인, 기업, 정부 또는 국제기구임을 막론하고 국제경영 협상으로 분류할 수 있다.

4절 국제협상의 전략

1. 국제협상의 전략

협상을 유리하게 진행하기 위해서는 협상 진행 방향과 그 틀이 필요하다. 특히 국제협상은 서로 다른 문화권 간의 협상이기 때문에 협상자 간의 유사성 및 의사소통이 동일 문화 협상에서보다는 훨씬 더 어려울 수밖에 없을 것이다. 따라서 전략을 명확하게 세우는 것이 더욱 중요하다. 국제협상의 전략은 되도록이면 이해하기 쉽고, 세부적인 사항에 대한 지침까지 포함하고 있는 것이 실제 협상에서 실행하는 데 도움이 될 것이다. 이러한 협상전략을 세우기 위해서는 다음과 같은 기본적인 원칙을 인지해야 할 것이다.

1) 문화적 차이 인지 및 존중

국제협상에서 발생하는 문화적 갈등은 서로 다른 문화적 배경으로 인한 것인데, 막상 불편함을 느끼면서도 그것이 문화적 차이에 의한 것인지 인지하지 못하는 경우가 종종 발생한다. 이러한 문화적 차이의 인지실패(unawareness of cultural differences)는 국제협상에서 심각한 오해를 불러일으킬 수 있으며, 나아가 국제적 마찰이 발생할 가능성도 존재한다. 따라서 문화적 차이가 있음을 인지하고, 상대방

문화를 이해하고 존중하는 것은 국제협상에 임하는 제일 첫 번째 자세가 될 것이며, 이러한 차이를 고려한 협상전략이 필요할 것이다.

2) 눈높이 협상

협상을 진행하는 데 있어 눈높이를 맞추는 것은 매우 중요하다. 상대방의 입장에서 생각하고 협상에 대해 파악을 하면 상대방의 협상태도를 우호적으로 만들기 수월해지며, 결국 자신이 원하는 협상으로 이끌어갈 수 있을 것이다. 반대로 자기중심적인 태도로 협상에 임한다면, 상대방의 협상태도를 보수적 · 방어적으로 이끌어가 원하는 정보 또는 협상 결과를 얻어내기가 힘들어질 것이다.

3) 당근과 채찍

때때로 협상을 진행하는 데 있어 난항에 빠지거나 과도하게 경쟁적이 되어 상호 이해 절충이 되지 않는 경우가 발생하기도 한다. 이럴 경우, 상황에 따라 간접적인 보상을 제시하여 상대방을 누그러뜨리거나, 반대로 위협을 통해 상대방에게서 보상을 얻어내는 방법도 있다.

4) 자기확신

협상이란 상호작용적인 의사소통(interactive communication)이라고 할 수 있다. 상대방으로부터 원하는 것을 얻어내기 위해선 상대방을 설득할 수 있어야 하며, 이를 위해선 먼저 자신을 스스로 설득할 수 있어야 할 것이다. 따라서 제시하는 의제에 대해 합리성과 객관성을 확신하고 있어야 한다. 본인 스스로가 확신하지 못하는 것을 상대방에게 확신시켜 줄 수는 없기 때문이다.

2. 협상의 5대 요소

협상에서 좋은 결과를 가져오기 위해서는 여러 요소를 고려하여야 할 것이다. 협상의 성공 여부는 여러 상황과 요인의 영향을 받게 된다. 따라서 같은 주제를 가지고 협상을 진행하더라도 협상에 참여하는 사람, 협상이 이루어지는 장소 및 시간, 그 밖에 정치 · 경제 상황 등에 따라 그 결과는 달라질 수 있다. 그 중에서도 협상에 가장 큰 영향을 미치는 것을 다음과 같이 나열할 수 있다.

1) 협상목표

좋은 협상 결과를 위해서는 목표를 명확히 하는 것이 좋다. 또한 낙관적 목표설정이 필요하다. 높은 목표를 설정하면 이를 달성하기 위해서 보다 노력하게 되어 결과적으로 높은 결과를 이끌어낼 수 있게 된다. 물론 무턱대고 높은 목표의 설정은 피해야 한다. 희망사항이 아닌 현실적으로 실현 가능한 범위 안에서 높게 잡아 성취할 수 있도록 노력하는 것이 바람직하다.

2) 협상력

협상력이라 함은 협상에서 좋은 성과를 이끌어 낼 수 있는 능력을 말한다. 쉘(Shell, G. R)은 협상력을 자신이 원하는 조건으로 합의를 얻어낼 수 있는 힘("power to obtain an agreement on your own term")[1]이라고 표현하였다. 이는 상대방에게 압력이나 위협을 가할 수 있는 힘, 통제하는 힘, 마음을 바꾸거나 같은 목표를 지향하도록 하는 힘을 포함하고 있다. 이러한 협상력은 협상자의 지위, 시간제약, 상호의존성, 내부 이해관계자의 반발 등의 요인에 의해 결정된다고 볼 수 있다.

3) 관계

통상적으로 협상자 간의 관계가 깊을수록 좋은 협상 결과가 나타날 가능성이 높아진다. 협상자 간의 관계는 호혜적 관계(supportive relationship), 거래적 관계(transactional relationship), 적대적 관계(hostile relationship), 또는 개인적 관계(interpersonal relationship), 업무관계(working relationship) 등으로 나누어 볼 수 있다. 호혜적 관계는 상호이익을 얻을 수 있는 상황으로 주로 장기간 지속되는 경향이 있다. 반면 거래적 관계는 일회성 성향이 있으며 이러한 관계 형성은 그 협상에서의 이익만을 고려한다. 적대적 관계는 미국과 북한의 관계처럼 서로 적으로 바라보는 관계이다. 이러한 관계는 서로간의 신뢰도, 공통점, 상호관심 등에 따라 형성이 된다.

4) BATNA(Best Alternative to a Negotiated Agreement)

좋은 BATNA를 가지면 가질수록, 강한 협상력을 가지고 좋은 협상성과를 얻을

---

1) Shell, G. R., Bargaining For Advantage: Negotiation Strategies for Reasonable People, Penguin Book, 2006, p. 96.

수 있다.[2] BATNA는 협상에서 최선의 결과를 도출해내기 어려울 때 그 다음 차선책을 택하는 것을 말한다. 이는 협상력을 강화시키고 안 좋은 결과가 나오는 것을 막을 수 있게 된다.

5) 정보

많은 정보를 가지고 있으면, 협상과정에서 보다 효율적인 위치에 설 수 있게 된다. 많은 정보라 함은 양적으로 많은 정보는 물론, 정보의 질도 높은 신뢰성 있는 정보여야 한다. 그리고 이러한 정보를 효과적으로 사용하기 위해서는 충분한 분석도 뒤따라야 한다. 아무리 많고 질 좋은 정보를 가지고 있더라도 제대로 분석하여 활용하지 못한다면 아무 소용 없을 것이다.

3. 협상자의 자질

미국의 대형은행에서 유능한 협상자가 되기 위해 갖추어야 할 자질에 대한 조사를 실시하였는데, 분석하여 그 순위를 매겨보면 다음과 같다.

조사 당시 제시되었던 총 34개의 자질 중에서 가장 높은 순위를 받은 것은 협상을 계획하는 능력으로 나타났다. 그 다음으로는 주제에 대한 업무지식과 불확실성 · 압력을 다루는 능력이 있었으며, 상대방의 의견을 잘 듣는 것이 그 뒤를 이어 중요한 자질로 선정되었다. 이러한 요건들을 요약해보면, 유능한 협상자가 되기 위해서는 다양한 경험과 새로운 것을 배우려는 개방적인 사고방식을 바탕으로 하는 학습능력이 필요하다. 앞서 말했듯이, 협상은 여러 상황에 영향을 받기 때문에 경험만 또는 전문 지식만을 가지고서는 그 한계가 있기 마련이다. 따라서 두 항목을 적절히 접목시킬 수 있어야 한다. 그리고 여러 문화를 이해하려는 태도와 의사소통능력 등을 갖춘 글로벌 리더십(global leadership)도 필요하다. 국제화 시대에 알맞은 협상가가 되기 위해선 여러 문화의 이질성을 이해하고 상대방에 대한 배려를 할 줄 알아야 하며, 포괄적 또는 넓은 시각을 가지고 글로벌 에티켓을 유념해야 한다. 또한 상대방의 이야기를 잘 듣는 기술과 감정통제 기술도 갖추어야 할 자질로 손꼽을 수 있겠다.

---

2) Fisher, R., Ury W., Getting to Yes: Negotiation Agreement Without Giving In, Penguin Book, 1991, pp. 97-98.

표 13-1 유능한 협상자가 갖추어야 할 자질

Rank	Attributes	Ave response
1	Planning for negotiation	4.8
2	Working knowledge for the subject	4.5
3	Capable to deal with uncertainties & pressure	4.5
4	Good at listening	4.4
5	Good judgment & intellectual capability	4.3
6	Good at persuasion skills	4.1
7	Patience	4.0
8	Decisiveness	3.9
9	To be able to gain respect & trust	3.8
10	Disciplined to control emotion	3.8
11	Intuitive to read other party' s mindset	3.8
12	Leadership on the negotiation team	3.6
13	Open minded	3.5
14	Competitive	3.5

자료: Raiffa, Howard, The Art and Science of Negotiation,
The Belknap press of Harvard University Press, 1982, p. 121.

용어 정리

▶ **문화적 차이:** 이질적인 문화환경이 의미하는 것은 사람들이 서로 다른 사회화 교육을 받았을 경우에 발생하는 의사소통상의 불일치 문제라고 말할 수 있다. 즉 이러한 이질적인 문화환경은 국가가 다르기 때문에 발생할 수 있는 문제이기도 하지만 동일한 국가 내, 동일한 문화권 내에서도 나타날 수 있는 문제이다.

[어윤대, 국제경영, 2002]

시사 읽을거리

KOTRA, 국제협상 · 계약 실패 사례집 발간 … 러시아에선 회사 직인 없으면 계약 무효

중소 제조업체인 A사는 최근 사소한 실수 때문에 낭패를 당할 뻔했다. 오랜 협상 끝에 러시아 업체에 물품을 대량 납품키로 하고 선적까지 했는데, 뒤늦게 계약이 무효가 될 수 있다는 통보가 왔기 때문이다. '계약서에 회사 직인이 없을 경우 효력을 인정하지 않는다' 는 러시아 규정을 모르고 당사자 서명만 받은 게 화근이 었다.

A사는 KOTRA의 도움으로 물품이 도착하기 전에 회사 직인을 받아 화를 면했지만, 당시 일을 생각하면 지금도 가슴을 쓸어내린다.

KOTRA 관계자는 "많은 국내 중소기업들이 러시아 규정을 모른 채 계약서를 작성하다 피해를 입곤 한다" 며 "특히 러시아 공공기관은 사소한 실수에 대해서도 정정 요구를 받아들이지 않기 때문에 계약서 작성시 세심한 주의가 필요하다" 고 설명했다.

국내 기업의 해외 진출이 확대되면서 성공만큼이나 실패 사례도 늘고 있다.

KOTRA는 5일 국제 비즈니스 현장에서 흔히 일어나는 실수와 실패 경험을 우리 기업들이 반면교사(反面教師)로 삼을 수 있도록 '우리 기업의 국제협상 · 계약 실패 사례집' 을 발간했다.

70여 개 해외 무역관에서 보내온 현장 보고를 토대로 작성된 이 책에는 계약서를 허술하게 작성하다 낭패를 당한 경우에서 대량 주문에 현혹돼 바이어 요구대로 납품가격을 낮추다 '팔면 팔수록 손해를 본' 업체에 이르기까지 다양한 실패 사례가 담겨 있다.

베트남에서 고전하고 있는 농기계 생산업체 K사는 현지 시장 사정을 꿰지 못해 된서리를 맞은 케이스다. 파격적인 조건을 제시한 현지 유통업체 말만 믿고 판매 에이전트 수를 2개에서 1개로 줄였다가 판로 확보에 어려움을 겪게 된 것. KOTRA는 "베트남은 아직 시장 규모가 작기 때문에 현지 유통업체와 독점 공급 계약을 맺는 것은 위험하다" 며 "아직까지는 복수 에이전트를 통해 판로를 넓히는 게 유리하다" 고 조언한다.

C사는 영국 비즈니스 환경에 대한 몰이해와 준비 부족이 협상 실패의 원인이 됐다. 이 업체는 '보수적인 영국인의 특성을 감안해 첫 거래 때는 이메일보다 카탈로그를 우편으로 송부하는 게 좋다' 는 기본 룰을 몰랐을 뿐 아니라 오 · 탈자와 잘못된 표현으로 회사의 신뢰를 스스로 깎아먹었다.

D사는 무턱대고 맺은 양해각서(MOU) 때문에 앞으로 남아프리카공화국 진출이 불가능할 정도로 현지에서 이미지가 나빠졌다.

D사는 'MOU는 법적 구속력이 없다' 는 점을 들어 협상 과정에서 MOU를 파기했지만, MOU를 사실상 최종 계약서처럼 생각하는 현지 업체 입장에선 '약속을 깬 기업' 이 된 것이다.

KOTRA 관계자는 "우리 기업의 해외 진출이 급격히 늘어나면서 예상치 못한 상황이 자주 발생하고 있다" 며 "현지 시장 상황과 각종 거래 규정 등을 철저히 준비한 뒤 진출해야 피해를 줄일 수 있다" 고 말했다.

[오상헌 기자 ohyeah@hankyung.com]

제5편

무역상무

제14장

무역계약

1절 무역계약의 개념

무역계약이 무역상품에 관한 매매계약인 이상 매매로서의 본질적인 점은 국내 상품매매와 다름이 없다. 물품매매계약이란 물품대금이라는 반대급부에 대하여 물품의 소유권을 매도인으로부터 매수인에게 양도하든가 혹은 양도할 것을 약속하는 계약을 말한다. 즉, 매매는 매도인이 그의 상품의 소유권을 매수인에게 양도하여 상품을 인도할 것을 약속하고, 한편 매수인은 그의 상품을 수령하고 그 대금을 지불할 것을 약속하는 계약이므로 무역계약은 한마디로 합의적 · 쌍무적 · 유상적 계약이다.

합의적 계약(consensual contract)이란 일방의 청약(offer)에 대해서 상대방이 수락(acceptance)함으로써 계약이 성립함을 말하며, 쌍무적 계약(bilateral obligation contract)이란 계약의 성립에 의하여 쌍방이 인도(delivery)와 대금지불(payment)의 의무를 부담하게 됨을 말한다. 유상적 계약(remunerative contract)이란 쌍방의 의무뿐만 아니라 급부(물품)에 대한 대가(화폐)를 동반하는 것을 말한다.

2절 무역계약의 성립단계

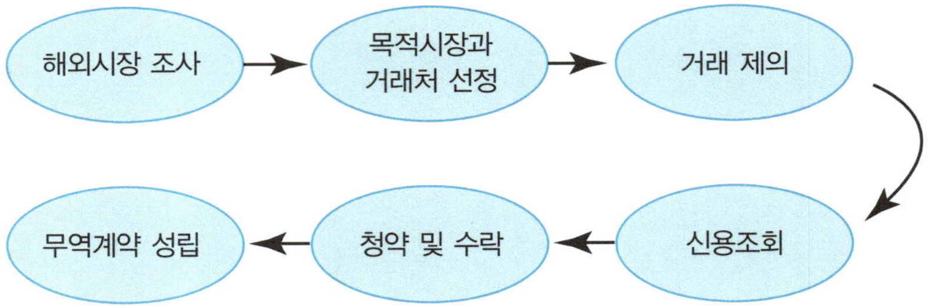

그림 14-1 무역계약의 성립단계

1. 해외시장 조사

해외시장 조사(overseas market research)는 무역업자가 새로운 시장을 개척하고자 할 때 행하는 최초의 단계로 주로 자사 상품의 시장성(marketability) 혹은 판매가능성(salability)을 알기 위한 조사와 연구를 말한다.

오늘날 수송과 통신의 개선은 모든 국가 간의 접촉과 거래의 기회를 증가시키고 있으므로 기업은 발전과 이익의 기회가 예견되면 세계 어디에도 진출할 수 있다. 그러나 해외시장은 국내시장과는 다른 많은 특이한 시장환경을 갖고 있으며 더 많은 위험(risks)을 내포하고 있는 것도 사실이다. 따라서 해외시장 조사는 철저하고 조직적이 되어야 한다. 해외시장 조사의 내용은 대개 목표시장에서의 상품의 수요와 공급, 지리적·사회적 조건(기후, 인구, 종교, 교육수준, 교통 등), 정치·경제적 조건(정치적 안정성, 수출입 관리제도 등)을 포함한다.

2. 목표시장과 거래처의 선정

철저한 해외시장 조사에 의하여 자사 상품의 시장성이 있는 목표시장(target market)을 선정한 후, 잠재적인 고객(potential customer)이나 유능한 거래처를 다음과 같은 방법을 통하여 선정한다.

① 상공인명록(directory)의 이용

② 무역업자 자신의 현지시찰(overseas visit)이나, 자기의 해외지점, 출장소, 또는 민간 무역사절단의 파견
③ 해외에 있는 단골거래처의 소개 및 알선
④ 국내외의 상공회의소(chamber of commerce)에 의뢰
⑤ 국내외 무역관계 신문, 잡지 및 업계의 기관지 등 이용
⑥ 대한무역진흥공사(KOTRA) 및 해외무역관, 한국무역협회(KITA) 혹은 수출조합에 의뢰
⑦ 우리나라의 재외공관 및 주한 외국공관에 의뢰

3. 거래 제의

목표시장과 거래처가 선정되면 inquiry(조회문) 또는 circular letter(거래제의서)에 거래의 창출이 가능하도록 다음과 같은 사항을 열거 · 작성하여 발송하면서 거래제의(business proposal)를 한다. 또한 상품목록(catalogue), 견본(sample), 가격표(price list) 등을 동봉하는 것도 바람직하다.

① 상대방의 주소, 성명을 알게 된 경위
② 자사의 영업내용, 영업규모, 재정상태, 취급상품 및 업계에서의 위치
③ 거래상품의 명세와 더불어 견본, 가격표, 상품목록 등 참고자료에 대한 언급
④ 거래조건(terms and conditions)의 개요, 주로 결제조건(terms of payment)
⑤ 자기의 신용 조회처(credit reference)의 명시
⑥ 조속하고 유리한 회답을 기대한다는 맺음말

4. 신용조회

거래 제의에 대해 관심을 표명하는 업체에 대해서는 무역거래가 원거리 간 거래이므로 거래관계가 성립되기 전에 그 업체의 신용 상태에 대해서 신뢰할 수 있는 정보를 입수해야 한다.

신용조사(credit inquiry)는 대개 그 업체의 자본 상태, 거래 규모, 경영능력, 평판 등을 대상으로 하고 있어 대개 3C' s로 집약된다.

① Character(성실성): 계약이행상의 도의심 및 성실도를 알아보기 위하여 영업방침, 채무에 대한 열의, 업계에 있어서의 평판, 경영자의 인격 등을 검토할 필요가 있다.
② Capacity(지불): 거래능력의 조사를 위해서 회사의 연혁, 경영자의 경력, 회사의 조직, 거래관계 등을 검토한다.
③ Capital(자본): 자본금의 크기, 자산의 내용 및 재산 상태를 재무제표 등을 검토 · 분석하여 지급능력의 여부를 판단한다.

3C' s외에 5C' s라 하여 Country(문화), 즉 상대국의 정치적 성향과 Currency(경제력), 즉 상대국 통화의 안정 상태를 포함시키기도 한다.

신용조사를 하는 방법은

① 거래처의 거래은행(bank reference) 또는 신뢰할 만한 동업자에게 조회한다.(trade reference)
② 해외지사를 활용한다.
③ 상업흥신소(commercial agency)를 이용한다.

5. 청약(Offer) 및 수락(Acceptance)

거래 제의에 대하여 거래조건에 대한 inquiry(문의; 조회)가 오면 신용조사를 행하고 신용이 확실한 업체에 offer를 내게 된다.

Offer는 일방이 상대방에게 법적 구속력을 갖는 계약체결을 하기 위한 제의인데 이러한 offer의 조건을 받아들이는 행위가 수락(acceptance)이다. 이와 같이 청약자(offerer)가 제시한 거래조건에 대해서 피청약자(offeree)가 수락 · 합의하면 계약이 성립되므로 offer와 acceptance는 계약 성립의 필수조건이다. offer는 대개 다음과 같이 분류된다.

1) 판매청약(Selling offer)과 구매청약(Buying offer)

발행주체에 따라 수출업자가 판매청약을 하는 selling offer와 수입업자가 구매청약을 하는 buying offer가 있는데 무역거래에서는 대개의 경우 selling offer이다.

2) 국내발행 offer와 국외발행 offer

발행지에 따라 국내발행 offer와 국외발행 offer가 있다.

3) 확정오퍼(Firm offer)와 미확정오퍼(Free offer)

기한의 확정성에 따라 firm offer(확정오퍼, 기한부오퍼)와 free offer(미확정오퍼, 자유오퍼)로 나눈다.

① Firm offer: firm offer는 offer를 낼 때 수락 기한을 명시하여, 그 지정 기한 내에는 offer를 원칙적으로 철회할 수 없는 offer를 말한다. 그러므로 지정된 기한 내에 피청약자가 발송한 수락의 통지가 도착하면 매매계약이 성립된다. 그러나 불가항력(force majeure)이 발생한 경우 취소나 변경이 가능하다. offer 기간의 표시는 대개 다음과 같이 한다.

> We offer you firm the following goods subject to your reply being received here by noon, April 5, 2008
> Validity: Until noon, April 5, 2008

② Free offer: free offer는 회답 기한을 제시하지 않고 판매하고자 하는 상품과 거래조건을 표시한 일종의 매매 권유장이므로 항상 그 동안의 가격변동과 재고 여부를 감안하여, offer 발행자의 확인을 필요로 하는 offer이므로 sub-con offer(subject to our confirmation)라고 불린다. 즉 피청약자가 offer를 수락하면 offer 발행자는 가격, 재고, 선적기한 등을 재검토하여 확인하게 되면 계약이 성립되므로 대개 다음과 같은 내용이 삽입되는 점이 firm offer와 다르다.

> subject to our (final) confirmation
> subject to change without (prior) notice

4) 역오퍼·반대오퍼(Counter offer)

counter offer는 주로 offer의 가격, 수량, 선적시기 등의 조건에 대하여 피청약자가 자신에게 유리한 대안을 제시하면서 조건의 수정 또는 변경을 요구하는 것이다. 이 counter offer는 새로운 offer가 된다.

6. 무역계약의 성립

앞에서 설명한 바와 같이 일방의 청약(offer)에 대해서 상대방이 수락(acceptance)하면 계약이 성립된다. 그러나 최초의 오퍼(original offer)에 대하여 수차의 counter offer를 거치고 난 후 직접 당사자끼리 상담 또는 협상(business negotiation)을 통하여 서로 합의점에 도달하여 계약이 성립되는 경우가 보통이다.

이와 같이 무역은 국제 거래이므로 성사되기까지 많은 과정을 거치게 된다. 요약하면 일반적인 수출입 계약체결의 절차는 다음과 같다.

Circular Letter → Creadit Inquiry →
Offer → Counter Offer → Acceptance → Sales Contract

Offer가 수락되면 원활한 거래를 위하여 여러 거래조건에 대해서 상호협의하고 이 협의사항에 의거, 계약서를 정 · 부 2통 작성, 서명하여 교환함으로써 계약체결을 하게 된다. 물론 offer sheet에 수입상의 서명을 받아 계약서로 대신할 수도 있으나 미비사항에 의하여 분쟁을 초래할 수 있으므로 주의를 요한다.

이러한 계약에는 거래가 성립될 때마다 체결하는 개별계약(case by case contract)과 연간 또는 장기간 기준으로 계약을 체결하고 필요 시마다 수정을 가하는 포괄 또는 장기계약(master contract)이 있다. 수출입 전문상사 사이에 매매를 국한시키는 독점계약(exclusive contract)도 있다. 개별계약의 경우에는 Sales Confirmation Note(매매확약서) 또는 Purchase Order Sheet(주문서)를, 포괄(장기) 계약에는 Agreement on General Terms and Conditions of Business(일반거래조건에 관한 협정서)를, 독점계약의 경우 Exclusive Sales Contract(독점 매매계약서)를 교환하게 된다. 이러한 계약서는 계약상품의 명세와 더불어 대개 다음과 같은 거래조건에 관한 협정사항을 포함한다.

가격조건(price), 품질조건(quality), 수량조건(quantity), 선적조건(shipment), 대금결제조건(payment), 포장조건(packing), 보험조건(insurance), 분쟁 및 중재에 관한 조건(claim and arbitration), 기타조건(other terms and conditions) 등이다.

서식 14-1 무역계약서 양식

【Sales Contract】

International Commerce Club, as seller, hereby confirms having concluded the export sales contract with your company, as buyer, to sell the following goods on the date and on the terms and conditions hereinafter set forth. The buyer is hereby requested to sign and return the original attached hereto.

Commodity:
Quality:
Price & Terms of Delivery:
Packing & Marking:
Time of Shipment:
Port of Shipment:
Port of Destination:
Payment:
Insurance:
Special Terms & Conditions:

Refer to General Terms and Conditions set forth on back hereof, which are incorporated herein and make a part of this contract.

_________(Buyer)___________________________ (Seller)___________
_________Chairman_________________________ President__________
____

Gildong Hong

【General Terms and Conditions】

This Agreement entered into between International Commerce Club, Busan, Korea, hereinafter called the Sellers, and M.C.P. Inc., Paris, France, hereinafter called the Buyers, witnesses as follows;

1. **Business:** Both Sellers and Buyers act as Principals and not as Agents.
2. **Goods:** Goods in business, their unit to be quoted, and their mode of packing shall be stated in the attached list.

3. **Quotations and Offers:** Unless otherwise specified in cables or letters, all quotations and offers submitted by either party to this Agreement shall be in Euro Currency on a C.I.F. Le Harve basis.
4. **Firm Offers:** All offers are to be considered "firm" subject to reply being received within the period stated in respective cables. Sundays and official Bank holidays are excepted.
5. **Orders:** Any business closed by cable shall be confirmed in writing without delay, and orders thus confirmed shall not be cancelled unless by mutual consent.
6. **Credit:** Banker' s irrevocable Letter of Credit shall be opened in favor of the sellers immediately upon confirmation of sale ; credit shall be made available twenty-one(21) days beyond shipping promises in order to provide for unavoidable delays of shipment.
7. **Payment:** Drafts shall be drawn under irrevocable Letter of Credit at sight, document attached, for the full invoice value.
8. **Shipment:** All goods sold in accordance with this Agreement shall be shipped within the stipulated time. The date of Bill of Lading shall be taken as conclusive proof of the date of shipment. Unless expressly agreed upon, the port of shipment shallbe at the Sellers' option.
9. **Marine Insurance:** All shipments shall be covered ICC(A) Clauses for a sum equal to the amount of the invoice plus ten(10) percent, if no other conditions are particularly agreed upon. All policies shall be made out in Euro Currency and payable in Paris.
10. **Quality:** The Sellers shall guarantee all shipment to confirm to samples, types, or descriptions, with regard to quality and condition.
11. **Claims:** Claims, if any, shall be submitted by cable within fourteen(14) days after arrival of goods at destination. Certificates recognized by surveyors shall be sent by mail without delay. All claims which can not be amicably settled between Sellers and Buyers shall be submitted to Arbitration in Seoul. The arbitrators are consisted of three members, the decision of an umpire selected by the arbitrators shall be final, and the loosing party shall bear expenses thereof.
12. **Force Majeure:** The Sellers shall not be responsible for the delay of shipment in all cases of force majeure, including mobilization, war, riots,

civil commotion, hostilities, blockade, requisition of vessels, prohibition of export, fires, floods, earthquakes, tempest, and any other contingencies, which prevent shipment within the stipulated period. In the event of any of the aforesaid causes rising, documents proving its occurrence or existence shall be sent by the Sellers to the Buyers without delay.

13. **Delayed Shipment:** In all cases of force majeure provided in Article 12, the period of shipment stipulated shall be extended for a period of twenty-one(21) days. In case shipment within the extended period should still be preventedby a continuance of the causes mentioned in Article 12 or the consequences of any of them, it shall be at the Buyers' option either to allow the shipment of late goods or to cancel the order by giving the Sellers the notice of cancellation by cable.
14. **Shipping Notice:** Shipment effected against the contract of sale shall be immediately cabled.
15. **Shipment Samples:** In case shipment samples be required, the Sellers shall forward them to the Buyers prior to shipment.
16. **Marking:** All shipment shall be marked as arranged otherwise.
17. **Cable Expenses:** Expenses relating to cabling shall be borne by the respective senders.

In witness whereof, International Commerce Club, has hereunto set their hand on the 1st day of March, 2005, at Seoul, and M.C.P. Inc., has hereto set their hand on the 15th day of March, 2005, at Paris. This Agreement shall be valid on and from the 1st of April, 2005, and any of the Articles in the Agreement shall not be changed or modified unless by mutual consent.

용어 정리

▶ **대한무역투자진흥공사(KOTRA):** 무역진흥과 국내외 기업 간의 투자 및 산업 기술 협력의 지원을 통해 국민경제 발전에 이바지할 목적으로 설립된 정부투자기관이다. 주요 활동으로 중소기업의 해외시장 진출을 지원하기 위해 수출 외에 다양한 형태의 무역거래 알선사업을 수행하고 있으며, 해외시장 정보수집 및 제공사업, 해외 전시사업, 해외 홍보사업, 투자 진흥사업, 국내 산업과 상품의 해외소개 및 선전, 해외무역관 설치 운영, 기타 산업자원부 장관이 정한 수출입업무 등의 무역 진흥사업을 추진하고 있다.

[http://www.kotra.or.kr]

▶ **보험조건(Terms of Insurance):** 운송 중의 물품에 대한 위험을 담보하기 위하여 적하보험(cargo insurance)을 이용한다. 따라서 매매계약상의 보험조건에서는 이러한 보험을 부보하는 보험 계약체결의 의무와 담보조건 및 보험금액 등을 약정한다.

[양영환 · 오원석 · 박명섭, 국제무역의 이해, 2003]

▶ **불가항력(Force Majeure):** 불가항력적인 사태로 인하여 매도인이 적기에 선적이 불가능하게 되면 수출지국 주재 수입국의 영사 또는 상업회의소의 증명에 따라 선적을 유예받거나 선적의무를 전면 면제받기 위해 약정하는 불가항력 조항이다. 여기에서 불가항력적인 사태란 천재지변, 즉, 낙뢰, 폭풍우, 지진, 홍수 등 자연적인 사태를 의미하나 현재에는 동맹파업, 공장폐쇄, 내란, 소요, 전쟁 및 정부간섭 등의 인위적인 사태도 포함하고 있으며 매도인의 능력으로 통제불가능한 제 여건을 포함하는 개념으로 이해되고 있다.

[신황호, 신무역학원론, 2004]

▶ **선적조건(Terms of Shipment):** 무역거래에서 매도인의 주요업무는 약정품의 인도의무로서 물품인도의무의 원만한 이행을 위해서는 당사자 간에 인도시기와 인도장소 및 인도방법의 세 가지 요소에 대한 약정을 필요로 한다. 인도(delivery)의 시기, 장소 및 방법은 선적완료된 또는 본선의 난간(ship' s rail)을 유효하게 통과한 시간과 장소가 되며, 인도방법은 선적서류의 인도를 통한 방식이다.

[김시경, 최신무역학개론, 2004]

▶ **청약(Offer):** 청약이란 피청약자의 승낙이 있으면 계약을 성립시킬 목적으로 하는 청약자의 일방적·확정적 의사표시이다. 이러한 의사표시에는 착오(mistake), 부실표시(mispresentation), 사기(fraud), 강박(duress)과 같은 하자나 불법성이 없어야 한다. 청약은 확정적 의사표시라는 점에서 청약의 준비행위에 불과한 예비교섭단계인 청약의 유인(Invitation to Offer)과 구별되어야 한다. 실무적으로 청약의 유인인 Inquiry, Price-List, Quotation과 혼동을 피하기 위하여 청약 시에는 'Offer' 란 용어를 사용하는 것이 좋다.

[양영환 · 오원석 · 박명섭, 국제무역의 이해, 2003]

시사 읽을거리

KOTRA, 복잡한 무역계약도 원클릭 OK

복잡한 무역계약을 한 번에 해결할 수 있는 전자 무역계약 시스템이 도입됐다.

KOTRA는 22일 무역거래 전 과정을 전자화한 B2B(기업간 거래) e트레이드 서비스를 개시했다고 밝혔다.

e트레이드 서비스는 수출 상품정보 전자화, 사이버 상담, 수출 로드쇼, 음성·동영상 오퍼 등 온라인 상담기능 강화, 전자 무역계약 체결, 무역대금 전자결제, 바이어 피해 구제제도와 수출대금 회수 보장제도 등으로 구성됐다.

이 서비스는 무역계약에 따른 결제를 신용카드를 통해 할 수 있는 것이 가장 큰 특징이다.

예를 들어, 외국 바이어는 본격적인 수입을 하기 전에 샘플을 요청하게 되는데 국내 수출업체는 이 시스템을 이용해 샘플 대금을 100% 받고 바이어는 샘플 입수를 확인할 수 있는 것이다. 기존 샘플 거래에서 국내 기업은 선불을 희망하고, 바이어는 상품 입수 후 대금지급을 원하기 때문에 무역거래가 불발되는 사례가 많았다.

특히 바이어들은 1만 달러 이하 소액을 수입할 때 신용장을 이용하면 개설비용과 서류준비가 만만치 않아 다소 높은 수수료를 부담하고 전신환으로 송금하고 있다.

그러나 e트레이드 서비스에 카드결제 시스템을 도입함으로써 상황이 달라질 것으로 보인다. 바이어가 편리하고 저렴한 수수료로 수입대금을 결제할 수 있기 때문에 한국 상품 수입을 확대할 것으로 전망된다고 KOTRA측은 설명한다. 수출업체와 바이어 간 신뢰도를 개선해 수출을 촉진할 수 있다는 얘기다.

이 서비스의 또 다른 특징은 바이어 피해 구제제도, 이를 위해 선수금 상환제도와 계약이행 보증제도를 도입했다.

바이어 피해 구제제도는 홍콩상하이은행(HSBC)이 운영한다. HSBC 신용평가를 통과하지 못한 중소기업을 위해 서울보증보험에서 200만 달러 이하 무역계약에 대해 바이어에게 보증서를 발급한다.

e트레이드 서비스는 또 국내 기업이 가격, 수량, 결제조건 등 기초 정보만 입력하고 바이어가 승낙하면 복잡한 무역계약이 완료된다. 무역계약 부대조건을 기본 포맷으로 지원하기 때문에 국내 업체가 복잡한 무역조건을 이해하지 않아도 된다.

[매일경제 2006년 5월 22일자]

제15장

무역거래조건

1절 INCOTERMS 2010

1. 인코텀스의 의의

무역은 언어, 관습, 제도 등이 상이(相異)한 국가 간의 상거래이기에 거래관습과 조건 특히, 거래조건의 정형화 · 통일화 작업의 필요성이 요구되었고, 제1차 세계대전 이후 국제 상업회의소와 국제법률협회에 의해서 본격적으로 이루어지기 시작하였다. 거래조건에 관한 국제규칙은 국제상업회의소가 제정한 INCOTERMS가 골격을 이루고 있다.

인코텀스(INCOTERMS)의 정식명칭은 정형거래조건의 해석에 관한 국제규칙(International Rules for the Interpretation of the Trade Terms)이나 최근 개정된 INCOTERMS 2010에서는 그 명칭을 'ICC Rules for the Use of Domestic and International Trade Terms(국내 및 국제거래조건의 사용에 관한 ICC 규칙)' 으로 하였다.

INCOTERMS는 흔히 운송계약으로 착각하기 쉽지만 매도인과 매수인 간의 관계를 취급하고 있는 매매계약이다. 국제계약을 이행하는 데 있어 매매계약 이외에도 운송, 보험, 금융 등의 다양한 계약이 필요하지만 INCOTERMS는 명백하게 매매계약에만 해당되고 있다. 하지만 매매계약에 필요한 모든 의무를 규정하고 있지는 않다. 또한 다른 법 조항같이 강행력을 가지지 못하고 오직 계약당사자들의 상호합의가 있어야만 사용될 수 있다. 즉, INCOTERMS는 서로 다른 무역관행으로 인한 분쟁 및 소송을 미연에 방지하고자 만들어진 규칙으로 매매계약의 기본적인 틀을 제공한다고 할 수 있다. INCOTERMS를 정리해보면 다음과 같다.

표 15-1 INCOTERMS 2010

운송방식 불문조건
• EXW(EX Works) • FCA(Free Carrier) • CPT(Carriage Paid to) • CIP(Carriage and Insurance Paid to) • DAT(Delivered At Terminal) • DAP(Delivered At Place) • DDP(Delivered Duty Paid)
수상운송 전용조건
• FAS(Free Alongside Ship) • FOB(Free On Board) • CFR(Cost and Freight) • CIF(Cost, Insurance and Freight)

2. 인코텀스의 제정

INCOTERMS는 1936년 ICC가 처음 제정될 당시에는 11개의 조건으로 규정되었으나, 1953년에는 분쟁의 소지가 많았던 2개의 조건이 삭제되어 9개의 조건으로 규정되었다. 그 후 1967년에 동서 국경무역의 발전과 매수인의 최소부담조건의 요구에 따라 2개의 조건이 추가되어 다시 11개의 조건으로 규정되었고, 1976년에는 항공운송이 발전됨에 따라 1개의 조건이 추가되어 12개의 조건으로 규정되었으며, 1980년에는 국제복합운송의 발전에 따라 2개의 조건이 추가되어 14개의 조건으로 규정되었다.

1989년 말에 개정이 확정되어 1990년 7월 1일부터 시행되고 있는 INCOTERMS

1990은 전자문서교환(Electronic Data Interchange: EDI) 통신과 국제복합운송이 고도로 발전됨에 따라 종전의 14개 조건 중에서 2개의 조건(FOR 및 FOA)이 흡수 · 삭제되고 1개의 조건(DDU)이 추가되어 13개의 조건으로 규정되어 있다.

INCOTERMS 1990은 구성면에서 실무적으로 식별하기 쉽게 13개의 조건을 그룹화하였으며, 또한 각 조건에서의 매매인의 의무를 각각 10개의 조항으로 간단명료하게 배열하였고, 내용면에서는 문장의 표현을 전폭적으로 재조정하여 알기 쉽게 표현하고 또한 개별 조건이 사용될 수 있는 적용범위를 명시하고 있다.

INCOTERMS 2000은 13개 정형거래조건에 대하여 과거의 규칙에 비해 보다 간결하고 명료한 정의를 내리고 있으며 당사자 간의 권리, 의무의 내용을 보다 분명히 함으로써 이를 실무에 적용함에 있어서 야기될 수 있는 오해나 분쟁의 소지를 없앴다.

INCOTERMS의 제정 목적은 무역에 있어서 가장 많이 사용되는 무역조건의 해석을 위한 일정한 국제규칙을 제공하는 데 있다. 계약당사자들이 그들의 각기 다른 국가에 있어서의 상이한 무역관행을 잘 모르는 경우가 많다. 그래서 이로 인하여 시간 및 금전의 낭비와 더불어 오해, 분쟁 및 소송을 야기할 수 있다. 이러한 문제를 해결하기 위하여 국제상업회의소는 1936년에 무역조건의 해석에 관한 국제규칙을 제정하였고 그 이후 1953년, 1967년, 1976년, 1980년, 1990 및 2000에 보완 · 개정하였으며, 2010년에 INCOTERMS 2010을 개정 완료하였고 INCOTERMS 2010을 2011년 1월 1일부터 발효하고 있다.

3. 인코텀스 2010 개정배경 및 특징

인코텀스는 1936년 최초로 제정된 이래 변화하는 상관습에 대응하기 위해 거의 10년을 주기로 지금까지 총 7차례의 개정이 이루어져, 현재는 2010년에 제정된 INCOTERMS 2010이 사용되고 있다. 7차 개정의 배경으로는 복합운송조건의 이용률 저조, D그룹 조건의 이용률 저조, 선측난간(Ship' s rail)을 기준으로 한 위험이전과 비용부담에 대한 비판, 화물터미널에서의 화물취급비용(THC 등), 전자무역의 발전 및 화물보안에 대한 높아지고 있는 관심을 들 수 있다.

INCOTERMS 1980부터 나타난 복합운송조건(FCA, CPT, CIP 조건)에 대한 이용률은 30년이 지난 오늘날에도 실제 복합운송을 이용하여 수출입되는 화물에 비교하여 보면 현저한 차이가 난다. 2007년 기준으로 볼 때, 항공운송을 포함한 수출 입금액이 56.3%인 것에 대해 복합운송조건이 사용된 것은 9.3%에 불과하다. 이는 복합운송조건들을 이용하여야 하는 상황에서도 기존의 FOB, CIF 등의 전통적인 해상매매계약조건을 사용하고 있는 데서 비롯한다. D그룹 또한 사용률이 저조하며(수출입금액 기준 6.4%), 특히 DAF 조건의 경우 유명무실화되었다. 그리고 DAF, DES 및 DDU 조건들은 내용면에서 유사한 조건들이기 때문에 이에 대한 재정비의 필요성을 인식하였다고 보여진다. 이에, 2009년 초 개정작업을 시작하여 1차 초안인 INCOTERMS 3000을 준비하였고, 각국의 의견을 반영하여 9월엔 2차 초안인 INCOTERMS 2011을 준비하였다. 이후 2010년 1월 3차 초안인 INCOTERMS 2010

표 15-2 INCOTERMS 2000과 2010의 비교

<table>
<tr><th colspan="2">INCOTERMS 2000</th><th colspan="2">INCOTERMS 2010</th></tr>
<tr><td>E조건</td><td>• EXW(EX Works)</td><td rowspan="2">운송방식
불문조건</td><td rowspan="2">• EXW(EX Works)
• FCA(Free Carrier)
• CPT(Carriage Paid to)
• CIP(Carriage and Insurance Paid to)
• DAT(Delivered At Terminal)
• DAP(Delivered At Place)
• DDP(Delivered Duty Paid)</td></tr>
<tr><td>F조건</td><td>• FCA(Free Carrier)
• FAS(Free Alongside Ship)
• FOB(Free On Board)</td></tr>
<tr><td>C조건</td><td>• CFR(Cost and Freight)
• CIF(Cost, Insurance and Freight)
• CPT(Carriage Paid to)
• CIP(Carriage and Insurance Paid to)</td><td rowspan="2">수상운송
전용조건</td><td rowspan="2">• FAS(Free Alongside Ship)
• FOB(Free On Board)
• CFR(Cost and Freight)
• CIF(Cost, Insurance and Freight)</td></tr>
<tr><td>D조건</td><td>• DAF(Delivered At Frontier)
• DES(Delivered Ex Ship)
• DEQ(Delivered Ex Quay)
• DDU(Delivered Duty Unpaid)
• DDP(Delivered Duty Paid)</td></tr>
</table>

이 준비되었으며, 2011년 1월 1일부터 발효하고 있다. 2011년 1월 1일 발효된 INCOTERMS 2010의 개정은 범세계적으로 관세자유지역의 확대, 전자적 통신수단의 사용증대, 물류상 보안에 대한 규제의 확대 그리고 운송관행의 변화 등에 그 배경을 두고 있다.

INCOTERMS 2010의 두드러진 특징으로, 최근 FTA의 확대와 전자무역의 확산을 고려하였고, 기존의 13개 조건을 11개로 줄이면서 내용을 보다 분명하고 간단하게 정리하였고, INCOTERMS 2010은 기존의 국제거래뿐만 아니라 국내거래에도 적용 가능하도록 계약당사자의 의무를 규정하였다.

2절 단일 또는 복수의 운송수단에 사용 가능한 규칙

1. EXW(EX Works: 공장인도조건)

EXW는 선택된 운송수단의 종류와 관계없이 사용할 수 있고, 하나 또는 그 이상의 운송수단이 적용되는 곳에서도 사용할 수 있다. EXW는 국내거래에 적합하고, 국제거래에는 FCA가 더 적절하다.

EXW는 매도인의 구내영업장 또는 다른 지정된 장소(예컨대, 작업장, 공장, 창고 등)에서 매수인의 임의처분 상태로 물품을 두었을 때 인도된다. 이 때 수출통관은 매수인의 의무이다.

EXW에서 인도장소의 지점을 최대한 정확히 명시하여야 한다. 왜냐하면 그 지점까지의 위험과 비용은 매도인에게 있기 때문이다. 합의된 인도 지정장소가 있다면 매수인은 그 지점에서 물품을 인수하는 것을 포함한 모든 비용과 위험을 부담한다. 본 조건에서는 위험과 비용의 분기점이 동일하다.

EXW는 무역계약에서 매도인의 최소의무를 의미한다. EXW를 사용할 경우에는 다음과 같은 사항을 유의하여야 한다.

첫째, 매도인이 물품을 적재하는 데 매수인이 보다 더 유리한 위치에 있더라도 그렇게 하는 것은 매도인에게 물품 적재의 의무가 없다. 매도인이 물품을 적재하는 경우에는 매도인의 위험과 비용으로 한다. 실무적으로 매도인이 물품을 적재하기 위하여 더 유리한 위치에 있는 경우에는 매도인에게 그러한 위험과 비용을 부담하는 FCA 조건을 사용하는 것이 더 적절하다.

둘째, 매수인이 수출을 위하여 매도인으로부터 EXW로 물품을 구매할 경우 매도인은 수출이행을 위한 단순한 협조의 의무만 있고 수출통관의 의무가 없다. 그러므로 매수인이 직접 또는 간접적으로 수출통관을 할 수 없다면 EXW가 아닌 FCA를 사용하여야 한다.

셋째, 매도인의 필요에 따라 매수인에게 요구하는 경우에도 매수인은 약정물품의 수출에 대하여 매도인에게 한정된 최소한의 정보만 제공한다. 왜냐하면 매도인은 세금(조세) 또는 기타 보고의 목적으로 물품의 수출에 관한 정보가 필요할 수 있기 때문이다.

2. FCA(Free Carrier: 운송인인도조건)

FCA는 운송수단의 종류와 상관없이 사용할 수 있고, 하나 또는 그 이상의 운송수단이 적용되는 곳에서도 사용할 수 있다.

FCA는 매도인이 매도인의 구내 또는 그 밖의 지정된 장소에서 매수인에 의하여 지정된 운송인 또는 제3자에게 물품을 인도하여야 한다. 계약당사자들은 인도 지정된 장소 내에서 그 지점을 가능한 한 정확하게 명시하여야 한다. 왜냐하면 그 지점에서 매수인에게 위험이 이전되기 때문이다.

FCA에서는 선택된 인도장소에 따라 물품적재 및 양하의 의무가 달라진다. 인도장소가 매도인의 구내인 경우 매도인은 매수인이 제공한 운송수단에 물품을 적재하여야 하고, 그 밖의 지정된 장소일 경우 매도인은 운송수단에 적재되어 있는 상태로 매수인이 지명한 운송인 또는 제3자의 처분하에 두면 된다.

FCA에서 매도인은 물품 수출통관 의무가 있다. 하지만 매도인에게 물품 수입통관, 수입관세 부담 등의 의무는 없다.

3. CPT(Carriage Paid to: 운송비지급인도조건)

CPT는 운송수단의 종류와 관계없이 사용할 수 있고 하나 이상의 운송수단이 적용되는 곳에서도 사용할 수 있다.

CPT에서 매도인은 자신이 지정한 운송인이나 제3자에게 합의된 장소(당사자간 장소가 합의된 경우)에서 물품을 인도하고, 매도인은 지정된 목적지까지 물품을 운송하는 데 필요한 운송계약을 체결하고 운송비를 지급하여야 한다. CPT에서 매도인 인도의무는 물품이 목적지에 도착하였을 때가 아니라 물품을 운송인에게 전달하였을 때 이행한 것이다.

CPT에서는 위험과 비용의 분기점이 상이하므로 당사자들은 매매계약에서 인도장소와 매도인이 운송비를 부담하는 지정 목적지를 최대한 정확하게 지정하여야 한다. 만약 합의된 목적지까지 물품을 운송하기 위하여 다수의 운송인이 개입되고, 당사자가 특정한 인도지점에 대한 합의를 하지 않았을 경우에는, 매도인이 선택한 최초의 운송인에게 물품을 인도한 지점에서 위험이 이전된다. 하지만 그 이후 단계에서 위험의 이전을 원하는 경우, 예컨대 항구나 공항에서 하고자 하는 경우에는 계약당사자가 매매계약서에 위험의 인도지점을 자세히 명시하는 것이 바람직하다. 그리고 만약 매도인이 운송계약에서 목적지에서 하역비용을 부담하는 경우에도 계약당사자 사이에 별도의 합의가 없다면, 매도인은 매수인에게 하역비용을 청구할 수 없다.

CPT는 매도인에게 수출통관의 의무가 있다. 그러나 매도인이 수입통관, 수입관세 지불, 수입세관 절차를 진행할 의무가 없다.

4. CIP(Carriage and Insurance Paid to: 운송비 · 보험료지급인도조건)

CIP는 운송수단의 종류와 관계없이 사용할 수 있고, 하나 이상의 운송수단이 적용되는 곳에서도 사용할 수 있다.

CIP에서 매도인은 자신이 지정한 운송인이나 제3자에게 합의된 장소(당사자 간 장소가 합의된 경우)에서 물품을 인도하고, 매도인은 지정된 목적지까지 물품을 운송하는 데 필요한 운송계약을 체결하고 운송비를 지급하여야 하고, 또한 매도인은 운송 중 발생할 수 있는 물품의 멸실 또는 손상에 대한 보험계약을 체결하여야 한다. CIP 조건에서 매도인은 최소한의 담보조건으로만 보험계약을 체결한다. 만일 매수인이 보다 더 큰 담보조건으로 보험계약을 원하는 경우에는 매도인과 이에 대하여 명시적으로 합의하거나 스스로 별도의 보험약정을 체결하여야 한다.

CIP에서 매도인 인도의무는 물품이 목적지에 도착하였을 때가 아니라 물품을 운송인에게 전달하였을 때 이행한 것이다.

CIP에서는 위험과 비용의 분기점이 상이하므로 당사자들은 매매계약에서 인도

장소와 매도인이 운송비를 부담하는 지정 목적지를 최대한 정확하게 지정하여야 한다. 만약 합의된 목적지까지 물품을 운송하기 위하여 다수의 운송인이 개입되고, 당사자가 특정한 인도지점에 대한 합의를 하지 않았을 경우에는, 매도인이 선택한 최초의 운송인에게 물품을 인도한 지점에서 위험이 이전된다. 하지만 그 이후 단계에서 위험의 이전을 원하는 경우, 예컨대 항구나 공항에서 하고자 하는 경우에는 계약당사자가 매매계약서에 위험의 인도지점을 자세히 명시하는 것이 바람직하다. 그리고 만약 매도인이 운송계약에서 목적지에서 하역비용을 부담하는 경우에도 계약당사자 사이에 별도의 합의가 없다면, 매도인은 매수인에게 하역비용을 청구할 수 없다.

CIP는 매도인에게 수출통관의 의무가 있다. 그러나 매도인이 수입통관, 수입관세 지불, 수입세관 절차를 진행할 의무가 없다.

5. DAT(Delivered at Terminal: 터미널인도조건)

DAT는 운송수단의 종류와 관계없이 사용할 수 있고, 하나 이상의 운송수단이 적용되는 곳에서도 사용할 수 있다.

DAT는 지정된 항구 또는 목적지의 지정된 터미널에서 도착운송수단으로부터 양하된 물품을 매수인의 임의처분 상태로 놓아두었을 때 인도된다. '터미널' 은 부두, 창고, CY(Container Yard)나 도로, 철로 또는 공항화물터미널과 같이 지붕의 유무와 상관없이 모든 장소를 포함한다. DAT에서 매도인은 지정된 항구 또는 목적지까지 물품을 운송하기 위한 운송계약을 체결하고 운송비를 부담하여야 한다.

DAT에서 매도인은 지정된 항구 또는 목적지까지 물품을 운반하여 양하까지의 모든 위험을 부담한다. 따라서 당사자들은 지정된 항구 또는 목적지 장소의 터미널, 가능하다면 터미널 내에 특정 지점을 최대한 정확히 명시하여야 한다. 만약 당사자들이 터미널에서 다른 장소로의 물품 운송과 처리에 대한 위험과 비용을 매도인의 부담으로 하기를 원할 경우에는 DAT 조건 대신 DAP 또는 DDP 조건을 사용하여야 한다.

DAT에서 매도인은 물품의 수출통관 의무가 있다. 하지만 매도인은 물품의 수입통관, 수입관세 지불이나 수입세관 절차를 진행할 의무가 없다.

6. DAP(Delivered at Place: 목적지인도조건)

DAP는 운송수단의 종류와 관계없이 사용할 수 있고, 하나 이상의 운송수단이 적용되는 곳에서도 사용할 수 있다.

DAP는 매도인이 물품이 목적지의 지정된 장소에 도착되는 운송수단으로부터 양하준비 상태로 매수인이 임의처분 상태로 놓아두었을 때 인도된다.

DAP에서 매도인은 지정된 목적지까지 물품을 운송하기 위한 운송계약 체결 및 운송비를 부담하고, 목적지 지정장소까지 운송하는 데 관련된 모든 위험을 부담하기 때문에 당사자들은 인도장소의 지점을 최대한 정확히 명시하여야 한다. 만약 당사자 간에 별도의 합의가 없다면 매도인에게 물품의 양하비용이 발생하였더라도 매도인은 매수인으로부터 양하비용을 돌려받을 수 없다.

DAP 조건은 매도인이 수출통관을 부담한다. 하지만 매도인에게는 물품수입을 위한 수입관세 또는 수입통관 절차 이행 의무가 없다. 만약 매도인이 물품수입을 위한 수입통관, 수입관세 지불이나, 수입세관 절차 이행을 원할 경우에는 DDP 조건을 사용하여야 한다.

7. DDP(Delivered Duty Paid: 관세지급인도조건)

DDP는 선택된 운송형태와 관계없이 사용할 수 있고, 하나 이상의 운송수단이 적용되는 곳에서도 사용할 수 있다.

DDP는 매도인이 계약물품을 수입통관하고 지정된 목적지에 도착하는 모든 운송수단으로부터 양하 준비를 마친 상태로 매수인의 임의처분 상태로 인도한다.

매도인은 지정된 목적지까지 운송계약을 체결하여야 하고 운송과 관련된 모든 비용과 위험을 부담하며 물품의 수출통관뿐만 아니라 수입통관의 의무를 지며, 모든 관세를 지급한다. 따라서 매도인 측면에서 DDP는 정형거래조건 중 매도인의 최대의무를 나타낸다.

DDP에서 당사자들은 인도장소의 지점을 최대한 정확히 명시하여야 한다. 왜냐하면 해당 지점까지의 위험은 매도인의 부담이기 때문이다.

당사자 간에 합의되지 않은 상황에서 매도인에게 물품의 양하비용이 발생하였더라도 매도인은 매수인으로부터 양하비용을 돌려받을 수 없다. 매도인이 직접 또는 간접적으로 수입통관을 할 수 없는 경우에는 DDP 조건을 사용해서는 안 된다. 만약 당사자들이 매수인이 수입통관의 비용과 위험을 부담하기를 원한다면 DAP 조건을 사용하여야 한다.

3절 수상운송전용 조건

1. FAS(Free Alongside Ship: 선측인도조건)

FAS는 해상운송과 내수로 운송에만 사용할 수 있다. FAS란 매도인이 선적항에서 매수인이 지정한 본선의 선측(예컨대, 부두 또는 바지선)에 인도하는 것을 의미한다.

물품이 본선 선측에 인도될 때 물품에 대한 멸실과 손상의 위험이 매도인으로부터 매수인에게 이전된다. 그리고 나아가 매수인은 그 시점부터 모든 비용을 부담한다.

계약당사자는 지정선적항의 선적지점을 가능한 한 세밀하게 명시하여야 한다. 왜냐하면 인도지점까지 물품에 대한 위험과 비용이 매도인의 책임이고, 이러한 비용과 관련 수수료는 해당 항구의 관습에 따라 변경될 수 있기 때문이다.

FAS에서 매도인은 지정선적항에서 매수인이 지정한 본선의 선측에 물품을 인도하거나 또는 이미 그렇게 인도된 물품을 조달(procure)하여 매수인에 대한 물품 인도의무를 이행한다. 이때 'procure'의 의미는 전매(string sales)를 의미하는 것으로 전매는 제조물이 아닌 곡물이나 광물 등 'commodity' 매매에서 일반적으로 발생한다.

컨테이너 운송의 경우에는 매도인이 물품을 컨테이너 터미널에서 운송인에게 인도하는 것이 일반적이다. 따라서 이 경우에는 FAS 조건을 사용하는 것이 적합하지 않고 FCA를 사용하여야 한다.

FAS 조건에서는 매도인이 수출통관을 이행하여야 한다. 하지만 수입통관과 수입관세의 비용부담 의무는 없다.

2. FOB(Free on Board: 본선인도조건)

FOB는 해상운송과 내수로 운송에만 사용할 수 있다. FOB에서는 매도인이 지정된 선적항에서 매수인이 지정한 본선상에 계약물품을 인도하거나, 이미 그렇게 인도된 물품을 조달하면 된다. 물품의 멸실 또는 손상에 대한 위험은 물품이 본선적재되었을 때 이전된다. 그리고 나아가 매수인은 그 순간부터 모든 비용을 부담한다.

매도인은 계약물품을 본선적재하거나 선적을 위해 인도된 물품을 조달(procure)하여 매수인에 대한 물품인도의무를 이행한다. 이때 'procure'의 의미는 전매(string sales)를 의미하는 것으로 전매는 제조물이 아닌 곡물이나 광물 등 'commodity' 매매에서 일반적으로 발생한다.

FOB는 물품이 선박에 적재되기 전에 운송인에게 넘겨지는 경우에는 적절하지 않다. 예컨대 컨테이너 운송의 경우에는 매도인이 물품을 컨테이너 터미널에서 운송인에게 인도하는 것이 일반적이다. 따라서 이 경우에는 FOB를 사용하는 것은 적합하지 않고 FCA를 사용하여야 한다.

FOB에서는 매도인이 수출통관을 이행하지만, 수입지에서 수입통관과 수입관세의 비용부담 의무는 없다.

3. CFR(Cost and Freight: 운임포함조건)

CFR은 해상운송과 내수로 운송에만 사용할 수 있다. CFR에서 매도인은 물품을 본선에 적재하여 인도하거나 이미 그렇게 인도된 물품을 조달하면 된다. 물품의 멸실 또는 손상에 대한 위험은 물품이 본선적재되었을 때 이전된다.

매도인은 지정된 목적항까지 물품을 운송하기 위하여 필요한 운임과 비용을 지불하고 운송계약을 체결하여야 한다.

CFR의 중요한 특징은 위험의 이전시점과 비용의 분기점이 불일치하는 것이다. 매도인은 물품이 선적항의 본선에 적재될 때까지 물품의 멸실 또는 손상에 대한 위험을 부담하지만 선적항의 본선적재시까지의 비용에 목적항까지의 운임을 추가하여 부담하여야 한다.

운송계약하에서 매도인이 목적항의 특정한 지점에서 양하비용을 부담한다면, 당사자 간에 별도의 합의가 없을 경우에는 매도인이 매수인으로부터 그러한 비용을 회수할 권리가 없다.

매도인은 계약물품을 본선적재하거나 선적을 위해 인도된 물품을 조달

(procure)하여 매수인에 대한 물품인도 의무를 이행한다. 이때 'procure'의 의미는 전매(string sales)를 의미하는 것으로 전매는 제조물이 아닌 곡물이나 광물 등 'commodity' 매매에서 일반적으로 발생한다.

CFR은 물품이 선박에 적재되기 전에 운송인에게 넘겨지는 경우에는 적절하지 않다. 예컨대 컨테이너 운송의 경우에는 매도인이 물품을 컨테이너 터미널에서 운송인에게 인도하는 것이 일반적이다. 따라서 이 경우에 CFR을 사용하는 것은 적합하지 않고 CPT를 사용하여야 한다.

CFR에서는 매도인이 수출통관을 이행하여야 한다. 하지만 매도인에게 수입통관과 수입관세 비용부담 의무는 없다.

4. CIF(Cost Insurance and Freight: 운임 · 보험료 포함조건)

CIF는 해상운송과 내수로 운송에만 사용할 수 있다. CIF에서 매도인은 물품을 본선에 적재하여 인도하거나 이미 그렇게 인도된 물품을 조달하면 된다. 물품의 멸실 또는 손상에 대한 위험은 물품이 본선적재되었을 때 이전된다.

매도인은 지정된 목적항까지 물품을 운송하기 위하여 필요한 운임과 비용을 지불하고 운송계약을 체결하여야 한다. 그리고 매도인은 운송 중 물품에 대한 멸실 또는 손실의 매수인 위험에 대하여 보험계약을 체결하여야 한다.

CIF에서 별도의 합의가 없으면 매도인이 최소담보로 보험을 부보하면 된다. 만약 매수인이 보다 높은 담보조건으로 보험계약을 원하는 경우에는 매수인이 명시적으로 매도인에게 동의하거나 자신이 추가 보험계약을 체결하여야 한다.

CIF의 중요한 특징은 위험의 이전시점과 비용의 분기점이 불일치하는 것이다. 매도인은 물품이 선적항의 본선에 적재될 때까지의 물품의 멸실 또는 손상에 대한 위험을 부담하지만 선적항의 본선적재시까지의 비용에 목적항까지의 운임과 보험료를 추가하여 부담하여야 한다. 운송계약하에서 매도인이 목적항의 특정한 지점에서 양하비용을 부담한다면, 당사자 간에 별도의 합의가 없을 경우에는 매도인이 매수인으로부터 그러한 비용을 회수할 권리가 없다. 매도인은 계약물품을 본선적재하거나 선적을 위해 인도된 물품을 조달(procure)하여 매수인에 대한 물품인도 의무를 이행한다. 이때 'procure'의 의미는 전매(string sales)를 의미하는 것으로 전매는 제조물이 아닌 곡물이나 광물 등 'commodity' 매매에서 일반적으로 발생한다.

CIF는 물품이 선박에 적재되기 전에 운송인에게 넘겨지는 경우에는 적절하지 않다. 예컨대 컨테이너 운송의 경우에는 매도인이 물품을 컨테이너 터미널에서 운송인에게 인도하는 것이 일반적이다. 따라서 이 경우 CIF를 사용하는 것은 적합하지 않고 CIP를 사용하여야 한다.

CIF는 매도인이 수출통관을 이행하여야 한다. 하지만 매도인에게 수입통관과 수입관세 비용부담 의무는 없다.

용어 정리

▶ **국제상업회의소(International Chamber of Commerce: ICC)**: 세계 경제의 발전 촉진, 전세계 기업계의 이익 대변, 자유롭고 공정한 경쟁을 바탕으로 한 세계무역 및 투자촉진, 무역관행의 일치화를 추구하며 기업활동에 필요한 실무 서비스 제공 등을 목적으로 1920년 정식 발족된 국제연합 정부간기구 중 하나이다. 가입국은 130여 개국이며 한국은 1959년에 가입했다.

[http://www.donga.com]

▶ **본선수령증(Mate's Receipt)**: 화물이 본선에 반입되면 일등항해사(chief mate)가 선장을 대리하여 선박회사에서 발급한 선적 지시서(S/O: shipping order)와 대조하면서 화물을 수취한 다음 선창 내에 적취시킨다. 이때 화물을 수령한 증거로서 검수원의 tallysheet에 의하여 본선이 발행하는 증명서를 본선수령증이라고 한다.

[http://www.ktpress.co.kr]

▶ **부선료(Lighterage)**: 항만지역에서 운송화물의 처리와 관련되어 발생되는 비용의 일종으로 화물의 적 · 양하를 Lighter 또는 바지(Barge)를 사용하여 작업하는 경우의 비용을 말한다.

[http://www.cargonews.co.kr]

▶ **양하구(Tackle)**: 선박내 장치물로서 밧줄과 도르래 등으로 구성, 물건을 끌어올리는 데 사용된다.

[http://www.klnews.co.kr]

▶ **양하기(Winch)**: 자유낙하로 사용되는 부수적인 장비로 선 · 하적시 사용하는 장비를 윈치, 양하기라 한다. 선박에 장착된 양하기의 경우에는 화물을 적재, 양하하는 데 사용된다. 이것을 움직이는 원동력에 따라 증기윈치(Steam Winch), 전기윈치(Electronic Winch), 수압윈치(Hydraulic Winch) 등으로 나눈다.

[http://www.klnews.co.kr]

▶ **전자자료교환(Electronic Data Interchange: EDI)**: UN 경제위원회가 정의한 바에 따르면, 'EDI란 상거래 또는 행정수속에 관련된 data 및 message를 구조화하기 위해 합의한 표준규약(Protocol)을 사용하여 컴퓨터 간에 행해지는 상거래 또는 행정수속의 전자적 전송' 이다. 보다 구체적으로 보면, EDI는 ① 상거래 또는 행정수속에 관한 data 또는 message를 ② 다른 기업이나 조직에 있는 컴퓨터와 ③ 통신회선을 매개로 ④ 해당 기업의 컴퓨터가 처리하는 format(서식) 등에 맞게 변환될 수 있도록 ⑤ 어떤 합의된 표준에 의거하여 전송하는 것이라고 할 수 있다.

[박명섭, 국제물류의 이해와 사례, 2005]

시사 읽을거리

FOB와 CIF

FOB 조건을 영국 판례에서 최초로 발견한 것이 1812년이었는 데 반해, CIF 조건이 영국 판례에서 최초로 발견된 것은 50년 후인 1862년이었다. 이렇게 볼 때 CIF 계약조건에 관한 관습은 FOB 조건의 변형에 의한 국제상관습이 더욱 발전하여 생성된 것이라고 볼 수 있다.

이에 따라 FOB 조건의 매매지만 매수인이 선복을 수배하는 대신에 특약에 의하여 매도인이 선적항에서 정기선의 선복을 확보하거나 또 경우에 따라서는 매수인이 희망하는 조건으로 해상보험계약을 체결하는 등의 변형적인 FOB 매매가 행하여지게 되었다.

이와 같은 변형된 FOB 조건의 이용은 해운 및 무역의 분리 발전뿐 아니라 선하증권, 해상보험, 상업신용장의 급속한 발달에도 영향이 있었던 것이다. 이 같은 매매조건은 영국과 식민지 간에 1840년경 free on board and including freight and insurance라는 계약에서 처음 과도적으로 나타나기 시작한 것 같다. 이 같은 특약은 장기간에 걸쳐 관습화되면서 점차로 매도인이 운송계약과 보험계약을 체결할 의무를 부담하는 동시에 운임 및 보험료를 선적서류와 상환으로 대금지급이 이루어지는 거래 형태가 탄생하게 되었던 것이다.

[옥선종 편저, 무역관습]

시사 읽을거리

FOB와 CIF

FOB 조건을 영국 판례에서 최초로 발견한 것이 1812년이었는 데 반해, CIF 조건이 영국 판례에서 최초로 발견된 것은 50년 후인 1862년이었다. 이렇게 볼 때 CIF 계약조건에 관한 관습은 FOB 조건의 변형에 의한 국제상관습이 더욱 발전하여 생성된 것이라고 볼 수 있다.

이에 따라 FOB 조건의 매매지만 매수인이 선복을 수배하는 대신에 특약에 의하여 매도인이 선적항에서 정기선의 선복을 확보하거나 또 경우에 따라서는 매수인이 희망하는 조건으로 해상보험계약을 체결하는 등의 변형적인 FOB 매매가 행하여지게 되었다.

이와 같은 변형된 FOB 조건의 이용은 해운 및 무역의 분리 발전뿐 아니라 선하증권, 해상보험, 상업신용장의 급속한 발달에도 영향이 있었던 것이다. 이 같은 매매조건은 영국과 식민지 간에 1840년경 free on board and including freight and insurance라는 계약에서 처음 과도적으로 나타나기 시작한 것 같다. 이 같은 특약은 장기간에 걸쳐 관습화되면서 점차로 매도인이 운송계약과 보험계약을 체결할 의무를 부담하는 동시에 운임 및 보험료를 선적서류와 상환으로 대금지급이 이루어지는 거래 형태가 탄생하게 되었던 것이다.

[옥선종 편저, 무역관습]

제16장

무역결제

1절 대금의 결제 방법

1. 송금 방식

송금 방식은 수입상이 물품을 받기 전 또는 받은 후에 대금의 전액을 송금하거나, 수출상이 물품 또는 서류를 인도할 때 수입상이 대금을 송금하는 방식으로 사전 송금 방식과 사후 송금 방식이 있다.

또한, 송금(remittance)하는 방식으로 T/T(Telegraphic Transfer: 전신환)와 M/T(Mail Transfer: 우편환), D/D(Demand Draft: 보통송금환)가 있다.

2. 추심 방식

추심(collection)은 선적 후 선적서류를 첨부할 환어음, 즉 화환어음(Documentary Bill of Exchange)을 발행하고 거래은행에 추심을 의뢰하여 수입상이 선적서류와 상환으로 결제한 대금을 지불받는 형태로 화환 추심(documentary collection)이라고 불린다.

추심 방식에는 어음이 일람불인 경우 수입자는 어음의 제시에 대하여 대금을 지급하고 지급과 동시에 선적서류를 어음대금 지급인에게 인도하는 지급도조건(D/P: Documents against Payment)과 기한부어음의 경우 지급인(수입자)이 어음을 인수(accept)하고 서명하면 선적서류가 인도되는 인수도조건(D/A: Documents against Acceptance)이 있다. 이 경우 D/P, D/A표시가 없으면 D/P로 간주된다(I.C.C. 추심에 관한 통일규칙 10조).

그리고 신용 있는 상사 사이에 또는 본지사 간의 소액거래(운임, 보험료, 수수료 등)에서는 관계서류를 수입업자에게 직접 송부하고 어음(무담보어음; Clean Bill of Exchange)만을 작성하여 거래은행을 통하여 추심하여 결제하는 경우도 있는데 이 방식을 무담보 추심(Clean Collection)이라고 부른다.

3. 신용장 방식

신용장에 의거하여 발행된 신용장부 화환어음(Documentary Bill of Exchange with Letter of Credit), 즉 신용장이 요구하는 선적서류와 환어음을 거래은행에 매입시켜 대금을 바로(추심하지 않고) 회수받는 방식이다.

신용장에 의한 방식은 수입상의 대금결제 불능 시 은행이 지급을 보증하고 있어 추심어음의 경우 발생할 수 있는 위험이 없으므로 오늘날 무역거래에서 많이 이용되는 방식이다.

4. 후불 방식

① 장부결제(Open of Current Account): 거래가 많은 회사 사이에 또는 본·지사 간에 선적 시마다의 대금결제의 불편을 없애고 일정 기간에 한 번씩 대금을 결제하는 방식으로 주로 위탁판매수출의 형태에 많이 이용되는 신용판매 방식이다.

② 분할지불(Progressive or installed Payment): 주로 기계설비, 플랜트, 선박 등의 수출에 이용되는 중장기 연불수출의 형태로 계약 시, 선적 시, 도착 시 또는 1년에서 5년의 중장기로 나누어 지불하는 방식이다.

2절 환어음

1. 환어음의 개념

무역대금의 청구를 위하여 수출자는 외국환어음을 발행하게 된다. 이때 물론 신규 외환어음 거래 시에는 거래은행에 외국환어음 약정서를 제출하고 앞으로의 모든 외환어음 거래에 그것을 적용하게 된다.

외국환어음은 국제거래상의 채권자가 채무자에게 그의 채권금액을 지명인 또는 소지자에게 일정한 시일 및 장소에서 무조건 지불할 것을 위탁하는 요식 유가증권이다. 국제무역거래에 있어서 환어음의 주요 당사자는 발행인(채권자인 수출자), 지급인(지급을 확약한 신용장 개설은행 또는 수입자), 수취인(발행인이 지정하는 제3자 또는 매입은행)이다. 이와 같이 환어음의 당사자는 국가를 달리하고 있는데 각자의 어음 행위는 행위지의 어음법에 따르고 있다. 그러나 각국법에 위배되지 않는 경우 환어음의 추심 업무는 I.C.C.가 제정한 상업어음 추심에 관한 통일규칙에 의거 처리된다.

보통 2통으로 발행되는 환어음은 하나가 결제되면 자동적으로 나머지는 무효가 되는데 환어음은 요식증권이므로 필수 기재사항 중 하나가 누락되어도 무효가 된다.

2. 환어음의 기재사항

① 환어음의 표시: "Bill of Exchange"

② 일정금액의 지급위탁문언: "Pay to… the sum of…"

③ 지급인: "To…"

④ 지급만기일: "at…sight" (일람불일 경우 공란)

⑤ 수취인: "Pay to… or order" (지시식 어음)

⑥ 지급지: 아래부분에 주소 또는 도시명

⑦ 발행일 또는 발행지: 윗부분에 표시

⑧ 발행인의 기명날인: 발행인의 서명

물론 환어음 금액은 신용장의 금액을 초과하지 못하고, 발행일은 신용장의 유효기일 이내여야 하며 지급지, 지급인, 수취인은 신용장 내용과 일치하여야 한다. 또한 환어음의 수취인에 따라 기명식, 지시식, 지참인식 환어음의 세 종류로 나누어진다.[1)] 무역거래에서는 보통 지시식으로 발행된다.

---

1) 기명식: Pay to the Seoul Bank
지시식: Pay to the Seoul Bank or Order
지참인식: Pay to Bearer

서식 16-1 환어음

NO. **BILL OF EXCHANGE** Date ________ Seoul, Korea

FOR

AT ________ SIGHT OF THIS **FIRST** BILL OF EXCHANGE (**SECOND** OF THE SAME TENOR AND DATE BEING UNPAID) PAY TO **KOREA EXCHANGE BANK,** ________ OR ORDER THE SUM OF

VALUE RECEIVED AND CHARGE THE SAME TO ACCOUNT OF ________

DRAWN UNDER ________

L/C NO. ________ DATED ________

TO. ________

BP-B-FM-002(1/2)(1989. 1월 개정, 210X110)

NO. **BILL OF EXCHANGE** Date ________ Seoul, Korea

FOR

AT ________ SIGHT OF THIS **SECOND** BILL OF EXCHANGE (**FIRST** OF THE SAME TENOR AND DATE BEING UNPAID) PAY TO **KOREA EXCHANGE BANK,** ________ OR ORDER THE SUM OF

VALUE RECEIVED AND CHARGE THE SAME TO ACCOUNT OF ________

DRAWN UNDER ________

L/C NO. ________ DATED ________

TO. ________

BP-B-FM-002(2/2)(1989. 1월 개정, 210X110)

3절 신용장

1. 신용장의 정의

신용장이란 무역거래의 대금지불 및 상품의 수입을 원활히 하기 위하여 수입자의 수입지 거래은행이 수입자의 요청에 의하여 은행의 신용을 대외에 제공하고, 일정기간 및 일정 조건하에서 수출자가 수입자 앞으로 화환어음을 발행하면 그 어음을 인수(acceptance) 또는 매입(negotiation)하거나 대금을 지급하겠다는 것을 확약(engagement)하는 증서이다.

신용장 거래를 통하여 매도인은 매수인으로부터 대금지급에 대한 불안을 해소할 수 있으며, 매수인이 일방적으로 주문을 취소할 위험을 방지할 수 있다. 즉, 신용위험에서 해방될 수 있다.

한편, 매수인은 자신이 주문한 물품이 약정된 기간 내에 선적된다는 보장을 받을 수 있기 때문에 상업 위험에 대한 불안으로부터 해방될 수 있다.

신용장 거래에 있어서 이것에 관여하는 자를 총칭하여 신용장의 당사자(parties concerned)라 하는데, 거래에 나타날 수 있는 당사자를 열거하면 다음과 같다.

① 개설의뢰인(Applicant for the Credit)
② 개설은행(Opening Bank; Issuing Bank)
③ 수익자(Beneficiary)
④ 통지은행(Advising Bank)
⑤ 확인은행(Confirming Bank)
⑥ 지급은행(Paying or Accepting Bank)
⑦ 매입은행(Negotiating Bank)
⑧ 결제은행(Settling Bank; Reimbursing Bank)

2. 신용장의 성질

1) 신용장의 독립성

신용장은 매매계약상의 결제조건이 신용장인 경우에 개설되며, 일단 개설이 되면 신용장 거래와 매매계약은 독립적이다. 즉 신용장은 그 성질상 매매계약과는 전혀 무관하며, 아무런 구속도 받지 않는다. 그러므로 신용장 거래의 수익자가 제시한 선적서류의 내용이 매매계약과 다르더라도 신용장 조건과 일치한다면 개설은행은 대금을 지급해야 한다.

2) 신용장의 추상성

신용장 거래는 상품거래가 아니라 서류거래이다. 즉 신용장 거래에 관계하는 은행은 선적서류만을 근거로 하여 대금지급 여부를 판단하며, 또한 서류의 문면상으

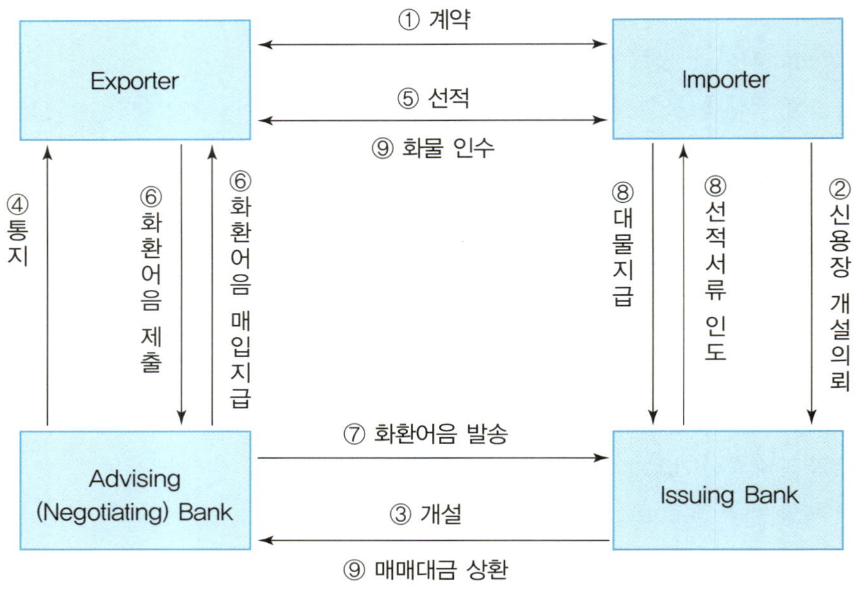

그림 16-1 **신용장 당사자 간의 거래관계**

로만 서류를 심사하여 대금지급을 행하게 된다.

3) 신용장 조건의 엄격일치성

신용장 거래는 신용장 조건과 일치하는 선적서류의 제시에 대하여만 대금지급이 행하여지므로 선적서류는 신용장 조건과 엄격하게 일치하여야 한다.

3. 신용장의 종류

1) 화환 신용장·무담보 신용장

① 화환 신용장(Documentary Credit): 신용장 개설은행이 수익자가 발행한 환어음에 유가증권인 선하증권 등의 선적서류를 첨부할 것을 조건으로 하여 지급·인수 또는 매입할 것을 확약하는 신용장을 말한다.

② 무담보 신용장(Clean Credit): 신용장에 의하여 발행되는 환어음에 선적서류를 첨부하지 않더라도 수익자가 발행한 어음만으로 그것을 지급, 인수, 매입

서식 16-2 신용장

수입신용장(SWIFT MT700) 개설 사례

Application header block :

: Input/Output Identifer	: I Outgoing Message
: Transaction Typer	: 700 issue of a documentary credit
: Transaction Prioity	: n Normal
: From	: WOORI BANK, SEOUL
: To	: HANKOOK BANK HONG KONG BRANCH. HONG KONG

Text Block :

/27 : sequence of total	: 1/1
/40A : form of documentary credit	: IRREVOCABLE
/20 : documentary credit number	: M1234 606NS00018
/31C : date of issue	: 03/06/24
/31D : date and place of expiry	: 03/08/20 HONG KONG
/50 : applicant	: KOREA TOYS CO., LTD. 159-1SAMSUNGDONG KANGNAMGU, SEOUL, KOREA
/59 : beneficiary	: CHINA TOYS CO., LTD. RM 1000 CHAI WAN IND. CITY PHASE 1, 60 WING TAIRO, CHAIWAN H.K.
/32B : currency code amount	: USD 119,000.00
/39A : pct credit amount toterance	: 10/10
/41D : available with by name, address	: ANY BANK BY NEGOTIATION
/42C : drafts at	: AT SIGHT
/42A : drawee	: HONG KONG FIRST BANK LTD., HONG KONG(ADDR 2007, JARDINE HOUSE 1 CONNAUGHT PLACE, CENTRAL, HONG KONG)
/43P : partial shipment	: ALLOWED
/43T : transshipment	: NOT ALLOWED
/44A : on board/Disp/taking charge	: SHIDAO, CHINA
/44B : for transportion to	: BUSAN, KOREA
/44C : latest date of shipment	: 03/08/10

/45A : descr goods and/or services

700PAIRS OF CHINESE GIANT BEAR TOY
SIZE : MIN 1.5 METERS AT USD170.00
F.O.B.SHIDAO.CHINA

/46A : documents required

+SIGNED COMMERCIAL INVOICE IN QUINTUPLICATE
+PACKING LIST IN TRIPLICATE
+FULL SET OF CLEAN ON BOARD OCEAN BILL OF LANDING MADE OUT TO THE ORDER OF WOORI BANK MARKED FREIGHT COLLECT AND NOTIFY APPLICANT
+CERTIFICATE OF ORIGIN

/47A : additional conditions

ALL DOCUMENTS MUST BEAR OUR CREDIT NUMBER M1234 606NS00018
T/T REIMBURSEMENT NOT ALLOWED
OUANTITY 10PCT MORE OR LESS ALLOWED
+THIRD PARTY DOCUMENTS ACCEPTABLE

/71B : charges	: ALL BANKING COMMISSIONS AND CHARGES INCLUDING REIMBURSEMENT CHARGES OUTSIDE KOREA ARE FOR ACCOUNT OF BENEFICIARY
/49 : confirmation instructions	: WITHOUT
/53A : reimbursement bank	: HONG KONG FIRST BANK LTD., HONG KONG(ADDR 2007, JARDINE HOUSE 1 CONNAUGHT PLACE, CENTRAL, HONG KONG)

/78 : instructions to the pay/acc/neg bk

DRAFTS MUST BE SENT TO DRAWEE BANK FOR YOUR REMBURSEMENT
AND ALL DOCUMENTS TO US BY COURIER SERVICE IN ONE LOT

/72 : sender to receiver information	: THIS CREDIT IS SUBJECT TO U.C.P(1993 REVISION) I.C.C. PUBLICATION NO. 500

할 것을 확약하고 있는 신용장으로 운임, 보험료, 수수료, 차입금의 반환 등에 사용된다.

2) 일람출급 신용장·기한부 신용장

① 일람출급 신용장(Sight Credit): 신용장에 의해서 발행되는 어음이 지급인에게 제시되면 즉시 대금이 지급되는 일람출급어음(Sight Draft) 조건의 신용장이다.

② 기한부 신용장(Usance Credit): 신용장에 의해서 발행되는 어음이 지급인에게 제시된 후 일정기간이 경과한 후에 지급받는 기한부어음(Usance Draft) 조건의 신용장이다.

3) 취소불능 신용장·취소가능 신용장

① 취소불능 신용장(Irrevocable Credit): 개설된 신용장이 수익자에게 통지된 후에는 개설의뢰인, 수익자, 개설은행 등 신용장 관계당사자 전원의 동의 없이는 취소 또는 조건 변경을 할 수 없는 신용장을 말한다.

② 취소가능 신용장(Revocable Credit): 취소불능 신용장의 반대이며 개설은행이 원칙적으로 언제든지, 일방적으로 취소 또는 변경할 수 있는 신용장이다. 그러나 취소나 내용변경이 통지은행에 접수되기 전에 원신용장의 조건대로 지급, 인수, 매입한 은행에 대하여는 개설은행이 보상책임을 진다. 신용장상에 취소가능의 표시가 없으면 취소불능 신용장으로 간주된다.

4) 확인 신용장·무확인 신용장

① 확인 신용장(Confirmed Credit): 개설은행 이외의 제3은행이 확인, 즉 수익자가 발행하는 어음의 지급, 인수 또는 매입을 확약하고 있는 신용장이다.

② 무확인 신용장(Unconfirmed Credit): 수익자가 발행하는 어음에 대하여 다른 제3의 은행이 발행은행과 같은 입장에서 지급보증하겠다는 확인이 없는 신용장이다.

5) 특정 신용장 · 보통 신용장

① 특정 신용장(Special or Restricted Credit): 신용장 개설은행이 그 신용장에 의해서 발행되는 어음의 매입을 특정은행에 제한시키는 것을 말한다.

② 보통 신용장(General or Open Credit): 어음의 매입은행을 지정하지 않고, 아무 은행에서나 어음을 매입할 수 있도록 한 신용장을 말한다.

6) 양도가능 신용장·양도불능 신용장

① 양도가능 신용장(Transferable Credit): 수익자가 신용장 금액의 전부 또는 일부를 제3자(제2의 수익자)에게 양도할 수 있는 권한을 부여한 신용장이다.

② 양도불능 신용장(Non-transferable Credit): 신용장을 제3자에게 양도할 수 없는 신용장이다. 양도불능 신용장이라도 이해당사자 간에 동의만 있으면 양도가능 신용장으로 될 수 있다.

7) 내국 신용장

외국으로부터 수출신용장(master L/C)을 받은 수출자가 국내의 생산업자나 원자재 공급자로부터 물품을 공급받고자 할 때 국내의 공급자 앞으로 개설해 주는 신용장이다. 물품대금을 현금이나 어음 등으로 지불하는 대신 L/C를 개설함으로써 쌍방간 안전과 금융상의 편리를 도모하고 권리·의무를 부담하자는 것이다. Local L/C는 수출자(master L/C의 수령자)가 개설의뢰인이 되고 국내의 은행이 개설은행이 되며 물품의 공급자가 수익자가 된다.

8) 상환청구가능 신용장·상환청구불능 신용장

어음의 지급인이 인수 또는 지급불능이 되었을 때, 발행인에게 상환청구될 수 있는 조건의 것이 상환청구가능 신용장(With Recourse)이며, 상환청구될 수 없는 것이 상환청구불능 신용장(Without Recourse)이다.

9) 보증 신용장

보증 신용장(Stand-by Credit)은 상품의 대금결제를 목적으로 개설되는 신용장이 아니고 금융을 위한 담보 또는 보증의 수단으로 발행되는 일종의 무담보 신용장(Clean Credit)을 말한다. 예를 들어 해외지사가 현지의 외국은행으로부터 금융의 편의를 받고자 할 때, 담보가 부족한 경우 국내의 본사가 국내 거래은행에 의뢰하여 해외지사의 거래은행을 수익자로 하는 Stand-by L/C를 개설해 주면 해외지사의 거래은행은 이것을 담브로 수입신용장을 개설해 주거나 금융상 혜택을 줄 수 있게 된다.

용어 정리

▶ **매입은행(Negotiating Bank):** 수익자는 신용장의 조건에 따라 발행된 환어음에 선적서류를 첨부하여 자신이 거래하는 은행에 화환어음의 매입을 의뢰하게 되는데 이를 매입하는 은행을 매입은행 또는 어음할인은행이라고 한다.

[양영환 · 오원석 · 박명섭, 국제무역의 이해, 2003]

▶ **수표:** 은행 앞으로 발행되어 요구에 따라 현금을 지급받을 수 있는 교환증서이다. 화폐제도하의 재화교역에서 창출된 법기술적 지급수단으로서 선진국의 국내 상거래에서 화폐의 주된 형태로 이용되고 있다. 수표는 14세기경 이탈리아에서 예금자가 은행에 대해 사용했던 예금지불 지시서에 기원을 두고 있으며, 17세기경 영국에서 근대적인 형태를 갖추게 되었다. 은행에 예금한 사람이 금전지급을 위해 수표를 발행하면 금전지급 업무를 비롯한 모든 위험을 은행이 부담하기 때문에 수표발행인은 실질적인 금전지급에 따르는 위험과 번거로움을 피할 수 있다. 이러한 의미에서 수표는 금전의 대용물이라 할 수 있다.

[http://preview.britannica.co.kr]

▶ **어음:** 일정한 시간에 일정한 장소에서 일정한 금액을 무조건 지급할 것을 위탁하거나 또는 발행인 스스로가 지급을 약속하는 유통성 신용증권을 말하는 것으로 전자를 환어음이라 하고 후자를 약속어음이라고 한다. 어음은 지급시기에 따라 일람출급, 정기출급, 일람후 정기출급식 어음으로 분류된다.

[http://www.donga.com]

▶ **요식증권(Formal Document or Formelles Papier):** 불요식증권과 대립되는 개념이며 양식을 필요로 하는 증권이다. 어음 · 수표 · 화물상환증 · 창고증권 · 선하증권을 비롯하여 많은 유가증권들은 거의가 요식증권이다. 어음 · 수표와 같이 법정사항의 하나만 빠져도 증권 자체가 무효로 되는 것이 있고, 화물상환증과 같이 기재사항의 흠결이 본질적인 것이 아니므로 무효가 되지 않는 증권도 있다.

[http://www.naver.com]

▶ **인수도조건(D/A: Documents against Acceptance):** 화환어음 조건의 하나로서, 수입업자는 은행으로부터 화환어음의 제시를 받았을 때 어음대금을 지급하지 않고 이를 인수함으로써 선적서류의 인도를 받을 수 있다. 신용장의 보증 없이 화물이 적송되는 점에 있어서는 D/P와 마찬가지이다.

[강태구 외, 무역학개론, 2006]

▶ **지급도조건(D/P: Documents against Payment):** 화환어음의 송부를 받은 은행이 화물 인수에 필요한 선적서류를 어음대금 지급과 상환으로 인도하는 조건을 말한다. 이 조건에 있어서는 수입업자는 신용장을 개설할 필요가 없고, 화물과 함께 송부되어 온 선적서류를 외국환은행에서의 대금지급과 동시에 인수할 수 있다.

[강태구 외, 무역학개론, 2006]

▶ **통지은행(Advising Bank):** 신용장 개설은행의 요청으로 수익자에게 신용장이 개설된 사실과 그 내용을 통지하는 은행으로 이를 'notifying bank' 또는 'transmitting bank' 라고도 부른다. 통상 매도인이 소재하는 수출지에 있는 개설은행의 본 지점이나 개설은행의 환거래은행이 통지은행이 된다.

[양영환 · 오원석 · 박명섭, 국제무역의 이해, 2003]

▶ **청구권(Anspruch):** 예컨대 대금을 지급하지 않은 매수인에 대하여 대금의 지급을 청구하거나, 약속한 기한이 도래했는데도 지급하지 않고 있는 임차인에 대하여 가옥의 반환을 청구하는 것과 같이, 직접 물건을 지배하는 것이 아니고, 타인에 대하여 일정한 행위를 청구하는 것을 그 작용으로 하는 권리를 말한다.

[http://www.beopjeon.com]

▶ **취소불능 신용장(Irrevocable Credit):** 신용장 조건에 일치한 서류가 제시되면 이에 대금을 지급하겠다는 개설은행의 확약(definite undertaking)으로, 일단 개설된 후에는 개설은행, 확인은행(확인 신용장의 경우) 및 수익자 전원의 합의 없이는 그 조건을 변경하거나 취소할 수 없는 신용장이다.

[양영환 · 오원석 · 박명섭, 국제무역의 이해, 2003]

▶ **화환어음(Documentary Bill/draft):** 어음에 상품을 대표하는 선적서류(선하증권 등), 보험서류, 상업송장 및 기타 필요한 서류를 첨부하여 상품의 대금을 회수하는 방법이 있고 이 경우의 환어음을 화환어음이라고 한다. 화환어음은 매도인이 발행인, 매수인은 지급인, 외국환은행이 수취인으로 되어 있는 환어음이며, 수송 도중의 화물을 증권화한 운송서류가 환어음의 담보물이 되어 있다.

[http://www.klnews.co.kr]

▶ **환어음(Bill of Exchange):** 발행인이 특정일에 일정금액을 특정인 또는 그 지시인에게 지급할 것을 지시하는 어음을 말한다. 환어음은 약속어음과는 달리 발행인이 아닌 제3자가 지급인이 되므로 인수라는 확약절차가 필요하다. 환어음은 배서 양도가 가능하며 배서인은 발행인, 인수인과 더불어 어음상의 권리자에게 지급을 담보할 수 있는 책임을 부담하게 된다.

[http://www.donga.com]

시사 읽을거리

이젠 '전자신용장 시대'

기업 수출입을 담당하는 직원이 신용장(L/C) 1건 처리를 위해 은행 등 관련기관을 몇 차례씩 찾아 다니던 풍경을 더 이상 보기 힘들어질 것으로 보인다.

전자무역을 위한 사이트에만 접속하면 원산지증명서(C/O), 섬유직물 수출승인서(E/L) 등을 처리할 수 있도록 시스템이 바뀌기 때문이다. 이 사이트는 전자발급 시스템과 수수료 전자결제 시스템에도 연결된다.

30일 관련업계에 따르면 SC제일 · 기업 · 하나 · 대구은행 등 4개 은행은 9월 중순까지 전자신용장 유통관리 시스템 개발을 끝내고 본격적인 서비스에 들어간다. 전자신용장(e-L/C) 제도 구축으로 종이가 필요 없는 '페이퍼리스 무역시대' 가 곧 실현되는 것이다.

국민 · 우리 · 신한 · 조흥 · 외환 · 산업은행 등도 막바지 시스템 구축단계에 접어들어 10월 중순까지는 전자신용장 관련 시스템 개발이 완료될 것으로 보인다.

전자신용장 유통관리 시스템은 향후 무역업체들의 신용장 거래 방식을 혁명적으로 바꿀 것이라는 기대를 모으고 있다. 이 시스템은 신용장 통지에서 수출대금 매입까지 수출신용장과 관련한 일체의 흐름을 전자화하는 구실을 하게 된다.

전자신용장 시스템이 도입되면 은행에서 통지한 신용장을 한도관리 시스템에 저장하게 된다. 또 사용자의 신용장 조회 및 매입 신청 시 신용장 한도 내역이 제공돼 매입신청 정보가 은행에 자동 전송된다. 이 시스템은 금융결제원, 금융기관 연계를 위한 전자신용장 한도관리 시스템을 별도로 두고 신용장의 전자적 유통체계를 확보해 나가게 된다.

한 수출업체 관계자는 "전자신용장 시스템은 관세청, 무역협회, KOTRA, 금융결제원 등이 공동추진하고 있는 전자무역보관소와 연계돼 신용장 관련 프로세스를 혁신적으로 개선해 나갈 것으로 보인다." 고 말했다.

전자신용장 제도는 통지, 확인, 양도, 매입 신청 및 관리에 이르기까지 신용장 업무 전반을 전자화해 수출대금 매입 위험도 감소시킬 것으로 예상된다. 또 위 · 변조, 훼손 및 분실 위험성이 사라진다. 수출대금 매입 이력을 은행끼리 공유하므로 이중매입 위험도 사라질 전망이다.

한 은행 관계자는 "신용장 관련 무역금융, 내국신용장 정보의 은행 공유로 인해 업무의 신뢰성도 증대될 것으로 보인다." 고 말했다.

무역협회 전자무역추진센터 관계자는 "전자신용장이 도입되면 무역 부대비용을 연간 7,107억 원 절감할 수 있으며 연간 8,254억 원의 수출증대 효과가 발생하는 등 연간 총 1조 8,189억 원의 경제적 효과를 거둘 것으로 예상된다." 고 밝혔다.

[매일경제 2005년 8월 31일자]

제17장

국제운송과 해상보험

1절 해상운송

무역계약이 성립된 이후 거래조건에 따라 운송계약의 의무를 가지는 당사자는 계약물품을 인도하기 위하여 운송을 수배하게 된다. 해상에서 선박이라는 운송수단을 이용하여 화물을 운송하는 해상운송의 경우, 일반적으로 운송계약의 당사자는 매도인이 되며 이에 따라 매도인은 해운선사와 운송계약을 체결하게 된다.

1. 개품운송계약과 용선계약

개품운송계약(contract of carriage in a general ship)은 개개의 운송물품의 운송을 계약의 목적으로 하는 계약으로서 선사가 다수의 화주로부터 화물 집화와 혼재 운송을 위하여 체결하는 운송계약이며 통상적으로 정기선(liner)을 통하여 운송 서비스가 제공된다. 이에 반해 선주가 선박을 이용하는 자를 위하여 선박의 전부 또는 일부를 빌려주어 그를 이용할 수 있도록 하는 용선계약(charter party)은 주로 부정기선(tramper)에 의하여 행해진다. 개품운송계약에 있어서는 일반적으로 개별운송계약서는 작성되지 않으며 선하증권(Bill of Lading: B/L)이 운송계약 성립의 추정적 증빙(prima facie proof)이 된다. 이와 같은 개품운송계약과 용선계약을 보다 구체적으로 비교하면 〈표 17-1〉과 같다.

표 17-1 개품운송계약과 용선계약 비교

	개품운송계약	용선계약
계약목적	개개의 운송물품	선박의 일부 또는 전부
운송방법	정기선(liner)	부정기선(tramper)
적용법규	성문법(statute law)	보통법(common law)
책임관계	운송인 면책 확대 불인정	운송인 책임 수정 가능
당사자	선주와 송화인	선주와 용선자
화주	불특정 다수 화주	특정 화주
화물	잡화와 같은 비교적 적은 화물	대량 벌크 화물(원유, 철강, 석탄, 곡물 등)
계약	선하증권(B/L)	용선계약서(C/P)
운임률	공표운임률(tariff rate)	수급에 의한 시세(open rate)
운임조건	Berth(Liner) Term	FI, FO, FIO

2. 선하증권

선하증권(Bill of Lading: B/L)이란 운송계약의 증거, 화물의 수령 및 화물의 권리를 표시하는 서류로 오늘날 상업송장, 보험증권과 더불어 3대 필수서류 가운데 하나로 불린다. 또한 법리적 관점에서 선하증권은 화주와 운송인 간에 체결된 운송계약의 증거이며, 운송인이 화물을 수령·선적하여 이를 해상운송을 거쳐 선하증권의 정당한 소지인에게 인도할 것을 약정하는 유가증권일 뿐만 아니라 지시증권, 채권증권, 상환증권, 인도증권 그리고 처분증권의 성질을 가지고 있다.

한편, 기능적 측면에서 선하증권은 크게 권리증권, 운송계약의 증빙, 그리고 화물영수증의 기능으로 구별될 수 있다. 첫째, 선하증권의 기능 가운데 가장 중요한 것은 선하증권 자체가 화물 그 자체를 상징하는 권리증권이다. 그러므로 정당한 방법으로 선하증권을 소지한 자는 화물을 청구할 수 있는 청구권과 이를 처분할 수 있는 처분권을 가지게 된다. 둘째, 선하증권 그 자체가 계약서가 될 수는 없다. 그러나 현실적으로 물품운송에 있어 선하증권 이외에 별도의 운송계약을 증빙하는 서류가

서식 17-1 선하증권

Shipper FRITZ HANSSEN
215 WEST STEET
IPSWICH, SUFFOLK
IP1 3AZ, UNITED KINGDOM

BILL OF LADING
for combined transport or port to port shipment

☒ **Bill of Lading**
☐ **Express Sea Waybill**

B.L. No.
IPS-XF-0006918

Reference No.
16 081 02061
IPS-XF-0006918-0

Consignee (not negotiable unless consigned to order)
THE YOUNG COMPANY INC
CHEONGDAM DONG
KANGNAM-GU, SEOUL
REPUBLIC OF KOREA

Carrier
DANMAR LINES
Registered office: DANMAR LINES LTD.
P.O. Box 2651
4002 Basel (Switzerland)

Notify address (see Clause 18)

RECEIVED by the carrier from the shipper in apparent good order and condition (unless otherwise noted herein) the total number or quantity of containers or other packages or units indicated stated by the shipper to comprise the goods specified for carriage subject to all the terms hereof (INCLUDING THE TERMS ON PAGE 1 HEREOF AND THE TERMS OF THE CARRIER'S APPLICABLE TARIFF) from the place of receipt or the port of loading, whichever is applicable to the port of discharge or the place of delivery, whichever is applicable. In accepting this Bill of Lading the merchant expressly accepts and agrees to all its terms, conditions and exceptions whether printed, stamped or written, or otherwise incorporated, notwithstanding the non-signing of this Bill of Lading by the merchant.
IN WITNESS WHEREOF the number of original Bills of Lading stated below all of this tenor and date has been signed, one of which being accomplished the others to stand void.

Pre-carriage by	Place of receipt by pre-carrier IPSWICH
Vessel HARBOUR BRIDGE	Port of loading FELIXSTOWE
Port of discharge PUSAN, KOREA	Place of delivery by on-carrier PUSAN, KOREA

Unless marked "Express Sea Waybill" (in which case all references in this document and reverse terms to this "Bill of Lading" shall be deemed to refer to this "Express Sea Waybill"), one original Bill of Lading must be surrendered duly endorsed in exchange for the goods or delivery order. For the release of goods apply to:
DHL GLOBAL FORWARDING (KOREA)
4 GA JUNG-KU
KR-610721 PUSAN

Marks and Nos.	Number and kind of packages : description of goods	Gross weight	Measurement
KKTU7491029 1x20' DRY VAN S.T.C. SEAL: DHL0394607	25 CARTON	548.0	
TOTAL: ONE 20' DRY VAN			

ABOVE PARTICULARS AS DECLARED BY SHIPPER

Total No. of containers/ packages (refer to clause 13.5 on reverse side regarding limitation) 25	Excess Value Declaration: Refer to clause 13.3 and 13.4 on reverse side.	Prepaid	Collect

Freight payable at
IPSWICH

Place and date of issue
IPSWICH 25 - 04 - 10

Number of original Bs/L
(only applicable if marked "Bill of Lading")

Signed on behalf of the carrier: Danmar Lines Ltd.
DHL GLOBAL FORWARDING (UK)
TRELAWNY HOUSE, FELIXSTOWE
SUFFOLK IP11 3GD as agents

Carrier's liability is in accordance with clauses 12, 14 and 20 of overleaf CONDITIONS of CARRIAGE

40000 0808 Printed in Switzerland

발행되지 않기 때문에 선하증권이 유일한 운송계약의 증빙서류가 된다. 셋째, 선하증권에 기재된 화물의 수량, 중량 및 상태와 동일한 물품을 운송인이 송화인으로부터 수령하였다는 추정적 증거(prima facie evidence)일 뿐만 아니라 선하증권의 발행일은 선적일의 추정적 증거가 되어 화물 영수증의 기능을 가진다.

2절 항공운송

1. 항공운송의 개요

육상운송 또는 해상운송과 항공운송을 비교해보면, 고속성, 안정성, 쾌적성 등에 강점을 지니고 있으며 지리적 제약이 상대적으로 낮은 특성을 보인다. 이에 반해 상대적으로 운임이 높으며 일시에 대량의 화물을 운송할 수 없다는 단점이 있다. 그러므로 용적은 작지만 고부가가치의 운송물품에 이용되는 것이 일반적이다. 예를 들어, 제품수명주기가 짧고 상대적으로 고부가가치를 가진 휴대전화기의 대중국 수출에는 just-in-time의 공급역량이 요구되고 있어 국제 항공운송이 주로 활용되고 있다.

세계의 항공 수요는 소득수준의 향상과 국제무역의 증대에 힘입어 최근 그 성장세가 두드러지게 나타나고 있다. 특히 아시아·태평양 지역의 경우 매년 약 10% 이상의 성장세를 보이면서 북미 지역에 이어 세계 2위의 항공시장으로 부상하였다. 이와 같은 항공운송시장 확대요인은 항공화물 수요 증가에 영향을 미치는 요인일 것이며 이는 국제분업에 따라 생산, 판매 그리고 유통 등이 전세계의 각 지역으로 분산되는 기업경영활동의 글로벌화일 것이다.

2. 항공화물 운송장

해상운송의 선화증권에 해당하는 기본서류가 항공화물 운송장(Air Waybill: AWB) 또는 항공화물 탁송장(Air Consignment Note)이다. 선화증권이 화물의 수령을 증명하는 동시에 유가증권적인 성격을 가지고 유통 가능한 반면, 항공화물 운송장은 화물의 수령을 증명하는 영수증이 되나 유통 불가능의 특징을 보이며 항공화물 운송장과 선하증권을 비교하면 〈표 17-2〉와 같다.

표 17-2 항송화물 운송장과 선하증권의 비교

항공화물 운송장	선하증권
유가증권이 아닌 단순한 화물수령장	유가증권
비유통성(Non-negotiable)	유통성(Negotiable)
기명식	지시식
수령식(창고에서 수령하고 발행)	선적식(본선 선적후 발행)
송화인이 작성	선사가 작성

즉, 항공화물 운송장은 운송위탁된 화물을 접수했다는 영수증, 운송계약체결에 대한 문서상의 증명, 요금계산서, 송화인이 화주보험(Air Waybill 보험, AWB에 보험금액과 보험료가 기재됨)에 가입한 경우 보험가입 증명서, 세관신고서, 화물운송 지침서(취급, 중계, 배달 등) 등의 기능을 가진다. 그러므로 운송계약은 항공화물 운송장을 수령한 시점, 즉 화주 또는 그의 대리인이 AWB에 서명하거나 항공사 또는 해당 항공사가 인정한 항공화물 취급 대리점이 AWB에 서명한 순간부터 유효하며, AWB상에 명시된 수화인(consignee)에게 화물이 인도되는 순간 소멸된다.

바르샤바 협약에 의거하면 항공화물 운송장은 송화인이 원본 3통을 작성하여 화물과 함께 교부하여야 함을 규정하고 있으며 제1의 원본에는 '운송인용(녹색)' 이라 기재하고 송화인이 서명한다. 제2의 원본에는 '수화인용(적색)' 이라 기재하고 송화인 및 운송인이 서명하고, 이 원본을 화물과 함께 송부한다. 제3의 원본(청색)은 운송인이 서명하고 이 원본은 운송인이 화물을 인수한 후에 송화인에게 교부하도록 되어 있다.

한 세트의 항공화물 운송장은 원본 3통에 사본 6통 이상으로 구성되어 있다. 사본 6통 중 1통은 항공사의 화물인도 증명서 및 운송계약이행의 증거서류로서 물품인도 시 수화인이 서명하고 인도 항공사에 반환하는 것(황색)이며, 나머지 5통은 모두 백색으로 도착지 공항의 세관통관업무용, 도착지 공항의 항공사 간 운임청산용, 발행 대리점 보관용으로 이용된다.

3절 복합운송

1. 복합운송의 개요

복합운송(combined transport)은 2가지 이상의 상이한 운송수단(at least two different modes of transport)에 의하여 물건이 수탁된 장소(place of taking in charge)에서 인도하기로 약정된 장소(final destination)까지 운송되는 것을 말한다. 이와 같은 복합운송을 표시하는 용어로는 combined transport, multi-modal transport, inter-modal transport 등이 있다.

종래 운송방법은 단일운송방법(single mode of transport) 및 개품운송방법을 취하여 왔으나 운송방법의 발달로 단위화된 화물(unitized cargo)을 단위적재(unit load)하는 방법, 즉 컨테이너 또는 팔레트를 사용하는 방법이 개발되었으며 이러한 방법은 다시 화물의 출발지점으로부터 목적지까지 여러 가지 운송수단에 의하여 운송함으로 start-finish 또는 door-to-door의 서비스를 제공하는 복합운송으로 발전하였다.

2. 복합운송의 특징

① 복합운송은 반드시 두 가지 서로 다른 운송방법에 의하는 경우에만 해당된다. 반드시 해상, 내수로, 항공, 철도 또는 도로를 이용하는 상이한 방법에 의하여 운송되어야 한다.

② 복합운송서류는 실제운송을 담당하는 자(the actual provider of transport) 또는 타인에 의한 운송의 전부 또는 일부에 대하여 준비를 주선하는 자(an arranger for the provisions of all, or part of, the transport by others), 통칭하여 복합운송인(combined transport operator)에 의하여 발행된다.

단일운송방법에서는 실제운송을 담당하는 자가 서류를 발행하지만, 복합운송에서는 운송인이 아닌 국내법규에 의거하여 허가 또는 인가를 받은 법인 또는 상사가 발행한다.

그러므로 단일운송방법에 있어서 선박에 의한 운송일 경우에는 Loading on Board, 우편(해상에 의한 우편, 육상에 의한 우편, 항공에 의한 우편)에 의한 운송일 경우에는 Dispatch를 사용할 수 있지만, 복합운송에 의한 운송방법인 경우에는 Taking In Charge라는 용어를 사용하게 된다.

③ 복합운송증권(combined transport documents)은 본선적재(loading on board)를 나타내는 서류 또는 발송을 나타내는 서류에 비하여 여러 가지 특수성이 있으므로 서류면에 Negotiable(or Non-negotiable) document issued subject to uniform rules for a combined transport documents(ICC Publication No. 278)라는 기재가 있어야 한다.

4절 해상보험의 의의와 종류

1. 해상보험의 의의

해상보험(marine insurance)은 항해에 수반하여 발생하는 위험, 즉 해상 위험이 원인이 되어 발생한 손해를 보험자(보험업자; insurer)가 보상해 주고, 피보험자(the insured; the assured)는 그 대가로서 보험료(premium)를 지불할 것을 약속하는 손해보험의 일종이다.

그러므로 생명보험처럼 계약한 보험금액(insured amount)의 전액을 지불하는 것이 아니라 피보험자가 입은 손해액에 한정하여 지불하게 된다.

해상보험계약의 당사자는 손해를 보상하는 보험자(insurer), 보험료를 지불하는 보험계약자(policy holder) 및 보험금을 받을 피보험자(insured)이다. 계약체결 시 발행되는 해상보험증권(Marine Insurance Policy)은 영국해상보험법(Marine Insurance Act, 1906)에서 채택된 양식이 세계적으로 표준이 되어 있다. 따라서 각국에서 사용하는 양식은 대개 비슷한데 이 양식은 1523년에 처음 사용되었다고 한다. 1779년 Lloyd' s 보험조합에서 정식으로 채용하여 사용하던 것을 영국해상보험법(1906)이 제정되면서 이를 표준양식으로 채택하였던 것인데 이것을 Lloyd' s S.G.Form(ship, goods)이라고 부른다.

2. 해상보험의 종류

1) 피보험이익에 따른 분류

해상보험은 보험의 목적물(subject-matter insured), 즉 피보험이익(insurable interest)에 따라서 화물보험(cargo insurance), 선박보험(hull insurance), 선비보험(disbursement insurance), 운임보험(freight insurance) 및 예상이익보험(expected profit insurance) 등이 있다. 즉, 해상보험의 대상은 선박이나 화물 자체에만 국한되는 것이 아니라 사고발생의 경우 그에 따라 손해를 볼 우려가 있는 것은 모두 그 대상이 될 수 있다.

2) 보험금액 및 보험가액에 따른 분류

손해발생 시 보상되는 보험금액(insured amount)은 피보험이익(보험의 목적물)의 가액, 즉 보험가액(insurable value)을 초과하는 경우를 초과보험(over insurance), 반대로 부족할 경우를 일부보험(under or partial insurance)이라고 한다. 실제에 있어서는 보험자와 보험계약자 간에 보험가액을 협정하는데 무역에서는 대개 CIF 가격에 희망이익(예상이익) 10%를 더한 금액을 보험가액으로 하여 협정보험금액 형태의 전부보험(full insurance)이 보통이다.

3) 보험기간에 따른 분류

보험기간에 의한 분류로는 항해보험(voyage policy), 기간보험(time policy) 및 혼합보험(mixed policy) 등이 있는데, 항해보험이란 보험기간이 어떤 일정 항해의 완료로 정해지는 보험으로 적하보험은 주로 항해보험으로 계약된다.

5절 해상 위험과 해상 손해

1. 해상 위험

해상보험의 대상이 되는 위험이 해상 위험이다. 우리나라 상법에서는 "해상보험계약의 보험자는 항해에 관한 사고로 인하여 생길 손해를 보상할 책임이 있다(제693조)."라고 규정하고 있으며 영국의 해상보험법은 제3조에서 "해상 위험(maritime perils)은 항해에 기인 또는 부수하는 위험이다."라고 규정하고 있다. 즉,

해상 위험은 항해에 관한 사고이기 때문에 반드시 해상에서만 발생하는 사고인 해상 고유의 사고에 한정되지 않는다. 그러나 해상에서 발생한 사고라 하더라도 반드시 해상 위험이 되는 것 또한 아니다. 해상보험증권상에 나타나는 해상 위험은 아래와 같이 자연적 위험과 인위적 위험으로 구분할 수 있다.

1) 자연적 위험

① 해상 고유의 위험(perils of the seas): 바다의 우발적인 사고 또는 재난을 말하는 것이며, perils on the sea(단순한 해상 위험)를 뜻하는 것은 아니다. 보통 인정하는 해상 고유의 위험은 침몰(sinking), 파선(shipwreck), 좌초(stranding), 교사(grounding), 접촉(touch and go), 충돌(collision), 악천후(heavy weather) 등이다.

② 화재(fire: 광의의 화재)

2) 인위적 위험

① 투하(jettison)

② 선장 및 선원의 악행

③ 각종 전쟁위험(war risks)

2. 해상 손해

해상 손해란 항해사업에 관련된 피보험 목적물이 해상 위험의 발생으로 인하여 피보험이익의 전부 또는 일부가 멸실 또는 손상되어 피보험자에게 경제적 불이익을 초래하는 것을 말한다. 이와 같은 해상 손해는 인과관계, 손해의 정도, 손해의 성격 그리고 피보험이익의 종류 등으로 분류될 수 있으며 이를 도표로 나타낸 것이 〈표 17-3〉이다.

1) 물적손해(전손, 분손)

① 전손(total loss)은 피보험이익 전부의 멸실을 말하는데 이것은 현실전손과 추정전손으로 구분된다. 현실전손(actual total loss)인 경우는 선박이 완전히 침몰하였거나 파손되어 구조불능의 상태로 상품의 가치가 완전히 없어졌을 때를 말하며 피보험자는 보험금 전액을 청구할 수 있다. 추정전손(constructive

표 17-3 해상 손해의 종류

<table>
<tr><td rowspan="8">해상 손해
(maritime loss)</td><td rowspan="4">물적손해</td><td rowspan="2">전손(total loss)</td><td>현실전손(actual total loss)</td></tr>
<tr><td>추정전손(constructive total loss)</td></tr>
<tr><td rowspan="2">분손(partial loss)</td><td>공동해손(general average)</td></tr>
<tr><td>단독해손(particular average)</td></tr>
<tr><td rowspan="4">비용손해</td><td colspan="2">구조료(salvage or salvage charge)</td></tr>
<tr><td colspan="2">손해방지비용(sue and labour charges)</td></tr>
<tr><td colspan="2">특별비용(special charges)</td></tr>
<tr><td colspan="2">공동해손분담금(general average contribution)</td></tr>
</table>

total loss)은 보험의 목적물이 전멸하지는 않았으나 그 손해 정도가 심하여 본래의 목적에 사용할 수 없거나, 수선한다고 하여도 수선비가 시가를 초과하는 경우를 말한다. 추정전손의 경우 피보험자는 그 화물에 관한 일체의 권리를 보험자에게 이전하고 보험금 전액을 청구할 수 있는데 이것을 위부(abandonment)라고 한다. 이 위부의 경우 피보험자가 발행한 대위권 양도서에 의하여 보험자가 보험금을 지급함으로써, 그 화물에 대한 일체의 권리를 이양받아 취득하게 되는데 이 권리를 대위권(right of subrougation)이라고 한다.

② 분손(partial loss)이라 함은 피보험이익의 일부 손실을 말하는데 전손이 아니면 모두가 분손이다. 이것은 단독해손(particular average)과 공동해손(general average)으로 나누어진다. 단독해손은 피보험자가 단독으로 겪는 손해이며(예: 폭풍우) 공동해손은 공동의 위험에 처하여 선장이 고의로(투하 또는 비용의 발생) 공동구조의 목적을 위하여 발생케 한 희생과 비용을 말한다. 공동해손에 의한 손해는 선박, 화물, 운임의 제3자 또는 양자가 공평하게 분담하게 되는데 그 공동해손분담액(General Average Contribution)은 해손정산인(average adjuster)에 의하여 산출되며 정산의 원칙과 기준은 York-Antwerp Rules에 의거하거나 상호 합의된 정산기준에 의거한다.

2) 비용손해

비용손해에는 보험목적물의 구조행위가 제3자에 의하여 행해진 경우에 구조비용(salvage charges), 손해를 방지 또는 경감하기 위하여 발생한 비용 중 피보험자가 입는 손해, 즉 손해방지비용(sue and labor charges), 자연물의 안전 또는 보전을 위하여 피보험자가 지불한 비용으로 공동해손이나 구조료 이외의 것인 특별비용(special charges) 그리고 손해의 확증 또는 입증을 위하여 든 손해조사비용(extra charges) 등이 있다.

① 구조비용(Salvage Charges)

구조(救助)라 함은 제3자가 선박이나 또는 적하에 대해 해난구조 계약을 체결하지 않고 임의로 해난구조 행위를 하는 것을 말한다. 이 경우 제3자는 구조 행위를 제공한 데 대한 보수를 받을 권리가 있으며 그 보수가 구조비용이다.

② 특별비용(Particular Charges; P/C)

피보험목적물의 손해를 담보위험으로부터 방지하기 위해 피보험자나 그 대리인이 지출한 비용을 특별비용(特別費用)이라 한다. 즉, 행위의 주체나 제3자인 경우에는 구조비용이라 하고, 그 주체가 피보험자 및 그 대리인인 경우는 특별비용이라 한다. 특별비용은 손해방지약관(損害防止約款: Sue and Labour Clause: S/L Clause)이 첨부되거나 보험증권상에 포함되어 있을 때 보상된다.

③ 손해방지비용(Sue and Labor Charges)

피보험자의 손해방지 의무의 이행에 대하여 보험자가 보상하는 비용이 손해방지비용이다. 이것은 보험자의 추가 비용부담이므로 보험목적물의 손해액과 손해방지비용의 합계액이 협정보험가액을 초과할 수 있다.

④ 손해조사비용(Extra Charge)

손해가 발생하였을 경우 손해사정인에 의해 손해의 원인 및 정도를 조사하는 데 소요되는 비용을 손해조사비용이라고 한다. 즉, 검정보고서(survey report)를 취득하기 위한 비용으로 보험증권에는 어떤 규정도 없지만 관습에 의해 발생한 손해가 보험자가 부담하는 손해일 경우에 한하여 보상하게 된다.

용어 정리

▶ **선비보험(Disbursement):** 선비란 선박 운항에 필요한 비용을 말하는 것으로, 선주로서는 선박이 항해 중 보험사고가 발행하였을 경우에 대비하여 이미 지급된 비용을 회수하기 위한 보험에 가입할 필요가 있다. 이를 선비보험이라고 한다. 선비보험의 가입한도는 선박보험가액의 일정비율(일반적으로 25%)로 제한된다.

[http://www.naver.com]

▶ **생명보험(Life Insurance):** 인보험(人保險)의 대표적인 것이다. 보험자가 보험계약자 또는 제3자의 생사에 관하여 일정한 금액을 지급할 것을 약정하고, 보험계약자가 보험자에게 보험료를 지급할 것을 약정하는 보험이다(상법 제730조).

[http://www.lawtimes.co.kr]

▶ **항공운송(Air Transportation):** 해운 · 육운과 같은 운송의 한 형태이지만, 고속성 · 안정성 · 쾌적성 등이 타 운송형태에 비해 높고 지리적 제약이 상대적으로 낮다. 최근 기업들이 항공운송을 글로벌 경제화를 지원하는 새로운 수단으로 평가하게 된 것은 항공운송이 지리적 제약을 그다지 받지 않아서 타 운송수단과는 달리 운송 네트워크를 전 세계로 확장시킬 수 있는 가능성을 갖고 있기 때문일 것이다.

[박명섭, 국제물류의 이해, 2006]

▶ **York-Antwerp Rules:** 공동해손에 따른 희생과 비용을 어떠한 방법으로 보상하고 분담하는가에 대하여 1947년에 성립된 규칙이다. 이 규칙이 성립됨으로써 이 규칙에 따라 공동해손의 문제를 해결하는 것이 상관습으로 확립되었다. 즉 선하증권 및 용선계약서에 "만일 공동해손이 발생한 경우 1947년 요크-앤트워프 규칙에 따라 정산한다."라는 문언을 삽입하고 있다.

[http://www.carferry.or.kr]

시사 읽을거리

한반도 주변 해상보험료 오를 듯

미국과 일본이 북한 선박에 대한 검사를 계획 중인 한반도 주변 수역의 해상보험료가 인상될 것으로 보인다. 니혼게이자이신문은 23일 세계 최대 보험조합인 영국 로이드가 북한 주변 수역을 '위험도가 높은 지역'으로 지정하는 방안을 검토 중인만큼 한반도 주변 해상의 보험료가 오를 것이라고 보도했다.

로이드가 이를 지정할 경우 각국의 손해보험사들은 이 수역의 보험요율을 일제히 인상할 가능성이 크다. 해상보험에는 선체를 보상하는 선박보험과 화물을 보상하는 외항화물 해상보험 등이 있다.

군사행동에 수반되는 피해는 보통 이 해상보험의 보험금 지불대상에 포함되지 않지만 전투에 휘말리거나 기뢰에 부딪히는 등 불가피한 경우에는 보상받을 수 있다.

피해를 보상받기 위해서는 주계약 외에 전쟁보험에 가입해야 한다. 이번 북핵사태로 이 전쟁보험의 보험요율이 인상될 가능성이 있다고 신문은 전했다. 로이드 보험조합을 중심으로 하는 영국의 위원회는 각지의 전쟁 · 테러 위험지역을 지정하며, 각국의 보험사는 이 지정 여부를 전쟁보험료 책정의 근거로 삼는다.

한편 삼성화재 관계자는 "영국 로이드 등이 런던 재보험시장에서 한반도 연안 지역을 통과하는 데 조심해야 한다고 규정하거나 위험지역으로 판단할 경우 선박보험과 적하보험의 보험료 인상이 불가피하다."면서 "아직은 공식적으로 통보받은 바 없다."고 말했다.

[매일경제 2006년 10월 23일자]

제18장

무역 클레임과 중재

1절 클레임의 개념

클레임(claim)이란 수출입과 관련하여 거래 당사자 또는 이해 관계자 사이에 제기되는 모든 항의나 불만을 비롯하여 손해배상, 기타 의무이행을 청구하는 것을 말한다.

무역은 외국 간의 상품매매이기 때문에 계약의 성립으로부터 상품인도의 완료까지에는 적지 않은 시일과 장소의 격차로 인하여 상품 자체의 변질이나 가격의 변화, 수송상의 지연 및 천재지변 등 여러 가지 위험이 따르기 마련이다. 이 때문에 무역거래에 있어서는 거래의 성립이나 수행에 관하여 당사자 간에 종종 클레임이 발생하기 쉽다.

이러한 무역 클레임의 발생원인을 보면 대략 다음과 같다.

① 품질: 품질불량(inferior quality), 품질상이(different quality)
② 수량: 출하부족(short shipment), 착하부족(shortage), 감량(diminution)
③ 인도: 선적 불이행(non-delivery) 하역손상(stevedore damage), 선적지연(delayed shipment), 불완전한 포장(incomplete packing)
④ 가격, 결제: 가격조정(price adjustment), 초과지급(overpayment), 재포장비(repacking charge), 반송비(expense for return)
⑤ 부정 송장(incorrect invoice), 기재사항 상이(misdescription)
⑥ 계약: 계약 불이행(breach of contract), 계약취소(cancellation)

2절 클레임의 처리

상대방으로부터 클레임 통지를 받았을 때는 먼저 클레임 제기시기의 정당성, 클레임에 대한 내용과 요구사항의 파악, 요구의 정당성과 강도를 측정한다. 진정한 클레임이 아닌 시세 변동에 의한 시장 클레임, 또는 의도적 악성 클레임의 경우 클레임을 전면 거부하면 되고, 클레임의 내용이 막연하고 믿을 만한 것이 못 되면 단순한 불평으로 인정하고 사과 정도의 회신으로 마무리하면 될 것이다. 그러나 그 내용이 신빙성이 있는 경우 그 발생원인을 정확하게 규명해야 한다.

만일 클레임의 원인이 운송기관에 있다고 판명되면 그 운송기관에 직접 배상을 청구하거나 그 해당 운송기관이 부보한 보험회사와 그 배상액에 대해서 협의, 조정하여 해결한다. 일단 보험회사가 관계된 경우에는 매도자는 FOB 거래이든 CIF 거래이든 관계없이 제반서류를 매입자에게 송부하여 보험회사와 매입자 간에 합의 및 해결을 보도록 하여야 한다.

또한 만일 손상의 원인이 매도자 및 매입자 모두에게 있다고 판명되면, 그 내용을 모든 데이터와 함께 자세히 설명하여 납득시켜 서로 양해가 될 수 있는 선에서 합의하여 해결하도록 하여야 한다(일부 승인).

조사결과 그 원인이 매도인 자신에게 있다면 전면 승인하고 그렇게 된 상황을 자세히 설명하고 사과하는 동시에 구체적으로 손해액에 대한 보상방안을 제시하고, 차후 이러한 일이 발생하지 않도록 각별히 주의하겠다는 내용의 회신이 작성되어야 할 것이다(전면 승인 및 보상).

한편 클레임을 제기하는 경우 그 절차는 다음과 같다.

클레임은 규정된 기일 내에 클레임 통지(claim notice)를 일단 발송하는데, 클레임의 내용이 확정되는 대로 대개 다음과 같은 서류를 제시하여 클레임의 정당성을 입증하여야 한다.

① 클레임 진술서(Statement of Claim)
② 손실명세서(Particulars of Loss Sustained)
③ 검사보고서(Survey Report)

즉, 클레임의 청구내용을 클레임 진술서에 명확하게 밝히고 그 손해를 입증하기 위하여 손해명세서에 손해를 산출하고 객관적인 증거를 위하여 검사보고서를 첨부하는 것이다.

클레임의 청구내용은 대개 다음과 같다.

① 물품의 대체 또는 추가배송 요구
② 대금의 감액 또는 반환
③ 손해배상금의 지급
④ 차기 거래분의 가격할인
⑤ 계약의 해제

3절 클레임의 해결방법

클레임이 발생하면 처음에는 당사자 간의 직접적인 교섭을 통하여 해결하려고 노력하게 되나 매매 쌍방이 클레임 처리방법에 합의하지 못하면 부득이 제3자의 개입을 통하여 이의 해결을 모색하게 된다.

1. 당사자 간의 해결

거래 상대방과의 장래의 거래관계 등을 고려하여 매매 쌍방이 피차 자기의 주장을 양보하고 타협하면 원만한 해결에 이를 수 있게 된다.

당사자 간의 해결방법에는 경고(warning), 즉 청구권의 포기(waiver of claim)와 화해(amicable settlement)가 있다. 전자는 클레임 제기자가 구상액(求償額)이 작거나 다른 조건에 의하여 만족하여 일단 제기한 클레임을 철회하는 것을 말하며 후자는 당사자 쌍방이 직접 또는 중개인의 교섭을 통하여 청구액의 범위 및 구상액을 합의하는 것을 말한다.

2. 제3자를 통한 해결

상대방에게 클레임을 제기하였을 때 상대방이 이를 충분히 납득하고 제기자의 청구내용에 따를 때에는 아무런 문제가 없겠지만, 만약 상대방이 청구를 무시하거나 항변할 경우에는 클레임이 분쟁으로 발전하게 된다. 이때는 제3자의 객관적인 판단에 의한 강제적 해결에 기대할 수밖에 없게 된다. 제3자를 통한 해결에는 알선(intermediation), 조정(mediation), 중재(arbitration), 소송(litigation)의 네 가지 방법이 있으며 이중 가장 합리적인 방법은 일반적으로 중재이다.

① 알선: 당사자 일방의 의뢰에 의하여 상공회의소(chamber of commerce) 등의 제3기관이 사건에 개입하여 해결방안을 제시하거나 조언하는 것을 말하는데 알선에는 강제력이 없으므로 쌍방의 협력이 없으면 실패하게 된다.
② 조정: 양 당사자가 공정한 제3자를 조정인으로 선임하고 이러한 조정인이 제시하는 구체적인 해결방안에 대하여 합의함으로써 클레임을 해결하는 것을 말하는데, 당사자는 조정안을 수락할 의무는 없지만 일단 수락하면 강제력을 가지게 된다. 대개 상사중재원이 1차 조정을 시도한다.
③ 중재: 조정의 경우와 같이 당사자가 공정한 제3자를 중재인(arbitrator)으로 선임하고 이 중재인의 판정에 복종함으로써 클레임을 해결하는 방법을 말한다. 중재가 조정과 다른 점은 조정은 조정안의 수락 여부가 당사자의 자유의사에 달렸으나 중재의 경우에는 당사자가 중재판정을 거부할 수 없고 강제집행력이 있는 것이다. 이 점에서 중재는 소송과 유사하나 중재판정에는 상소의 길이 없고 중재에 위탁된 사건은 소송에 의하여 다룰 수 없다는 점이 특징이다.
④ 소송: 당사자의 일방이 상대방에게 강제를 가하기 위하여 국가기관인 법원에 제소함으로써 국가공권력 발동을 요청하는 것을 말하는데 무역과 같은 국제거래는 상대방과 법역을 달리하기 때문에 자국의 기판력이 상대국에 미치지 않을 수도 있다. 따라서 강제력을 보장받기 위해서는 반드시 상대국의 법원에 제소하여야만 실효를 거둘 수 있게 된다.

용어 정리

▶ **손해배상(損害賠償):** 위법한 행위에 의하여 타인에게 끼친 손해를 전보하여 손해가 없었던 것과 동일한 상태로 복귀시키는 일이다. 적법한 공권력의 행사에 의하여 가하여진 경제상의 특별한 희생(공용징수)에 대하여 행정주체가 행하는 재산적 보상인 손실보상과 구별된다. 민법상 손해배상 의무를 발생시키는 원인으로서 가장 중요한 것으로는 위법행위, 즉 채무불이행과 불법행위가 있다.

[http://www.naver.com]

▶ **중재인(Arbitrator):** 중재절차에서 당사자 간의 분쟁을 판정할 사람으로 선정된 제3자를 말한다. 중재인의 선정방법 및 그 수는 당사자의 합의에 의하여 정하고, 합의가 없을 때에는 각 당사자가 1인의 중재인을 정한다. 그러나 상사중재의 경우 중재계약에서 중재인의 선정을 약정하지 아니하였거나, 당사자의 의사가 분명하지 아니한 경우에는 상공부장관이 지정하는 사단법인의 상사중재규칙에 의하는 것으로 정한다.

[http://www.lawtimes.co.kr]

▶ **화해(和解):** 분쟁 당사자가 서로 양보하여 당사자 사이의 분쟁을 종지할 것을 약정함으로써 성립하는 계약(민법 제731조)이다. 당사자가 직접 분쟁해결에 나서지 않고 제3자에게 맡기는 중재(仲裁)와 구별된다. 크게 사법상 화해와 재판상 화해의 둘로 나뉜다.

[http://www.lawtimes.co.kr]

시사 읽을거리

무역 클레임 작년에만 15조 육박

지난해 수출입 과정에서 15조 원에 이르는 클레임이 발생해 국내 업체들이 1조 8,000억 원에 달하는 무역대금을 받지 못한 것으로 나타났다.

대한상사중재원은 지난 6월부터 8월까지 한국무역협회와 공동으로 연간 30만 달러 이상 무역 실적이 있는 1,002개 업체를 대상으로 지난해 클레임 발생 현황 및 관리 실태를 조사한 결과 이같이 나타났다고 22일 밝혔다.

상사중재원은 "지난해 무역 클레임이 걸린 금액은 전체 무역액 522조 원의 2.9%(건수 기준 3.0%)인 15조 원으로 추산됐다." 며 "이중 국내 업체들이 해외 거래처와의 합의에 실패해 돈 받기를 포기한 금액이 1조 8,000억 원에 달한 것으로 나타났다." 고 밝혔다.

상사중재원에 따르면 국내 업체가 무역 상대방을 대상으로 클레임을 제기할 경우 합의를 통해 원만하게 해결되는 비율은 62.7%에 그친 것으로 나타났다.

합의에 실패한 나머지는 중재나 소송(37.3%) 등 적극적인 방법을 통해 해결하기보다는 중도 포기(63.9%)하는 경우가 많았으며, 중도 포기해 받지 못한 무역대금이 1조 8,000억 원에 달할 것으로 상사중재원은 추정했다.

한편 무역업체의 42.7%가 최근 3년간 클레임을 한 번 이상 경험했으며, 클레임이 많이 발생한 상대국은 중국(25.9%), 미국(22.6%), 일본(20.3%) 순이었다.

조사대상 업체의 26%는 클레임을 제기했으며, 33.3%는 제기받은 것으로 집계됐다.

특히 중국의 경우 미국, 일본과 달리 제품 수입 시 품질불량으로 인해 국내 업체가 제기한 클레임 비중이 높았다.

무역협회 관계자는 "해외 업체가 제기한 클레임의 64%가 품질불량 및 수량문제인 것으로 조사된 만큼 수출품에 대한 세심한 관리가 필요하다." 며 "무역 클레임을 다루는 전문기관인 대한상사중재원의 도움을 받는 것도 요긴할 것이다." 라고 말했다.

[한국경제 2006년 10월 22일자]

제19장

전략물자 수출통제

1절 대외무역법

1. 제정배경

무역거래에 관한 법률은 수출입거래 등을 통한 대외 무역활동을 국민경제적 차원에서 규율 · 조정하기 위한 대외경제 통제법규이므로 필연적으로 국민경제의 여건과 대외 무역환경 변화에 적응하지 아니할 수 없으며 우리나라의 무역관리의 목적을 달성할 수 있도록 원활하게 뒷받침할 수 있어야 한다.[1)]

그런데 1980년대의 대내외 무역환경은 1967년 무역거래법이 제정되었을 당시와 많이 달랐다. 여기서 새로운 여건과 앞으로의 무역이 나아갈 방향에 맞추어 새로운 법체계를 가져야 할 필요성이 대두되었던 것이다.

첫째, 경제 및 무역 규모면에서는 1960년대 이후 우리 경제가 고도성장을 지속하여 신흥 공업국의 선두주자로 성장한 결과 경상 GNP는 1967년 43억 달러에서 1985년 837억 달러로 20배 증가하였다. 또한 수출은 1967년 3억 달러에서 1986년 347억 달러로 116배, 수입도 1967년 10억 달러에서 1986년 316억 달러로 32배 증가하여 무역 규모면에서 세계 10위권에 들어갈 수 있는 중견무역국가로 진입하게 되었다.

둘째, 수출상품 구조에 있어서는 경공제품의 수출 비중이 1967년 63.9%에서

1) 전순환, 관세법, 한올출판사, 2003, pp.4-6.

1986년 41.8%로 감소하였고 중화학제품의 수출 비중은 1967년 6.2%에서 1986년 52.8%로 늘어나 수출구조가 상당히 고도화되었다.

셋째, 국제무역 질서에 있어서는 1970년대 이후 세계경제의 전반적인 성장둔화와 선진산업국의 산업구조 조정 지연으로 선진국에서 구조적 불황산업이 발생하고 실업이 증대됨에 따라 이들 국가들은 자국의 사양산업 보호를 위하여 수입규제를 강화하는 신보호무역주의가 대두되게 되었다. 또한 자유무역주의보다 공정무역이 강조되고 상호주의가 대두되어 선진국의 개도국에 대한 시장개방 압력이 증대되고 있었다.

넷째, 이러한 대외적 여건 변화에 따라 우리의 산업무역정책에 있어서도 큰 변화가 있었다. 우선 산업정책적인 면에서 시장경제의 창달을 위해 정부주도에서 민간주도로 이행하고 보호와 규제위주에서 개방과 자율체제로 전환하였다. 또한 공업발전법이 제정되어 경쟁체제를 기초로 한 민간자율 조정기반을 확립하게 되었다. 무역정책에 있어서는 수입자율화율이 1985년에는 87.7%에서 1986년에는 91.55%로 높아졌으며 국내 산업의 경쟁력이 강화되었고 국제무역에 있어서의 우리의 지위에 상응하는 대외개방정책을 추진하고 있었다.

이러한 대외적 여건 변화에도 불구하고 당시 우리의 무역거래법제는 무역거래법이 1967년 제정된 이래 1970년, 1972년, 1975년 3차례에 걸쳐 부분적으로 개정되고 보완되었으나 무역규모의 급속한 증대, 거래 방식의 다양화 및 국제무역 질서의 변동에 적절히 대응할 수 있는 현실 적합성이 결여되어 있었다.

2. 대외무역법의 목적과 특성

1) 대외무역법의 목적

대외무역법은 우리나라 대외무역거래의 전반을 기본적으로 관리·조정하기 위한 일반법이며, 기본법으로서 주로 무역의 객체인 물품 등의 흐름을 관리하는 데 중점을 두고 있다. 성문 형식의 대외무역법의 유무에 상관없이 국제 간의 상거래에 적용되는 법을 총칭하여 실국내법(관세법, 외국환 관리법)과 국제 간 상거래에 적용되는 국제법도 포함하는 개념이라 볼 수 있다.

대외무역법 제1조에서는 "이 법은 대외무역을 진흥하고 공정한 거래질서를 확립하여 국제수지의 균형과 통상의 확대를 도모함으로써 국민경제의 발전에 이바지함을 목적으로 한다."고 규정하고 있다. 이와 같이 대외무역법은 궁극적으로는 국민경제의 발전에 기여함을 목적으로 하고, 그 방법으로서는 무역을 진흥하고, 공정한 거래질서의 확립을 통한 국제수지의 균형과 통상의 확대를 도모하는 것으로 정하고 있다.[2)]

종전의 무역거래법에서는 "이 법은 수출을 진흥하며, 수입을 조정하여 대외무역의 건전한 발전을 도모함으로써, 국민경제의 발전에 이바지함을 목적으로 한다."고 규정하고 있었다. 이처럼 무역거래법은 국민경제의 발전과 함께 국제수지의 균등에 목적을 두었다. 하지만 대외무역법은 그동안 국제수지가 호전된 상황을 반영하여, '수입을 조정' 이라는 표현이 통상마찰을 야기할 수 있는 우려가 존재하여 이대신 '대외무역을 진흥' , '통상의 확대' 란 표현을 사용하게 되었다.

이를 구체적으로 상술하면, 첫째, 부존자원이 부족한 우리나라는 무역진흥이 경제발전의 지름길이다. 그러므로 수출과 수입을 함께 진흥하여 경제발전의 목적달성을 하기 위한 방법 및 수단으로 규정하고 있다.

둘째, 공정한 거래질서를 확립하기 위한 법이다. 무역에 의한 국민경제 발전의 수단을 공정한 거래질서의 확립에 두고 있는 것이다. 이것은 제3조에서 "자유롭고 공정한 무역의 원칙"을 선언하고 있듯이 불공정 무역은 무역거래를 저해하는 요인이므로 공정무역거래를 확립하기 위하여 수출입물품 등의 원산지 표시, 불공정한 행위금지(제39조), 무역분쟁의 신속한 해결(제41조), 수출입물품 등의 가격 조작금지(제40조), 선적전 검사와 관련한 분쟁조정(제42조), 산업자원부 장관의 조정명령(43조) 등을 규정하고 있다.

셋째, 국제수지의 균형을 이룩하기 위한 법이다. 전술한 바와 같이 대외무역법은 종전의 무역거래법과는 달리 수출을 진흥하고 수입을 조정하여 국제수지의 균형을 이루는 것이 아니라 수출과 수입을 균형 있게 증대시켜 국제수지의 균형을 이루고자 하였다.

넷째, 통상확대를 위한 법이다. 대외무역진흥과 자유롭고 공정한 거래질서를 확립함으로써 모든 국가와 통상을 확대할 수 있도록 규정하고 있는 법이다. 우리나라의 통상법이라는 단일법으로 이루어져 있지 않기 때문에 대외무역법 제2장에서 통

---

2) 전정기, 대외무역법(개정판), 율곡출판사, 2005, p.4.

상의 진흥을 규정하고 있다.

다섯째, 국민경제의 발전에 이바지하는 법인데, 즉 대외무역법의 궁극적인 목적은 국민경제발전에 이바지하는 것이다.

2) 대외무역법의 특성

대외무역법의 특성을 아래와 같이 정리할 수 있다.

첫째, 무역에 관한 기본법이다. 대외무역에 관해 헌법에서는 "국가는 대외무역을 육성하여 이를 규제, 조정할 수 있다."라고 규정하고 있다. 또한 대외무역법(제6조)에서는 "무역에 관하여는 이 법이 정하는 바에 의한다." 고 규정하여 우리나라에서 이루어지는 모든 무역거래는 대외무역법에 의할 것을 명시하고 있다. 또한 "관계행정기관의 장은 물품 등의 수출입을 제한하는 법령이나 훈령 · 고시 등(이하 '수출 · 수입요령' 이라 한다)을 개정하거나 개정하고자 할 때에는 미리 지식경제부 장관과 협의하여야 한다." 고 규정하여 무역관리법규에 있어서 대외무역법을 기본법으로 정하여 일관성을 유지하고 체계적으로 적용하도록 하고 있다.

둘째, 무역에 관한 일반법이다. 다른 법률에서 명시적으로 대외무역법을 배제하면 그 법은 대외무역법보다 우선 적용되는 특별법적 위치에 있으며 이러한 특별법에 대해 대외무역법은 일반법이 된다. 특별법으로는 무역업의 신고 면제를 규정하고 있는 농업협동조합법, 수산업협동조합법과 수입승인만 면제되는 외자도입법 등이 있으며, 이외에는 약사법, 식품위생법, 마약법 등 약 50여 개에 달하는 특별법이 있다.

셋째, 무역에 관한 특별법이다. 대외무역법이 다른 법률에 우선 적용되는 특별법적 성격도 가지고 있다. 대외무역법(제50조)에서는 독점규제 및 공정거래에 관한 법률과의 관계에 관해 "지식경제부 장관의 조정명령의 이행에 대하여는 독점규제 및 공정거래에 관한 법률을 적용하지 아니한다." 고 규정하고 있다. 또한 대외무역법 제51조는 국가보안법과의 관계에 대해 "이 법에 따른 물품 등의 수출 · 수입행위에 대하여는 그 행위가 업무 수행상 정당하다고 인정되는 범위 안에서 국가보안법을 적용하지 아니한다." 고 규정하고 있어 독점규제 및 공정거래에 관한 법률이나 국가보안법 등과의 관계에 있어서 특별법적 지위를 가지고 있다.

넷째, 국제성 및 대외성을 가지고 있다. 대외무역법은 국민의 대외무역거래를 관리하는 법으로서 당연히 국제성을 띠고 있다. 대외무역법 제3조에서는 "우리나라의 무역은 헌법에 따라 체결 · 공포된 무역에 관한 조약과 일반적으로 승인된 국제법규에서 정하는 바에 따라 자유롭고 공정한 무역을 조장함을 원칙으로 하며, 정부는 이 법이나 다른 법률 또는 헌법에 따라 체결 · 공포된 무역에 관한 조약과 일반적으로 승인된 국제

법규에 무역을 제한하는 규정이 있는 경우에는 그 제한하는 목적을 달성하기 위하여 필요한 최소한의 범위에서 이를 운영하여야 한다."고 규정하고 있다.

다섯째, 종합적 성격을 가지고 있다. 대외무역거래는 서로 유기적인 관계를 유지하면서 국민경제의 질서를 형성하는 것으로 무역에 관한 어느 한 분야의 규제는 다른 분야의 경제생활에 영향을 미치게 된다는 점에서 종합성을 지니고 있음을 알 수 있다. 수출입 공고가 이를 말해 주고 있는데 제12조에서 규정한 통합공고는 이러한 종합성의 대표적인 예로 볼 수 있다.

여섯째, 포괄적 성격을 지니고 있다. 즉, 대외무역법의 규제내용은 구체적인 거래를 대상으로 한 것이 아니라, 일반적인 사항에 관하여 다수의 당사자를 전제로 하여 무역거래업체와 관련된 일반적인 사항을 포괄적으로 규정하는 법이다.

일곱째, 중앙집권적 관리 방식을 취하고 있다. 즉, 대외무역관리의 모든 권한은 법상 지식경제부 장관의 전속으로 되어 있으며, 다만 일정 범위 내에서 그 권한의 일부를 다른 기관에 위임, 위탁할 수 있도록 하고 있다.

여덟째, 위임입법의 성격을 가지고 있다. 무역거래의 규제대상은 유동적이고 규제방법은 추상적이거나 복잡하기 때문에 대외무역법에서는 기본적이고 원칙적인 사항만을 규정하고 있다. 따라서 그 시행에 관한 세부적 사항은 행정부가 제정하는 시행령과 관리규정에 위임하고 있으며, 이들을 다시 보충하기 위하여 법규 보충적 작용을 담당하는 고시, 공고나 유권해석 및 예규, 통첩 등이 활용된다.

아홉째, 기술성을 가진다. 대외무역법은 국민경제발전을 위한 경제정책에 맞도록 대외거래를 규율하고자 하는 기술적인 성격을 가진다. 따라서 논리성이 배제되고 오로지 국가이익을 위한 기술적, 법적 성격이 존재한다.

열째, 경제적 통제의 성격(정치적, 지도성)을 가진다. 대외무역법에 의한 무역관리는 국가가 무역의 규제, 조정 등의 작용을 하는 규제행정작용의 법적 성격을 지니고 있다. 그러므로 국가가 경제질서의 단순한 외부적 보호자가 아니라 적극적인 경

제규제자 및 조정자로서 작용하므로 다른 행정법에 비하여 정치성 내지 지도성이 강하게 나타난다.

끝으로 통상법적인 성격을 가지고 있다. 대외무역법에서는 대내적인 행정법의 영역을 벗어나 통상교섭의 근거법규가 되도록 한 것으로서 앞으로 보다 포괄적인 통상법이 제정된다면 대외무역법을 모체로 하여 제정될 것이다. 제3조에서는 '헌법에 의하여 체결·공포된 무역에 관한 조약과 일반적으로 승인된 국제법규가 정하는 바에 따라 자유롭고 공정한 무역을 조장함'을 규정하고 있으며 제7조에서는 통상진흥시책의 수립, 제8조에서는 무역 및 통상관련 민간협력 활동의 지원을 규정하고 있는 것은 이러한 종합적인 통상법으로서의 성격을 잘 나타내 주고 있는 부분이다.[3)]

3) 대외무역법의 제정원칙

첫째, 자유롭고 공정한 무역을 원칙으로 한다. 우리나라의 무역은 헌법에 의하여 체결·공포된 무역에 관한 조약과 일반적으로 승인된 국제법규가 정하는 바에 따라 자유롭고 공정한 무역을 조장함을 원칙으로 한다.[4)]

둘째, 무역 제한을 최소화한다. 정부는 이 법이나 다른 법률 또는 헌법에 의하여 체결·공포된 무역에 관한 조약과 일반적으로 승인된 국제법규에서 무역에 대한 제한을 정한 규정이 있는 경우에는 그 제한을 정한 목적을 달성하기 위하여 필요한 최소한의 범위 안에서 이를 운영하는 것을 원칙으로 하고 있다.[5)]

셋째, 무역 진흥을 도모한다. 지식경제부 장관은 무역의 진흥을 위하여 필요하다고 인정되는 때에는 대통령령이 정하는 바에 의하여 물품 등의 수출·수입을 지속적으로 증대하기 위한 조치를 할 수 있다.[6)] 따라서 지식경제부 장관은 위의 원칙에 따라 무역의 진흥을 위하여 필요하다고 인정되는 때에는 대통령령이 정하는 바에 의하여, ① 무역의 진흥을 위한 자문·지도·대외홍보·연수·상담알선 등을 업

---

3) 이춘삼, 무역관계법(제2전정판), 법문사, 1995, pp. 6-7; 조석홍·이희석·김민길, 대외무역법, 두남출판사, 2002, pp. 28-30.

4) 대외무역법 제3조 제1항.

5) 대외무역법 제3조 제2항.

6) 대외무역법 제4조 제1항.

으로 하는 자, ② 무역 전시장 · 무역 연수원 등의 무역관련시설을 설치 · 운영하는 자, ③ 과학적인 무역업무 처리기반을 구축 · 운영하는 자 등에 대하여 필요한 지원을 할 수 있다. 이러한 지원 조치를 살펴볼 때 '수출을 진흥하고, 수입은 조정한다'는 목적규정은 없더라도 지원 조치의 대부분은 수출 진흥을 위한 조치를 규정하고 있는 점으로 보아 수출 진흥 제일주의가 묵시의 원칙임을 알 수 있다.

넷째, 통상의 진흥을 도모한다. 지식경제부 장관은 무역 및 통상을 진흥하기 위하여 매년 다음 연도의 통상진흥시책을 수립하도록 규정하고 있으며[7], 무역 · 통상 관련 기관 또는 단체가 교역상대국의 정부 · 지방정부 · 기관 또는 단체와 통상 · 산업 · 기술 · 에너지 등 협력활동을 추진하는 경우 대통령령이 정하는 바에 따라 필요한 지원을 할 수 있도록 규정하고 있다.[8]

4) 대외무역법의 제정경과 및 주요내용

① 제정경과

무역거래법의 정비필요성이 강력히 대두함에 따라 정부는 1980년대 들어와서부터 무역거래법제의 개편을 적극적으로 추진하여 왔다. 1983년에는 무역거래법을 전문 개정하는 무역거래법 개정 시안이 마련되었으나 빛을 보지 못하였다. 그 후 1985년부터 다시 법제 개편작업이 활발하게 추진되어 동년 6월에는 전국경제인연합회에 경제법령정비민간협의회가 발족되어 동년 11월에 무역거래관련법 정비개선방안이 마련되었다. 동년 12월에는 서울대학교 법학연구소에서 한국무역협회의 용역 의뢰에 따라 무역관련제도의 선진화를 위한 조사용역 보고서가 나오게 되었다.

정부에서도 무역법제에 대한 개편작업반을 구성하여 이에 대한 연구와 토의를 활발히 한 결과 1986년 3월 무역거래법제의 정비개편안을 마련하여 무역구조민간협의회의 검토 등 관련전문가의 협의를 거쳤고 이를 토대로 하여 6월에는 대외무역법의 초안이 마련되게 되었다. 이어서 업계, 학계, 연구소 등의 전문가가 참가한 공청회를 거치고 입법예고 후, 1986년 12월 31일에는 법률 제3895호로 공포되었다(현재, 제24차 일부 개정 2010. 4. 5. 법률 제10231호).

---

7) 대외무역법 제7조 제1항.

8) 대외무역법 제7조 제2항.

② **주요내용**

무역에 관한 기본법으로서 대외무역법은 공포 당시 본문 72조와 부칙 11조로 이루어져 있으며 그 주요한 내용은 다음과 같다(현재 본문 59조와 부칙 6조로 이루어져 있음).

첫째, 수출 진흥과 수입 조정을 목적으로 하던 종래의 무역거래법과는 달리 대외무역을 진흥하고 공정한 거래질서를 확립하여 국제수지의 균형과 통상의 확대를 도모함으로써 국민경제의 발전에 이바지함과 아울러 자유롭고 공정한 무역을 추구할 것을 원칙으로 함을 천명하였다.

둘째, 무역업을 갑류무역업과 을류무역업으로 양분하고 갑류무역업의 허가를 받을 수 있는 요건은 5,000만 원 이상의 납입자본금과 미화 2만 달러 상당액 이상의 수출신용장을 얻은 자로 정하였고, 무역대리업을 물품매도 확약서 발행업을 주된 업으로 하는 갑류무역대리업과, 수출물품구매를 주된 업으로 하는 을류무역대리업으로 정하였다.

셋째, 무역업의 허가요건을 완화하여 무역업자 수가 증가하게 됨에 따라 수출입질서유지를 위한 제도를 도입하였는바, 불공정한 수출입행위의 금지, 무역분쟁의 조속한 해결을 위한 조치, 무역업자의 협약 체결, 수출조합 또는 수입조합의 설립 등에 대한 요건과 절차를 규정하였다.

넷째, 수입개방화 정책의 추진에 따른 국내 산업의 피해를 구제하기 위하여 특정물품 등의 급격한 수입증가 또는 과도한 수입으로 인하여 동종 또는 직접적인 경쟁관계에 있는 물품 등을 생산하는 국내 산업의 발전이 저해되거나 저해될 우려가 있을 수 있다. 이때에는 당해 국내 산업에 이해관계가 있는 자의 신청에 의하여 당해물품 등의 수량 및 품질에 대한 규제, 공업발전법에 의한 합리화 업종의 지정, 기타 국내 산업의 구제를 위하여 대통령령이 정하는 조치를 취하도록 하는 산업 피해구제제도를 설립하고 산업 피해 여부에 관한 사항과 세이프가드 조치에 관한 사항 등을 심의·의결하기 위하여 무역위원회를 신설하였다.

다섯째, 수출의 부가가치를 높이고 수출상품의 이미지를 개선하기 위하여 수출물품 등에 대한 디자인 보호제도를 신설하였으며 디자인에 대한 인정을 받지 못하면 수출할 수 없도록 하였다.

여섯째, 매년 수출입 기별공고를 통하여 운영하던 수출물품 등에 대한 품목관리

체계를 수출입공고로 명칭을 개정하여 공고의 계속성을 유지토록 하였다. 또한 대외무역법 외의 법령에 물품 등의 수출·수입요령을 정한 것이 있는 경우에는 산업자원부 장관이 통합하여 공고하는 전략물자의 수출 등 별도로 그 수출입요령을 공고하는 별도공고를 운영하였다. 수입에 의한 산업영향 조사제도의 신설에 따라 수입감시제도는 폐지키로 하고 동 제도에 의하여 공고된 품목은 1988년 말까지 유효한 것으로 하였다.

일곱째, 향후 그 필요성이 절감되는 연계무역에 대하여 물물교환, 구상무역, 대응구매 등의 형태를 연계무역으로 하고 통상협력 증진 및 지역 간 무역균형화를 위하여 이를 원활히 대비할 수 있도록 연계무역추진위원회를 설치하여 연계무역의 활성화에 대비토록 하였고, 필요 시 수출입공고 등에서 수출입이 제한되고 있는 품목에 대하여도 수출·수입할 수 있도록 산업자원부 장관이 승인하도록 하였다.

마지막으로 무역거래법, 산업설비 수출촉진법 및 수출조합법으로 복잡다기화되어 있는 무역에 관한 법령들을 통폐합하여 대외무역법으로 단일화하였으며, 무역에 관한 특별조치, 무역의 진흥을 위한 조치 등 무역정책의 효율적인 심의를 위해 종전의 무역위원회를 무역정책심의회로 개정하고 위원장은 산업자원부 차관에서 산업자원부 장관으로 변경하였다.

2절 수출통제[9)]

1. 전략물자의 개념

'전략물자' 란 용어는 다자간 수출통제 조정위원회(Coordinating Committee for Multilateral Export Control: COCOM)가 수출통제의 대상으로 삼은 물품을 흔히 이렇게 전략물자(strategic items)라고 부른 데서 유래한다. 전략물자란 무기류뿐만 아니라 핵, 미사일, 생화학무기 등 대량파괴무기(WMD)의 제조·개발에 이용 가능한 물품과 기술로서, 근래에 국제평화와 안전을 위해 전세계적으로 수출통제가 크게 강화되고 있다.

9) 한국무역협회 전략물자 무역정보센터, 수출통제, 박영사, 2006, pp.154-157 및 전략물자 수출관리 가이드, 2005, pp.105-117.

우리나라는 대외무역법상 전략물자를 국제평화 및 안전유지, 국가안보를 위하여 그 수출입을 금지하거나 제한하는 물품이라고 정의하고 있다(대외무역법 제21조 제1항). 즉, 이것은 무기류(WMD 및 재래식 무기 포함) 및 무기류의 제조·개발에 이용 가능한 민군 겸용 기술이나 '이중용도 물품(dual-use goods)' 을 모두 포함하는 개념이다.

2. 수출통제의 기원

비확산수출통제(nonproliferation export control)로 널리 알려진 수출통제의 본래 의미는 1940년 유럽에서 전쟁이 발발하게 되자 미국 의회가 대통령에게 '군사적 용도로 사용 가능성이 있는 물자와 기술' 의 수출을 통제할 수 있는 권한을 한시적으로 부여하는 법안을 통과시킨 것으로부터 사용되기 시작했다. 제2차 세계대전 당시 독일, 이탈리아 등 유럽 교전국과 일본 등에 대해 시행한 수출통제는 전후 1949년 미국이 주도한 COCOM이 출범하게 되면서 국제 수출통제체제가 형성되었다. 주요 강대국들의 잇따른 핵무기 개발로 인하여 1970년 핵비확산조약(NPT) 제3조 2항에 따라 쟁거 위원회(Zangger Committee: ZC)가 최초로 발족했다. 이후 핵공급국 그룹(Nuclear Suppliers Group: NSG), 호주 그룹(Australia Group: AG), 미사일 기술 통제체제(Missile Techinology Control Regime: MTCR), COCOM을 대체하여 바세나르 체제(Wassenaar Arrangement: WA) 등이 결성되었다.

WMD의 비확산을 실현하기 위해 국제사회는 국제조약의 형태나 정치적인 행동규약 등을 제정하였으나 이는 어디까지나 금지·제한 위주의 소극적 자세였다. 따라서 적극적 의미에서 WMD의 확산을 막는 수단의 하나로 관련 무기류나 부품, 원료물질 등의 수출입을 철저히 통제하는 수단을 강구해 낸 것이 수출통제체제라는 새로운 무역질서이다. 특히 비확산을 목표로 하는 이행수단인 수출통제는 국민경제의 무역의존도가 70%에 달하는 우리 경제의 사활이 달려 있다고 해도 과언이 아니다. 우리나라의 주 수출 대상국이 미국과 유럽 등 선진국임을 감안할 때 수출통제체제의 규범 위반 시 그 기업은 파산할 가능성이 높고 이런 상황이 가중된다면 우리나라 경제의 회복 가능성이 희미해진다. 이를 테면, 전략물자 수출통제의 관리 여부에 따라 한국 경제의 생사가 결정된다.

3. 수출통제가 국가와 기업에 미치는 경제적 측면

1) 긍정적 측면

① 국가 신뢰도 향상

기업은 자율적으로 수출통제체제를 올바르게 이행함으로써 비용을 최소화하고, 각국의 정부가 모든 정보를 투명하게 관리한다면 국제사회로부터의 신뢰를 확보할 수 있다.

② 전략물자 수출입 용이

미국을 포함한 다자간 수출통제체제 참여국들이 다른 참여국에 군사용으로 전용될 가능성이 있는 전략물자를 수출입하는 경우에는 수출통제를 해제하거나 통제수준을 완화하기 때문에, 이에 부합되는 전략물자 수출통제제도의 철저하고 투명한 시행은 첨단기술의 수출입을 보다 용이하게 함으로써 관련 산업 발전을 촉진할 수 있다.

③ 간소화된 통관절차

미국, 일본, EU 등의 전략물자 선진국과 마찬가지로, 우리나라 또한 전략물자 수출통제법규를 준수하는 기업은 '자율준수 무역거래자'로 지정하여 수출입절차를 간소화시켜 줌으로써 법규를 준수하는 기업들은 신속한 통관으로 인한 비용과 시간을 절약할 수 있다.

④ 안정적 사업 추진

미국의 수출관리규정(EAR: Export Administration Regulations)을 위반한 기업의 경우 미국법상의 강력한 제재조치가 취해져 파산의 가능성이 농후하기 때문에 이중용도 품목을 수출하는 기업은 전략물자 수출통제제도를 적절히 준수함으로써 법규위반에 따른 강력한 제재조치로 인한 피해를 사전에 예방하게 되며, 제재의 위험 없이 안정적으로 사업을 계속할 수 있다. 이는 대외무역법이 2007년 4월 4일부터 개정되어 제재조치가 강화됨에 따라 더욱 중요해졌다.

⑤ 산업기술보호 및 안보 수단

전략물자 수출통제는 전략기술에 대해서도 적용되는데, 국가안보를 강화하기 위해서는 첨단산업기술을 보호 육성하는 것이 중요하다. 그러므로 수출통제제도의 투명한 관리를 통하여 첨단산업기술의 불법수출을 방지하고, 국제평화와 안전유지에 기여할 수 있다.

2) 부정적 측면

① 기업의 비용증가

제품 수출 시 그 제품이 전략물자에 해당하는지에 대한 사전판정, 최종용도 및 최종 수요자의 확인, 자료의 유지 및 이를 담당할 인력의 확충, 수출 절차의 증가에 따른 비용 등이 발생할 수 있다. 특히 수출증진이 최대 목표인 우리 기업들의 경우 지금까지 수출통제를 위한 비용을 거의 지불하지 않았다는 점을 감안한다면, 수출통제체제의 구축과 이행을 위한 초기 비용부담이 클 수밖에 없을 것이다. 이런 초기 비용을 최소화하기 위해서는 전략물자 수출통제체제 및 관련 법규에 대한 정확한 이해가 필요하다.

② 국제무역 및 투자활동의 위축

전략물자 수출통제를 강력하게 시행할 경우 첨단물자 및 기술 수출의 증가를 저해하거나 지연 및 차단함으로써 국제무역 및 투자의 위축을 초래할 수 있다. 수출품의 개략물자 사전 판정시 그 물품이 전략물자에 해당할 경우 정부당국의 수출허가가 있어야만 수출이 합법적으로 이루어질 수 있으므로 이러한 수출허가를 받기 위한 절차의 생성은 신속한 무역거래를 저해할 수 있다.

③ 수출관리규정(EAR)의 역외적용에 따른 통제 강화

미국은 수출규제법의 집행과 관련하여 '미국의 관할권 내에 속한 물품', 미국 영역 내에 소재하는 물품 및 기술은 물론 미국산 기술을 이용한 외국인 물품까지 포괄하는 광범위한 개념이라는 이유로 관할권을 주장해 왔다. 이러한 미국수출규제법의 '역외적용성(extraterritoriality)'이 관련법규를 위반한 외국기업에 대한 제재조치를 수반할 경우, 해당 외국기업의 대외무역거래를 제한하고, 관련국가 간에 국제분쟁을 야기할 수도 있다.

4. 수출통제의 국제통상법적 접근

1) UN 안전보장이사회 결의 1540호

① 배경과 특징

UN의 목적은 국제평화와 안전의 유지에 있음을 천명하고, 이를 위하여 평화에 대한 위협의 방지, 제거 그리고 침략행위 또는 기타 평화의 파괴를 진압하기 위한 유효한 집단적 조치(collective measures)를 취함을 목적으로 한다고 밝히고 있다(UN 헌장 제1조 제1항).

2001년 9·11 테러는 국가가 아닌 테러집단이라는 새로운 비국가행위자에 대한 법적 규율을 정립하고 강화할 필요성을 제시하였고, 그로 인해 'UN 안전보장이사회 결의 1540호'(이하 '결의 1540호')가 제정되었다.

결의 1540호는 모든 국가들에게 WMD 및 그 운반수단의 확산 방지를 위한 통제체제를 구축하도록 요구하고, 각국이 WMD 확산방지를 위하여 취하였거나 취할 의도가 있는 국내 조치들을 담은 보고서를 2004년 10월 28일 이전까지 제출하도록 하였다. 더불어 동 결의의 이행 감시를 위해 안전보장이사회 산하에 '1540 위원회(1540 Committee)'를 구성하였다. 1540 위원회는 국별 보고서를 검토하여 그 활동 시한이 종료되는 2006년 4월 종합평가 보고서를 제출할 예정이었으나 안전보장이사회는 2006년 4월 27일 '결의 1673호'를 통해 1540 위원회의 최종 보고서 제출을 2008년 4월까지 연장하여 결의 1540호의 추가적 이행을 강화시켰다.[10)]

또한 결의 1540호는 테러집단 즉, 비국가행위자에게로 WMD가 확산되는 것을 제어할 의무를 모든 국가에게 직접적으로 부여함으로써, 비국가행위자에 대한 간접적인 제재와 통제를 가하는 방식을 취하고 있다고 볼 수 있다. 그러므로 국제평화와 안전에 대한 위협 행위를 규제함으로써 위험을 방지한다는 특징을 갖는다.

② '결의 1540호'의 의의와 전망

i) 법적 구속력

UN 안전보장이사회가 UN 헌장에 의거하여 행하는 조치인 결의 1540호는 모든

10) 한국무역협회 전략물자무역정보센터, 전게서, p.116.

국가에게 법적 구속력을 가진다. 이는 그 대상국을 모든 국가로 설정하고 비확산 및 수출통제를 위한 조치를 취하여야 함을 국제법적으로 의무화한 것이다.

ii) WMD 확산 방지를 위한 일반적 의무의 부과

결의 1540호는 WMD의 확산이 국제평화와 안전에 대한 위협임을 확인하고, 이에 대처하기 위한 국가들의 확산방지 노력을 일반적이고 추상적 형태로 입법화한 것이다. 그러나 현실적으로 필요자원이 부족한 국가가 수출통제체제를 구축하기에는 많은 어려움이 있다.

iii) WMD 확산 관련 공급망에 대한 통제

결의 1540호는 관련 품목의 수출뿐만 아니라 제조, 보유, 통관, 환적, 재수출, 자금조달 등과 제품의 생산에서 최종 사용자에 이르기까지 모든 영역에 대하여 통제체제를 구축할 것을 모든 국가에게 요구하고 있다.[11] 그러나 비국가행위자에 의한 WMD 확산 행위는 전세계적으로 이루어지며, 관련 물자의 제조, 통관 등이 복잡한 형태로 이루어져 그 통제가 어렵다.

iv) 한계

결의 1540호에 따라 WMD 관련 품목과 그 운반수단에 대하여 통제체제를 구축해야 할 의무가 각국에 부여되었으나, 그 이행 방식은 각국의 재량에 맡겨져 모든 국가들이 효과적인 통제체제를 마련하기는 쉽지 않다. 또한 각국의 통제조치에 대해 검증하거나 감독할 수 있는 수단이 미비하며 내부적으로 협의체가 없는 약점도 있다. 1540 위원회가 단지 2008년 4월을 기한으로 운영되고 있어 결의 1540호의 이행을 강화하기 위해 현 위원회를 강화하거나 새로운 기구의 창설이 필요하다.

v) 안전보장이사회 결의에 대한 사법 심사 가능성

UN의 정치적 기관인 안전보장이사회가 UN 헌장 제7장에 근거를 둔 결의에 관한 사법적 심사 가능성이 1988년 제기되었는데, 국제사법재판소가 최고 사법기관이지만 안전보장이사회 행위에 대한 일반 심사권이 있다고 보지 않고 UN 헌장 기초자들의 의도도 마찬가지이다.

11) 한국무역협회 전략물자 무역정보센터, 전게서, p.118.

③ 한국에서의 결의 1540호 이행 현황

최종 사용자 통제와 WMD 확산 행위 규제를 위해 대외무역법 및 동 시행령/시행규칙, 전략물자·기술수출입 통합공고, 원자력법, 전염병예방법, 방위산업에 관한 특별조치법, 특정금융거래보고법 등을 엄격하게 이행하고 있다. 또한 2003년에는 'Catch-all 제도' 를 도입하여 WMD 개발에 이용될 수 있는 품목에 대한 수출통제를 강화하였고, 국제 수출통제체제 통제품목 리스트와 무역상품 분류(Harmonized System: HS) 코드 연계 작업을 수행하여 통제의 효율성을 기하고자 노력하고 있다.

2) 수출통제와 WTO 규범

국가는 자국의 정치 및 국가안보의 보호목적을 위해 각종 무형과 유형의 상품수출을 통제해 왔고 전략물자 수출통제 역시 전략적 목적을 위한 타국의 군사력 및 경제력 제한을 위한 수출통제의 한 예로 볼수 있다.

전통적인 국제통상규범은 타국에서 수입되는 물품을 '비차별원칙' 과 같은 기본원칙에 위반되는 '수입통제(import control)' 조치의 규제와 관련이 있다. 따라서 '수출통제(export control)' 는 '관세 및 무역에 관한 일반협정(General Agreement on Tariffs and Trade: GATT)' 및 세계무역기구(World Trade Organization: WTO) 체제에서는 예외적 성격을 띤다고 보는 것이 정확할 것이다.

1994년 GATT 규범은 다섯 가지 측면에서 수출통제에 적용된다. 첫째, 최혜국대우(제1조)와 내국민 대우(제3조)와 관련된 규칙은 수입뿐만 아니라 수출에도 적용된다. 둘째, 1994년 GATT상의 수수료 및 절차(제8조)와 원산지 표시(제9조) 등은 수출에 적용된다. 셋째, 수출증진활동(export pro-mo-tional activity)은 반덤핑 및 상계관세에 관한 WTO 규범에 관련될 수 있다. 넷째, 수출요건이 외국인 투자를 제한하는 것으로 사용될 때 무역관련 투자조치에 관한 WTO/TRIMS 협정에 위배될 수 있다. 다섯째로 수출통제의 적법성(legality)에 대한 문제는 대부분의 경우 1994년 GATT 제11조(수량제한의 일반적 철폐)와 관련될 것이다. 예컨대 1988년 '일본-반도체무역 사건' 에서는 1994년 GATT 제11조가 수출 또는 수입에 영향을 주는가를 불문하고 모든 무역조치(trade meas-ures)를 대상으로 한다고 광범위하게 해석되었다. 그러나 1994년 GATT 제11조는 몇 가지 중대한 예외를 포함하고 있으며, 1994년 GATT 제20조와 제21조 또한 일반적인 그리고 국가안보를 위한 추가적인

예외를 규정하고 있다.[12)]

5. 한국의 수출통제제도

1) 전략물자 수출통제 현황

수출통제제도는 WMD, 미사일, 무기류를 개발 또는 생산하려는 우려 국가 및 단체 등에게 관련 물자의 이전을 차단하기 위한 제도인 동시에 무역활동의 지속을 위한 국제 규범을 준수하기 위한 제도이다. 또한 불확실성에 대응하는 경영전략이라 볼 수 있다. 그러나 수출통제제도가 수출을 금지하기 위한 제도라는 잘못된 인식이 오해를 불러오기도 한다. 뿐만 아니라 우리나라 기업의 전략물자 수출통제에 대한 관심과 이해부족으로 제도의 이행은 약 20% 정도에 그치고 있다. 우리나라가 선진무역국으로의 진입을 위해서는 전략물자 수출통제제도의 인지와 이행이 동일하게 이루어져야 하는데 이는 경영리스크 관리 차원에서 이해가 필요하다. 위법수출 적발 시에는 근거 법령에 따라 무역활동에 지장을 초래하기 때문이다.

2) 우리나라가 가입한 국제수출통제체제

다자간 수출통제체제는 핵무기 수출통제와 관련해서 '쟁거 위원회' 및 '핵공급국 그룹', 생·화학무기와 관련해서는 '호주 그룹', 미사일기술의 수출과 관련해서는 '미사일기술 통제체제', WMD를 제외한 통상적인 재래무기와 이와 관련한 이중용도 물품 및 기술에 대해서는 '바세나르 체제' 등으로 구성되어 있다. 이는 자발적인 협력체로 우려국가나 테러리스트에게 전략물자가 이전되지 않도록 관리해야 할 통제물품 리스트를 작성하여 운영하는 제도이다. 우리나라는 아래의 4개 체제에 가입함으로써 '가' 지(총29개국)로 구분되어 가입하지 않은 '나' 지보다 효율적으로 전략물자의 수출허가를 받는다.

① 쟁거 위원회(ZC)와 핵공급국 그룹(NSG)

ZC는 핵비확산조약(NPT)의 성실한 실행을 목적으로 설립된 국제 핵수출통제체제로서 스위스의 쟁거(Claude Zangger) 교수가 주도적 역할을 하여 1974년 비확산

---

12) 한국무역협회 전략물자 무역정보센터, 전게서, pp. 130-131.

조약수출국위원회라는 이름으로 출범하였으나 1979년부터 쟁거 위원회로 호칭하기로 했다. NSG는 NPT 제3조의 이행만으로는 핵확산을 방지하기에 불충분하다는 인식하에 미국의 주도적 역할로 1974년에 발족되었다. ZC와 NSG는 핵물질과 기술의 교역을 통제함으로써 IAEA와 NPT의 취약점을 보완하고 핵의 확산을 방지할 목적으로 설립된 수출자 중심의 다자간 핵수출통제체제이다.

② 호주 그룹(AG)

1985년 설립된 AG는 생·화학무기 확산의 위험을 최소화하기 위해 그 무기의 제조·개발에 사용될 수 있는 관련 물질이나 장비, 동·식물 병원균 등이 국가 간에 이전(수출입)되는 것을 통제하는 비공식 국제협의체를 말한다.

③ 미사일기술 통제체제(MTCR)

MTCR은 WMD를 실어 나를 수 있는 미사일(무인운반수단)의 확산을 방지하기 위한 목적으로 결성된 미사일선진국을 중심으로 한 주요국들의 자발적인 협력체를 말한다. 1987년 창설 이래 그 기능과 역할이 지속적으로 변화하고 있다. 우선 최초의 핵무기 운반수단을 겨냥한 통제에서 1993년부터는 생·화학무기 운반수단을 포함하는 것으로 통제영역을 확장했으며 9·11 테러 이후에는 전통적으로 국가를 대상으로 통제활동을 해오던 것을 테러집단 등 비국가행위자(non-state actor)의 수중에 미사일이나 미사일관련 기술이 들어가는 것을 방지하는 데도 역점을 두게 되었다.

④ 바세나르 체제(WA)

WA는 구공산권 국가들을 대상으로 전략물자 및 기술의 수출을 통제했던 COCOM을 대체하여 재래식무기와 이중용도 물품(dual-use goods) 및 기술의 수출통제를 목적으로 설립된 국제 수출통제체제이다.

3) 우리나라의 수출통제 근거 법령

전략물자 수출통제 기본법령으로는 대외무역법과 대외무역법시행령이 있으며, 전략물·자기술수출입 통합공고에서 수출통제 구체적인 규정, 통제품목, 전략물자 수출지역 구분 및 수출통제 지침 등을 규정하고 있다. 또한 관련 법령으로는 기술개발촉진법, 원자력법, 방위산업에 관한 특별조치법 등이 있다. 우리나라는 1992년부터 전략물자 수출통제제도를 도입하였고, 2003년 1월에는 국제 수출통제품목 이외

표 19-1 국제 수출통제체제의 구성 및 참여국 현황(2006년 4월 기준)

<table>
<tr><th colspan="2">구 분</th><th>비확산 조약</th><th>국제체제</th></tr>
<tr><td rowspan="4">WMD</td><td>핵무기</td><td>핵비확산조약(NPT)
– 발효: 1970(한국 가입:1975)
– 회원국: 189개국</td><td>핵공급국그룹(NSG)
– 설립: 1978(한국 가입: 1995)
– 참여국: 45개국</td></tr>
<tr><td>화학
무기</td><td>화학무기금지협약(CWC)
– 발효: 1997(한국 가입:1998)
– 회원국: 167개국</td><td>호주그룹(AG)
(생·화학무기 비확산체제)
– 설립: 1985(한국 가입: 1996)
– 참여국: 40개국</td></tr>
<tr><td>생물
무기</td><td>생물무기금지협약(BWC)
– 발효: 1975(한국 가입:1987)
– 회원국: 151개국</td><td>호주그룹(AG)
(생·화학무기 비확산체제)
– 설립: 1985(한국 가입: 1996)
– 참여국: 40개국</td></tr>
<tr><td>미사일</td><td>–</td><td>미사일기술통제체제(MTCR)
– 설립: 1987(한국 가입: 2001)
– 참여국: 34개국</td></tr>
<tr><td colspan="2">재래식무기</td><td>–</td><td>바세나르체제(WA)
– 설립: 1996(한국 가입: 1996)
– 참여국: 40개국</td></tr>
</table>

자료: 한국무역협회 전략물자무역정보센터, 「수출통제」, 박영사, 2006, p.205.

의 물품·기술이 WMD 등의 개발 등에 사용될 우려가 있는 경우 수출을 제한하는 Catch-all(이중용도 품목의 수출통제)제도를 시행하고 있다. 또한 2004년 10월 전략물자·기술수출입 통합공고(이하 '통합공고')를 제정하여 그 운영절차를 세부적으로 규정하고 있다. 현재 적용되고 있는 통합공고는 2007년 4월 12일 제4차 개정된 것이다(과학기술부 고시 제2007-3호, 산업자원부 고시 제2007-57호).

대외무역법은 2007년 4월 11일 전부 개정되면서, 전략물자 1종을 '전략물자'로, 2종을 '상황허가' 품목으로 변경하고, 전략물자 제조·수출입자의 전략물자 해당여부 확인의무가 신설됐다. 또한 전략물자 제조·수입자의 신고(출고 30일 내), 거래

표 19-2 전략물자 수출통제 관련 국내법률

관련법률	주요내용
대외무역법, 시행령, 통합공고	전략물자 수출입의 일반법, 전략물자 수출입의 97% 이상을 점하는 상업용, 일반산업용에 대한 전략물자 수출입관리 내용 규정
원자력법, 기술개발촉진법	원자력분야, 기술거래 수출입 관리 내용 규정
방위산업특별조치법	무기, 방산물자 수출입 관리 내용 규정
남북교류협력 촉진법	남북한교역을 국제간 무역이 아니라 민족내부 거래로 간주하여 반출입이란 용어를 사용하며 대외무역법을 적용하지 않고 남북교류협력촉진법을 적용
화학무기 금지를 위한 특정 화학물질의 제조, 수출입 규제 등에 관한 법률	화학무기금지협약 우려정부의 이행책임관련 내용 규정

자료: 산업자원부, 전략물자수출입관리정보시스템(http://www.sec.go.kr)

상대방에 통보의무도 신설됐다. 그리고 전략물자를 제3국에서 다른 제3국으로 이전하거나 매매하기 위한 중개허가관련 내용도 추가됐다. 제도의 고의적 위반시는 7년 이하의 징역, 경미한 사항에 대하여는 과태료, 교육명령을 받게 된다.

4) 전략물자 수출통제의 운영

① 전략물자 해당여부 판정

전략물자 해당여부의 판정은 기업 스스로 판정하는 자가판정과 판정기관에 의한 사전판정으로 구분된다. 자가판정은 수출업체가 수출하고자 하는 물품과 기술이 통합공고에서 정하는 전략물자와 기술 대상이 되는지 여부를 스스로 판정하는 것을 말한다. 사전판정은 수출업체가 수출하고자 하는 제품 또는 기술이 전략물자에 해당되는지 여부에 의문이 있는 경우 수출자 또는 제조자가 전략물자 무역정보센터 등 사전판정기관에 해당여부를 의뢰하여 판정받는 것을 의미한다. 2003년 사전판정 신청은 223건, 2004년 207건, 2005년 984건, 2006년 923건으로 급격하게 증가하고 있다.

② 수출허가

사전판정의 결과가 전략물자에 해당으로 나왔다고 해서 수출을 못하는 것도 아니고, 해당되지 않는다고 해서 어떠한 책임도 따르지 않는다는 것도 아니다. 전략물자를 평화적 목적으로 사용할 경우에 한해서 수출하는 것을 원칙으로 하고 있고 해당 물품의 수입자 또는 최종 사용자 파악의 의무도 따른다. 전략물자를 4개 국제체제에 모두 가입한 국가인 '가' 지로 수출할 경우 수출거래 보고서를 작성하여 신고하면 된다. 자율준수 무역거래자는 수출 후 7일 이내에 신고하고 기타 무역거래자는 수출신고 3일전에 신고하면 된다. '나' 지로 수출하길 원할 땐 상황허가(Catch-all 제도)를 받으면 가능하다. 상황허가는 해당물품의 수입자 또는 최종 사용자가 그 물품을 대량파괴무기 등의 제조·개발·사용 등의 용도로 전용할 의도가 있음을 알았거나 의심되는 경우에 해당된다. 이는 자체적으로 판단하기 어려우므로 우려지역으로 수출할 경우에는 허가기관과 사전 상담하는 것이 바람직하다.

수출허가는 개별수출허가, 포괄수출허가 등으로 나누어 볼 수 있는데, 개별수출허가는 전략물자 수출신청 수량의 품목에 대하여 개별적으로 허가받는 것이고 포괄수출허가는 수출자가 자율준수 무역거래자로 지정된 경우 일정 기간 수출자의 자율적인 판단에 따라 수출하게 하는 것을 말한다. 그리고 재수출 허가품목이 원수출국에서 제3국으로 재수출 시, 원수출자는 허가기관의 허가를 받아야 한다.

부정한 허가 또는 허가받지 않고 수출한 자에게는 5년 이하의 징역 또는 물품가액 3배 이하의 벌금(2007년 4월 4일부로 7년, 5배로 강화)이 부과된다. 수출입허가 등 위반, 외국 부적격거래자와 수출입한 자는 1년 이내 전략물자 수출입이 금지(2007년 4월 4일부로 3년으로 강화)된다.

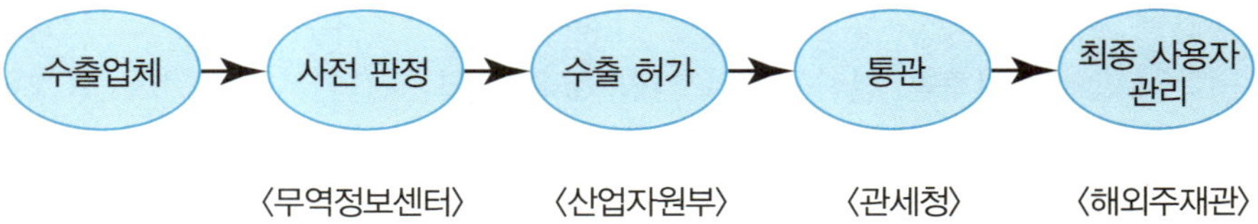

자료: 한국무역협회, 전략물자무역정보센터(www.kita.net)

그림 19-1 **전략물자 수출통제 운영 현황**

5) 자율준수체제

자율준수체제(Compliance Program: CP)란 무역거래자가 자체적으로 영업부와 독립적인 수출거래심사 및 통제제도를 담당하는 조직을 갖추고 우려되는 수출거래를 거부하거나 정부 허가기관과 밀접하게 협력하여 수출허가절차를 이행하는 제도이며, 내부자율준수체제(Internal Compliance Program: ICP), 수출관리체제(Export Management System: EMS)라고도 불린다. 기업들의 자발적인 전략물자 수출통제 참여를 지원하기 위해 우리나라는 자율준수체제 및 자율준수 무역거래자 지정제도를 통합공고에 규정하고 있다(통합공고 제5장 제55조~제62조). 또한 전략물자 수출통제의 강화를 위해 전략물자 수출에 대한 사전통제 실시 및 전략물자 수출통제 위반 시 강력한 제재를 가할 수 있는 법 · 제도를 마련하고 있다.

산업자원부는 CP를 운영하는 무역거래자가 적정서류를 작성하여 제출하면 대외무역법 제21조의 2항 규정에 의해 자율준수 무역거래자로 지정할 수 있다. 자율준수 무역거래자로 지정되면 개별수출허가 신청 시 제출해야 할 서류들 중에서 일부 서류를 해당 전략물자 수출 후 7일 이내에 제출할 수 있는 특혜를 받을 수 있다(통합공고 제59조). 자율준수무역거래자로 지정되면 법 위반에 따른 형사처벌, 행정 제재, 사회적 이미지 실추 등의 손실을 방지할 수 있다. 업계 선도의 모범적 전략물자 자율준수체제 도입을 통한 대내외 이미지 제고와 시스템 도입을 통한 전략물자 수출입 관리 효율화를 통한 업무를 체계적으로 처리할 수 있다. 대신 자율준수 무역거래자는 정기적으로 아래의 사항들을 산업자원부 장관에게 보고해야 하는 보고의무를 지닌다.

① 전략물자의 생산 및 수출실적
② 자율준수체제의 운영현황
③ 위탁자가 공급하는 원자재가 1종 전략물자인 경우 당해 원자재의 수입실적
④ 기 허가된 품목과 HS 품목번호 및 전략물자 통제번호가 동일한 품목의 추가 또는 삭제사항
⑤ 기타 (당해 수출허가기관의 장이 필요하다고 인정하는 사항)

또한 산업자원부는 기업들의 자발적인 수출관리의 중요성을 인지하여 기업들이 자체적으로 수출관리를 수행함에 있어 지침이 될 만한 '표준자율관리규정' 을 제정

했다. 표준자율관리규정은 기업의 전략물자 수출관리를 위한 조직과 주요업무를 순차적으로 제시하였으므로 개별기업은 자사의 상황에 적합하도록 변형하고 보다 상세한 하위규정을 제정하여 운영하여야 한다. 간략히 정리하자면, 효율적인 운영을 위한 전략물자 자율준수체제의 필수요건은 다음과 같다.

① 자율수출 관리기구
② 전략물자 수출심사 절차
③ 보고 및 벌칙 기준
④ 자회사 및 관계사에 대한 지도
⑤ 문서 및 출하관리
⑥ 교육 및 감사제도

6. 수출통제와 남북경협

1) 남북경협의 의의

'남북한 간의 경제교류협력'(이하 '남북경협')은 한반도의 평화증진과 상호번영을 촉진함으로써 남북경제공동체의 토대를 구축하고, 궁극적으로는 남북평화통일에 기여하는 것을 주된 목적으로 한다.[13] 이러한 남북경협의 의의는 다음과 같이 요약할 수 있다.

첫째, 성공적인 남북경제협력은 남북한 간의 상호 신뢰와 화해협력을 한 단계 증진시켜 한반도에 평화와 번영을 확보할 수 있다.

둘째, 남북경협은 북한경제의 개혁과 개방을 유도하여 남북경제공동체 건설과 사회·문화 분야에서의 교류협력을 촉진함으로써 결과적으로 남북평화통일을 앞당기기 위한 통일기반을 조성할 수 있다.

마지막으로, 상대적으로 저렴한 북한의 노동력과 남한의 우수한 기술과 자본을 이용하여 국제경쟁력 제고를 통한 경제적 이익을 증진시킬 수 있다.

13) 한국무역협회 전략물자무역정보센터, 전게서, p.184.

2) 전략물자 수출통제가 남북경협에 미치는 영향

① 긍정적 영향

전략물자 수출통제법규를 준수하는 것은 남북경협사업에 참여하는 기업과 비정부기구(Non-Governmental Organization: NGO)가 기업의 피해를 사전에 예방하는 차원으로 법규위반에 따른 제재의 위험을 없애고 적법한 수출허가 절차를 거쳐 남북 교류협력사업을 지속적이고 안정적으로 운영할 수 있도록 긍정적인 역할을 담당한다.

② 부정적 영향

i) 대북물자 반출 및 남북경협 활성화의 저해

국제 및 국내 전략물자 수출통제제도를 엄격하게 시행할 경우 대부분의 산업용물자(컴퓨터, 재봉틀, 드릴, 망치 등)가 전략물자로 판정될 수 있기 때문에 이와 같은 물품은 북한으로 반출하기가 상당히 어렵게 된다. 이러한 전략물자 수출통제제도는 개성공단 및 남북경협사업에 참여하는 기업들에게 대북물자 반출을 어렵게 함으로써 개성공단의 성공적인 남북경협 운영에 어려움을 가져온다.

ii) 미국법의 역외적용에 따른 제재

미국은 미국 국내법상의 전략물자를 북한으로 반출하는 경우 미국 정부의 사전 승인을 받도록 규정하고 있다. 우리나라 정부로부터 승인이나 허가를 받은 개성공단 사업 및 대북 물자반출인 경우에도 미국의 수출통제법규를 위반한 경우에는 해당 기업이 미국시장에 최고 25년간 수출을 거부당하고 거래부적격자 목록에 등재되는 등 미국 국내법상의 민·형사 및 행정제재를 받을 가능성이 있다.[14] 결국 우리나라 정부당국의 경협사업 추진 제한을 받고 참여한 기업이라도 미국 국세법의 역외적용의 제재를 받게 된다면 사업을 지속적으로 수행할 수 없게 된다.

---

14) 한국무역협회 전략물자무역정보센터, 전게서, p.192.

3) 적용 사례

① 한국통신 통신장비 반출신청 사례

한국통신(KT)은 개성공단 사업과 관련하여 2005년 7월 미국 EAR상의 문제 해소를 위해 통신장비 반출 승인 신청을 하고 약 4개월 후 승인을 받았다. 이는 통신장비가 군사적으로 전용 가능한 이중용도 품목(dual-use items)에 해당되고, 북한이 우려국으로 지정되어 있기 때문에 승인을 받는 데 오랜 시간이 걸렸던 것이다. 미국 당국의 승인 없이 전략물자를 북한으로 반출할 경우 남북경협사업에 참여하는 기업들은 미국 국내법 위반에 따른 제재를 받게 된다는 점에 유의해야 한다.

② 시안화나트륨 사건

시안화나트륨(Sodium Cyanide)은 도금, 살충제 제조 등 공업용으로 널리 쓰이지만 타분 가스라는 화학무기의 원료로도 사용된다. 타분은 맹독성 살상무기인 사린가스보다는 독성이 약하지만 인체에 치명적인 해를 입히는 화학무기이다. 시안화나트륨 사건은 국내의 한 업체가 수출허가를 받지 않고 중국 단둥의 Y사로 107톤의 시안화나트륨을 수출했고, 중국 Y사가 이를 북한 B 무역상사에 재수출한 것이다. 산업자원부는 2005년 9월 이와 같은 사실을 인지하고 2005년 10월 이 회사의 대표를 대외무역법 위반혐의로 검찰에 고발했고 이에 대해 법원은 2006년 1월 불법수출 혐의 사실을 인정해 징역 1년 6개월에 집행유예 2년을 선고했다.

이 사건은 국내 업체가 얼마든지 마음만 먹으면 제3국을 통해 전략물자를 통제국가로 수출할 수 있다는 사실에서 전략물자 수출통제의 허점이 드러났다. 당시에도 대외무역법상 수출제한지역을 구체적으로 명시하지 않았기에 제3국 경유 전략물자 불법수출이 발생하게 됐다. 그러나 현재는 다자간 수출통제체제를 위반한 기업은 3년간 전략물자 수출입 제한 등의 타격을 입게 된다.

4) 대북 전략물자 수출통제 방안

① 전략물자 판정의 전문성 제고

전략물자의 판정을 전담하는 전문 인력의 부족과 이로 인해 발생하는 판정업무의 과부하로 전략물자 판정의 정확성과 신속성이 떨어지는 문제점은 효과적인 전략물자 통제를 위해 가장 먼저 해결되어야 할 것 중의 하나이다. 이를 위해 분야별 전문 인력의 충원과 분야별 학계 및 산업계 종사 전문가를 확보하고 관리함으로써 전략물자 판정업무의 전문성을 강화할 필요성이 있다.

② 통제법규 위반에 대한 제재 강화

국내 기업이 정부당국의 허가 없이 전략물자를 북한으로 반출하여 사후에 적발될 경우에 대비하여 강화된 제재조치를 시행해야 할 것이다. 기업들이 통제법규를 위반할 경우에 받게 되는 벌칙이 가볍거나, 위반하더라도 그 기업에게 벌칙을 상쇄하고도 남는 이윤이 발생한다면 전략물자 수출통제제도는 그 존재의의를 상실하게 되어 기업들은 통제법규의 준수여부를 기업이윤의 득실측면에서 바라보게 될 것이다. 이러한 상황에서 효과적인 대북 전략물자 수출통제가 이루어질 수 없음은 자명하다.

③ 전략물자 관리의 투명성 제고

북한으로 반출되는 전략물자에 대해 수출통제를 강화하는 이유는 산업용 물자가 군사적으로 전용될 수 있는 가능성이 있기 때문이다. 전략물자 관리의 투명성을 제고하기 위해서는 남북경협에 투입되는 물자가 평화적 목적으로만 사용된다는 점을 투명하게 공개하고 미국 또는 제3국이 수시로 이를 확인할 수 있는 장치를 마련하는 방안 및 제도를 강구해야 할 필요성이 있다. 그리고 전략물자 관리의 투명성 제고를 위한 구체적인 방안으로는 대북 반출물자에 '첨단 위치추적 시스템' 또는 '무선주파수 인식장치'를 부착하는 방안, 대북 반출물자를 군사적으로 전용하지 않는다는 공동선언이나 별도의 협정을 채택하는 방안 등이 있다.

④ 전략물자 관리지침의 제정·시행

효과적이고 투명한 전략물자의 관리를 통해 정부는 '전략물자 관리지침'을 제정하여 이를 시행·관리해야 할 것이다. 그리고 이는 우리나라의 전략물자 통제의 투명성을 국제사회에 알리고 전략물자 수출통제의 철저한 이행에 대한 신뢰를 국제사회에 인식시키는 효과가 있으며, 남북경협에 전략물자가 반출되는 것을 우려하는 미국 등의 오해를 불식시키고 적극적인 협조를 이끌어 내기 위해서도 반드시 필요하다.

⑤ 긴밀한 한미 협의체제 구축

미국 EAR의 적용범위는 대단히 광범위하며, EAR상의 법규위반에 대한 제재강화는 남북교류협력 사업에 참가하는 한국 기업들에게 상당한 피해를 주며 이는 더 나아가 국가의 경제적 손실로 이어질 수 있다. 그러므로 우리나라 정부당국의 확고한 정책의지의 표명과 함께 긴밀한 한-미 협의체제의 구축은 중요한 의미를 갖는다.

용어 정리

▶ **선적전 검사(Preshipment Inspection):** 선적화물의 가격, 수량 및 품질 등 해외로부터 주문받은 상품의 세부사항을 검사하기 위해 전문민간기업(또는 '독립기관')을 고용하는 관행을 말한다. 선적전 검사는 개발도상국의 정부에 의해 활용되는 것으로, 그 목적은 국가의 재정적 권익, 예를 들면 자본도피, 상업적 부정행위, 탈세 등의 방지와 같은 이익을 보호하고 불충분한 행정적 하부구조를 보완하는 것이다.

[박형래, WTO와 무역마찰의 이해, 2005]

▶ **세이프가드(Safeguard):** 수입의 급격한 증가로 인하여 일국의 국내산업이 심각한 피해를 입게 되거나 또는 피해의 우려가 있는 경우 해당 제품의 수입을 일시적으로 제한하는 관세 또는 비관세조치를 의미한다.

[여택동 외, 국제통상과 WTO, 2003]

▶ **외자도입법:** 한국전쟁 이후 우리나라 경제의 재건을 위해 외국자본의 도입이 대단히 필요하였기 때문에 이 외자도입법이 설정되었으며 한국경제의 자립과 건전한 발전, 국제수지 개선에 기여할 수 있는 건전한 외국자본에 한하여 도입을 인정하였다. 그리고 그 이윤과 원금의 송금을 확보하는 등 외국자본을 보호할 것을 규정하였다. 원칙적으로 외자도입에는 자유를 인정하지만 일정한 인가기준을 두고 제한하는 단서가 있다.

[http://mk.co.kr]

▶ **원산지표시:** 국제무역에 있어서는 특혜관세의 공여, 반덤핑관세의 부과 등 GATT 협정 범위 내에서 자국의 정책목적을 실현하기 위하여 수입품에 원산국을 표시하도록 요구하는 것이 허용되고 있는데 제9조에서는 이러한 원산지표시의 의무가 국제무역을 위축시키지 않도록 그 내용과 절차를 규정하고 있다.

[최세형, 신국제통상론, 1999]

시사 읽을거리

[시론] '전략물자 통제' 강 건너 불 아니다

요즘 우리 기업들이 수출하기 위해 겪고 있는 어려움은 과거 어느 때와도 비교할 수 없을 만큼 힘든 것으로 알고 있습니다.

세계적으로 우수한 기술을 채택해야 하며 경쟁자보다 더 저렴한 가격은 기본입니다. 판매 과정에서 애프터 서비스(after service)뿐 아니라 미리 고객을 찾아가서 감동을 주는 비포 서비스(before service)가 요구되며 안전이나 환경 안보 등 기업에 요구되는 규범까지 준수해야 합니다.

이러한 상황에서 작년에 우리나라는 2,844억 달러를 수출해 무역규모 5,000억 달러 시대를 열었습니다. 1977년 수출 100억 달러를 달성한 이래 28년 만에 28배로 늘어난 것입니다. 이는 국민적 공감대 속에 추진돼 온 '수출만이 살 길' 이라는 정신이 원동력이었습니다.

그런데 무역을 담당하는 장관을 맡고 보니 무역업계를 떠나 있는 사이에 무역환경이 크게 변한 것을 알았습니다. 그중에서도 전략물자 수출통제는 우리 기업이 각별한 관심을 갖고 꼭 지켜야 할 시급한 과제라고 느낍니다. 우리나라는 이미 바세나르 체제, 미사일 기술통제체제, 호주 그룹, 핵공급 그룹 등 다자간 수출통제체제에 가입했고 대량파괴무기 개발에 사용될 수 있는 통제대상 품목은 수출허가를 받은 뒤 수출하도록 하고 있습니다.

그러나 수출기업이 통제대상 품목인지 아닌지를 식별하는 일이나 수입업자가 안보를 해칠 목적으로 사용할 가능성을 사전에 알아내 관리하는 문제는 우리 정부와 기업이 협력해도 어려운 과제입니다. 일단 위반 사건이 발생하면 해당기업이 사업을 지속할 수 없을 만큼 치명적인 무역제재가 수반되고 국가적 이미지도 크게 실추됩니다. 이제 수출통제는 모든 무역업체가 지켜야 하는 국가규범이고 선진통상국가의 공통된 인식입니다.

이를 바탕으로 EU(유럽연합)와 미국시장에서는 준수기업 위주로 무역 원활화를 추구하려는 새로운 변화가 나타나고 있습니다. 2004년 4월 유엔 안보리에서는 대량파괴무기의 개발 · 제조를 차단하기 위해 모든 유엔 회원국이 관련물자를 생산단계부터 최종 소비단계까지 통제하는 데 필요한 구체적인 조치를 취할 것을 결의했습니다. 또 APEC(아시아태평양경제협력체) ASEM(아시아유럽정상회의) 등 정상회의에서도 국제안보를 위한 국제협력을 매년 선언하고 있습니다.

우리 기업들이 수출통제를 준수해야 하는 것은 선진 무역대국으로 진입하기 전에 해결해야 할 선결과제입니다. 현재 우리 기업은 이에 대한 인식이 충분하지 못하며, 꼭 지켜야 한다는 사실에 국민적 공감대도 형성돼 있지 않습니다.

전략물자인지 확인하지 않고 수출하거나 통제대상 품목인데도 허가받지 않고 수출하는 관행은 불법수출의 덫에 기업의 운명을 맡기는 것과 같습니다. 국제적으로 전략물자 불법수출을 색출해 차단하는 CSI(컨테이너 안전조치)나 PSI(확산안보구상) 강제사찰 등이 국제공조로 활발히 진행되고 있습니다. 불법수출에 연루되면 국내법으로 처벌되지 않더라도 공급자인 기업은 국제적 무역제재에 직면하게 되며 우리 정부의 수출통제체제의 결함으로 평가받게 됩니다.

이러한 상황을 예방하고자 우리 정부는 기업이 최소의 부담으로 이행할 수 있는 환경을 온라인시스템(www.sec.go.kr)을 통해 제공하고 있습니다. 기업이 무엇을 어떻게 할 것인가에 대한 종합정보뿐만 아니라 수출허가의 모든 절차를 온라인으로 처리하며 그 진행사항을 기업이 확인할 수 있도록 했습니다. 이제 우리 기업은 자사의 수출품이 통제대상인지를 먼저 확인하고 통제대상일 경우 허가를 받아 수출하면 됩니다.

정부는 기업들이 전략물자 수출통제를 반드시 준수해 선진통상국가의 기틀을 마련해 주기를 바라고 있습니다. 또한 정부는 국가적 노력을 기울여 이행수준을 획기적으로 제고시킬 계획임을 강조하는 바입니다(정세균 산업자원부 장관).

[한국경제 2006년 4월 30일자]

선박과 항만의 보안 그리고 동북아 물류 중심국

최근 우리는 동북아 물류 중심국으로의 발전을 위해 부단히 노력하고 있다. 국제물류에서 가장 큰 비중을 차지하는 운송의 핵은 선(線: 해운)과 점(點: 항만)이다. 이 선과 점에서 비효율이 발생하면 국제물류는 실패할 수밖에 없다. 톤세 제도 도입과 '조세감면규제법'의 개정 추진 등을 통해 해운을 그리고 부산항만공사의 발족을 통해 항만을 발전시키고자 노력하고 있다. 하지만 해운과 항만이 국제적인 산업인 만큼 이들을 둘러싼 외부 환경 요인에 부응하지 않으면 안 된다.

오는 7월부터 발효된 국제 선박 및 항만시설 보안규칙(이하 ISPS 코드)에 따른 보안 심사를 항만과 선박이 통과하지 않으면, 선박의 운항과 항만의 운영에 차질이 발생할 수밖에 없다.

ISPS 코드는 지난 2001년 미국 9·11 테러 이후 국제사회의 테러 방지를 위해 런던에 본부를 두고 있으며, UN기구로서 회원국이 163개국인 국제해사기구(IMO)가 선박과 항만시설의 보안규정을 강화하기로 하여 2002년에 채택된 것으로 오는 7월에 발효된다. 이 코드는 미국에서 2002년 말에 제정된 해사운송보안법을 사실상 국제 규범화하는 것으로 그 파급 효과가 상당히 클 것으로 보인다. OECD에 따르면 전세계의 선사와 항만운여업자가 이 코드의 시행으로 연간 부담할 금액이 7억 3천만 달러에 이를 것으로 추정하고 있다.

세계 각국의 일정 기준 이상의 선박과 항만은 이 기준에 따라 보안 계획을 수립하고 시행해야 한다. 이 코드의 내용은 크게 선박의 안전확보, 항만시설의 안전확보 그리고 선사 및 정부에서 담당해야 할 사항 등으로 구분된다.

위험을 3단계로 구분해 단계별로 적합한 보안지침을 미리 정해 둬야 한다. 예컨대 항만의 보안 3단계(긴급)에서는 화물의 적·양화 작업이 금지되는 것은 물론 선박의 운항이 전면 통제되고, 선박에 접근할 수 없을 뿐만 아니라 선박을 다른 곳으로 대피시켜야 한다.

이만큼 ISPS 코드가 국제물류에서 차지하는 비중이 크다. 하지만 발효일까지 시일이 촉박한데도, 선사, 항만관계당국(항만공사 등) 그리고 중앙부처의 대응은 다른 선진국에 비해 발빠르게 움직이는 것 같지는 않다.

국제물류가 글로벌 물류, 막힘 없는 물류, IT 물류(정보) 및 그린 물류(환경) 등으로 발전해 나가더니 이제는 안전물류가 필수요소로 떠오르고 있다.

9·11 테러 때는 항공기가 사용되었지만, 향후 선박이 테러에 활용될 가능성이 클 것으로 예상된다. 요즘 같은 글로벌 경제와 기업의 다국적화 나아가 글로벌 SCM(공급사슬 관리)의 시대에 국제운송의 결절점인 항만과 국제운송의 주역인 선박은 한 치의 어긋남이 없이 스케줄대로 운영되어야 한다.

전세계 무역량의 4분의 1이 그리고 전세계 유류 무역량의 약 2분의 1이 통과하는 말라카 해협에서 해적을 비롯한 테러 행위가 빈번하게 발생하고 있다. 보도에 따르면 미국 태평양 사령부 사령관 토머스 파고 제독은 지난 4월 초에 미 의회에서, 미 해군의 말라카 해협에서 무장 순찰을 고려 중이라고 말했다. 말라카 해협은 글로벌 물류에서 공격받기 쉬운 병목에 해당한다.

말라카 해협에서 해적 등의 위험이 제거된다 해도, 우리의 선박과 주요 항만이 안전성이 결여되면 동북아 물류 중심국으로의 발전이란 목표는 발목이 잡힐 수밖에 없다.

이번 6월 국제해사기구팀이 부산항을 실사할 예정이라고 한다. 그렇게 될 리야 없지만, 만의 하나 부산항이 ISPS 부적합 항만으로 판정될 경우, 선박이 부산항 입항을 기피하고 나아가 부산항 기항 선박도 외국 항에서 입항을 거부하게 된다. 오히려 이번 기회에 남북 화해의 시대에 부산항이 정말 안전하다는 인식을 가지도록 관련 당국은 최선을 다해야 할 것이다.

새로운 선원신분확인제도와 국제선박 보안증서의 발급 등을 강제화하고 이는 이 해사보안제도를 채택할 당시, 국제해사기구는 세계관세기구(WCO) 그리고 국제노동기구(ILO)와 공동으로 이 작업을 수행했다. 화물의 국제 이동에서 발생하는 위험에서 전자와, 테러리스트가 선원으로 위장할 위험에서 후자와의 협력이 필요했다.

이는 ISPS 코드의 시행에 해양수산부의 힘만으로는 역부족이며, 관련 부처의 적극적인 협력이 절실함을 우리에게 시사하고 있다.

[박명섭 저, 국제물류의 이해 2003]

부록

1. 연습문제

◎ 연습문제 part I. (50문제)

1. 비교우위론에 대한 다음의 서술 중 옳지 않은 것은? (　　)

① 한 나라가 모든 상품생산에 절대열위를 가졌다고 해도 어떤 상품에 대해서는 비교우위를 가질 수 있다.

② 두 나라 사이에 상품생산의 기회비용이 같다면 비교우위는 나타나지 않는다.

③ 비교우위는 나라 사이에 이루어지는 무역뿐만 아니라 개인 사이에 이루어지는 거래에도 적용될 수 있다.

④ 한 나라가 모든 상품생산에서 비교열위를 가지고 있는 경우도 종종 발생한다.

2. 각국은 상대적으로 풍부한 생산요소를 많이 사용하여 생산하는 상품에 비교우위를 가지며 결국 그 상품을 수출하게 된다는 무역이론은? (　　)

① 리카도의 비교우위론　　② 헥셔-올린 정리

③ 스톨퍼-사무엘슨 정리　　④ 립친스키 정리

3. 미국의 과거 자료를 경험적으로 분석해 본 결과 상대적으로 자본이 풍부하다고 생각되는 미국이 자본집약적 상품을 수입하고 노동집약적 상품을 수출한다는 결과가 나왔다. 이를 무엇이라고 부르는가? (　　)

① 헥셔-올린 정리　　② 레온티에프 역설

③ 리카도 정리　　④ 메츨러 역설

4. **산업간 무역과 산업내 무역에 대한 설명으로 옳지 않은 것은? (　　)**

① 비교우위가 없으면 산업간 무역과 산업내 무역 모두 발생하지 않는다.

② 산업간 무역은 비교우위에 의해 결정된다.

③ 산업내 무역은 무역의 이익을 초래할 수 있다.

④ 산업간 무역은 무역의 이익을 초래할 수 있다.

5. **전자제품에 대한 관세철폐가 국내경제에 미치는 효과로 옳지 않은 것은? (　　)**

① 생산자잉여의 증가　　② 수입전자제품의 가격 하락

③ 국내 전자제품의 생산량 감소　　④ 전자제품 수입량 증가

6. **다음 그림에서 P_1은 자유무역을 할 때의 국제가격수준이고 P_2는 관세를 부과할 때의 국내가격수준이라고 하자. 관세를 부과할 때 나타나는 경제적 효과로서 옳지 않은 서술은? (　　)**

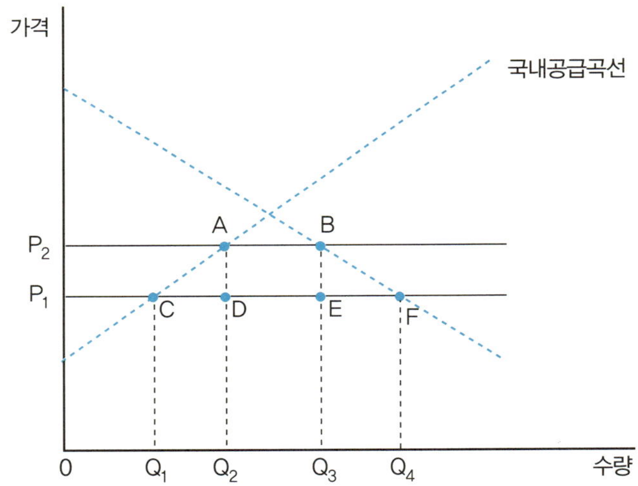

① 국내생산량은 Q_1Q_2만큼 증가하고 국내소비량은 Q_3Q_4만큼 감소한다.

② 수입량은 Q_1Q_4에서 Q_2Q_3로 감소하면서 국제수지를 개선시킨다.

③ 소비자잉여가 P_1P_2BF만큼 감소하는 것은 관세에 따른 국내가격인상 때문이다.

④ 사회후생의 순손실은 ACFB로서 소비자잉여 감소의 일부를 차지한다.

7. **발라사가 제시한 경제통합단계의 특징으로 옳지 않은 것은? (   )**

① 자유무역지대에서는 역내 무관세제도가 시행된다.

② 관세동맹에서는 동맹국가 간에는 각국별로 자국이 정한 관세를 부과하나, 역외 국가에 대해서는 공동관세를 부과한다.

③ 공동시장에서는 자본, 노동 등의 이동이 자유롭게 이루어진다.

④ 경제동맹에서는 회원국가들 간에 경제정책의 조정이 이루어진다.

8. **1948년에 발효된 GATT와 1995년에 출범한 WTO에 관한 다음의 서술 중 옳지 않은 것은? (   )**

① WTO는 GATT 주관하에 진행된 제8차 다자간무역협상인 UR의 결과 탄생하였다.

② GATT는 주로 공산품에 대한 세계무역을 관할해 왔으나, WTO에서는 공산품뿐 아니라 서비스와 지적재산권 같은 새로운 분야도 관할하게 되었다.

③ UR의 결과 농산물과 섬유도 WTO 안에서 다루어지게 되었다.

④ GATT와 비교할 때 WTO의 분쟁해결절차는 negative consensus를 도입하는 등 그 기능이 약화되었다.

9. **국제무역이론에 대한 다음의 서술 중 옳지 않은 것은? (   )**

① 교역조건이란 국가 간 교역 시 수출입상품의 선적, 운송, 보험 등의 조건을 말한다.

② 중상주의는 보호무역을 지지하는 입장을 취한다.

③ 자유무역지대, 공동시장, 관세동맹 중 회원국 간 결속력이 가장 강한 경제통합 형태는 공동시장이다.

④ 선진국과 후진국 사이에 발생하는 정치적 · 경제적 마찰을 남북문제라고 한다.

10. **2004년 중 우리나라의 물가상승률은 9%, 미국의 물가상승률은 5% 상승한 반면, 달러화에 대한 원화의 가치가 상승하여 대미 명목환율이 10% 하락하였다고 할 때, 원화의 실질구매력을 나타내는 대미 실질환율은 어떻게 변동하였는가? (   )**

① 4% 상승하였다. ② 6% 상승하였다.

③ 6% 하락하였다. ④ 14% 하락하였다.

11. 최근 국내외 경제의 환경변화가 서로 밀접한 영향을 주고 있다. 다음 설명 중 옳은 것은? (　　)

① 외국자본의 국내유입은 국내의 주식가격을 하락시킨다.
② 외국자본의 국내유입은 자국화폐단위로 표시한 환율을 상승시킨다.
③ 유가의 상승은 우리나라의 경상수지 개선에 도움이 된다.
④ 수입재의 전반적인 가격상승은 국내물가를 상승시킨다.

12. 외환시장에서 자국화폐의 가치상승이 예상되는 경우에 대한 설명으로 가장 옳은 것은? (　　)

① 외환수요곡선과 외환공급곡선이 모두 이동하지 않는다.
② 외환수요곡선이 왼쪽으로 이동하고 외환공급곡선은 오른쪽으로 이동한다.
③ 외환수요곡선과 외환공급곡선이 모두 오른쪽으로 이동한다.
④ 외환수요곡선과 외환공급곡선이 모두 왼쪽으로 이동한다.

13. 다음 중 우리나라 외환위기 시에 IMF가 권고한 고금리정책이 의도했던 바와 가장 거리가 먼 사항은? (　　)

① 경상수지 흑자 실현
② 외국자본의 유출 억제
③ 민간투자의 활성화
④ 외환보유고 확충

14. 글로벌라이제이션과 국제경영전략에 대한 설명으로 옳지 않은 것은? (　　)

① 기업의 국제화 과정은 대개 수출기업 → 다국적기업 → 세계기업으로 나타난다.
② 해외투자란 다른 국가의 기업에 자본을 투자하는 활동을 말한다.
③ 원청단계의 해외건설이란 다른 기업이 시공을 맡은 공사의 하청을 받고 나서 노동력만을 해외로 이전시키는 것을 말한다.
④ 글로벌기업은 생산요소 조달이 쉬운 국가에서 생산하여 수요가 있는 국가에 판매하는 등 다각적 생산 · 판매의 네트워크를 형성한다.

15. 기업의 해외 진출과 관련된 다음의 설명 중 옳지 않은 것은? (   )

① 사업의 경쟁력이 높고 국가매력도가 낮을 경우 라이센싱 전략을 택한다.

② 세계중심주의는 초국적 기업형태를 지향한다.

③ 기업활동범위가 넓고 범세계적 활동조정이 낮은 통제방식을 택하는 경우 국가별 전략이 적합하다.

④ 해외직접투자 방식 중 신설투자는 조업재개 시까지 시간이 단축되는 장점이 있다.

※ 다음 문장에 논리적으로 연결되는 것을 하나 고르시오.

16. Please email us at _________.   (   )

① the terms of payment

② to open an account

③ on C.P.O. Box 1234

④ hata@seiryo.com

17. We are pleased to report on them without _________.   (   )

① any items

② of October 10

③ thank you for them

④ any responsibility on our part

18. You will find both quality _________.   (   )

① or price are satisfactory

② and prices are satisfactory

③ because of price

④ are satisgactory

19. We are at present out of stock of _________.   (   )

① very particular

② for the time being

③ you ordered

④ the make you ordered

※ 다음 문장을 논리적으로 배열하시오.

20. (　　　) → (　　　) → (　　　) → (　　　)

① Perhaps you overlooked it

② We hope you would settle them soon

③ May we remind you that March bill for A$500.00 is unpaid?

④ Attachment File is our Debit Note. 10.

21. (　　　) → (　　　) → (　　　) → (　　　)

① for the belated remittance owing

② to unexpected strikes here

③ to you

④ We sincerely apologize

※ 다음 설명과 관련이 있는 것을 고르시오.

22. To throw goods or tackle overboard to lighten a ship in distress. (　　)

① Contamination　　② Jettison

③ Pilferage　　④ Waiver

23. A certificate used in export for source of goods. (　　)

① Certificate of Commencement　　② Certificate of Incorporation

③ Certificate of Inspection　　④ Certificate of Origin

24. This term is the same as CFR but with the addition that the seller has to procure marine insurance. (　　)

① C&I　　② C&F

③ CIF　　④ CPT

25. The bank that issues the credit at the request of the applicant. (　　)

① Confirming Bank　　② Advising Bank

③ Negotiation Bank　　④ Issusing Bank

26. 최근 전자상거래의 확산과 더불어 판매된 제품이 주문과 상이하거나, 제품 하자에 따른 교환 등이 증가하고 있다. 이로 인해 기업의 관련 서비스 및 비용절감 측면에서 그 중요성이 날로 증대되고 있는 물류영역은 무엇인가? (　　)

① 조달물류　② 반품물류　③ 폐기물류　④ 판매물류

27. 생산과 소비(혹은 판매) 사이에는 시간적 격차가 존재하는데, 이 수요와 공급의 시간적 조정은 (　　) 활동의 주요 기능이다. 괄호에 들어갈 내용으로 적합한 것은 무엇인가? (　　)

① 유통　② 하역　③ 보관　④ 포장

28. 최근 해상운송시장의 변화 중 하나로 전략적 제휴(Strategic Alliance)를 들 수 있다. 이에 관한 설명으로 옳지 않은 것은? (　　)

① 전략적 제휴는 규모의 경제효과를 통해 운송서비스의 수준과 운항 효율의 향상을 실현할 목적으로 주로 대형 컨테이너 선사 상호간에 형성되고 있는 일종의 공동운항 형태이다.

② 전략적 제휴는 그 서비스의 범위가 특정 항로로 제한된다는 점에서 조인트 서비스(joint service)와 구분된다.

③ 전략적 제휴의 참여사들은 서로 대등한 관계에서 상호간의 보완적인 파트너십을 형성하고 있다.

④ 전략적 제휴의 참여사들은 배선간격의 단축, 신뢰 강화에 따른 참여선사 간의 경쟁억제, 참여선사 간 영업에 관련된 시장정보의 공유 및 터미널운영비의 절감 등과 같은 효과를 거둘 수 있다.

29. 허브공항으로서 갖춰야 할 중요한 경제적, 기술적 요소로서 가장 거리가 먼 것은? (　　)

① 지정학적으로 유리한 위치에 있어 주변지역과 네트워크 구축이 용이해야 한다.

② 공항의 적극적이고 효과적인 마케팅 전략과 활동이 중요하다.

③ Hub & Spokes system이 잘 구축되어 있어 직항편뿐만 아니라 환승고객들도 이용하기 편리하여야 한다.

④ 국내노선과 국제노선이 잘 발달되어 있으면 육상 및 해상 네트워크는 중요하지 않다.

30. **관세법의 목적과 거리가 가장 먼 것은 ? (   )**

① 관세부과의 적정 ② 수출입물품의 신속통관

③ 관세징수의 적정 ④ 관세수입의 확보

31. **복합일관운송의 기본요건에 해당하지 않는 것은? (   )**

① 도로운송과 철도운송 간의 연계운송 ② 일관운송책임의 인수

③ 복합운송증권의 발행 ④ 통운임의 제시

32. **항만에 대한 설명으로 적절치 않은 것은? (   )**

① 최근에는 배후지역이 친수공간으로 많이 활용되고 있다.

② 항만은 창고, 크레인, 하역장비 등과 같은 시설을 갖추고 있다.

③ 오늘날 항만에서는 합리화와 기술의 변화로 인해 노동자의 증가가 현저하다.

④ 입출항에 필요한 세관 및 검역시설을 갖추고 있다.

33. **다음 중 화물자동차와 철도가 결합되어 운송되는 복합운송방식은? (   )**

① Piggy Back System ② Fishy Back System

③ Birdy Back System ④ Land Bridge System

34. **포워더에 대한 설명으로 올바르지 않은 것은? (   )**

① NVOCC라고도 한다.

② 일본에서는 순수한 포워더는 없고 유사한 관련업종의 종사자가 본업의 확대라는 측면에서 겸업하는 형태를 취한다.

③ 혼재서비스(Consolidation)를 하기도 한다.

④ 포워더는 송하인에게 Group B/L을 발행한다.

35. **선박을 계류시키는 설비가 상설되어 있는 정박장소를 지칭하는 용어는? (   )**

① 선회장 ② 잔교 ③ 상옥 ④ 선석

36. **법률적 관점에서의 선하증권에 대한 설명으로 올바르지 않은 것은? (   )**

① 운송계약의 증거 서류 ② 화물에 대한 권리증권

③ 보험가입증서 ④ 선주에 의해 발행된 영수증

37. 복합물류센터가 갖추어야 할 기능으로 거리가 가장 먼 것은? (   )

① 세관신고기능　　② 유통가공기능
③ 수선기능　　④ 분류기능

38. 복합운송인의 책임이 운송물의 멸실 또는 훼손이 생긴 운송구간을 아는 경우와 이를 알 수 없는 경우로 구분하는 책임제도는 무엇인가? (   )

① 단일책임체계　　② 절충식책임체계
③ 특별책임체계　　④ 이종책임체계

39. Freight Forwarder의 주요 기능으로 옳지 않은 것은? (   )

① 매매계약 주선　　② 운송수단의 예약
③ 운송관계서류의 작성　　④ 본선과 화물의 인수 또는 인도

40. RFID(Radio Frequency Identification)의 특성으로 적절하지 않은 것은? (   )

① 원거리 및 고속 이동 시에도 인식이 가능하다.
② 바코드에 비해서 비용이 높고 스마트카드에 비해서 메모리 용량이 크다.
③ 국가, 제조업체, 상품품목, 생산일자, 유통기간, 유통단계 등 다양한 정보를 저장할 수 있다.
④ 충돌방지 기능이 있어 여러 개의 Tag를 동시에 인식할 수 있다.

※ 다음의 용어가 무슨 약자인지를 (   ) 안에 적으시오.

(예) WTO (힌트 : 무역) : (World Trade Organization)

41. TEU (컨테이너) : (   )

42. EU (경제통합) : (   )

43. B/L (해상운송) : (   )

44. TPL (물류, 힌트 T는 Third의 약자) : (   )

45. FCL (화물) : (   )

46. NTB (비관세장벽) : (   )

47. OECD (국제경제기구) : (   )

48. CFR (인코텀즈) : (   )

49. ASEM (국제경제협력) : (   )

50. MFN (treatment, 통상) : (   )

정답

문제	정답	문제	정답	문제	정답	문제	정답	문제	정답
1.	④	9.	①	17.	④	25.	④	33.	①
2.	②	10.	③	18.	②	26.	②	34.	④
3.	②	11.	④	19.	④	27.	③	35.	④
4.	①	12.	②	20.	③-①-④-②	28.	②	36.	③
5.	①	13.	③	21.	④-③-①-②	29.	④	37.	①
6.	④	14.	③	22.	②	30.	②	38.	④
7.	②	15.	④	23.	④	31.	①	39.	①
8.	④	16.	④	24.	③	32.	③	40.	②

41. TEU (컨테이너) : (Twenty Equivalent Unit)
42. EU (경제통합) : (European Union)
43. B/L (해상운송) : (Bill of Lading)
44. TPL (물류, 힌트 T는 Third의 약자) : (Third Party Logistics)
45. FCL (화물) : (Full Container Load)
46. NTB (비관세장벽) : (Non-Tariff Barrier)
47. OECD : (Organization for Economic Cooperation and Development)
48. CFR (인코텀즈) : (Cost & Freight)
49. ASEM (국제경제협력) : (Asia-Europe Meeting)
50. MFN (treatment, 통상) : (Most-Favored Nation)

◎ 연습문제 part II. (50문제)

1. GATT 체제에서 WTO 체제로 넘어오게 된 계기 중 하나로 통신, 금융, 보험, 부동산업과 같은 것을 주로 거래하는 무역은? (   )
① 재화무역 ② 원재재무역 ③ 민간무역 ④ 간접무역 ⑤ 서비스무역

2. 다음 중 외환 시장의 특징으로 잘못 설명한 것은? (   )
① Full-time market or 24-hour market
② Over the counter market
③ 자유무역추세에 의해 세계시장이 단일화되는 경향이 있다.
④ 글로벌화에 따른 외환 시장의 통합
⑤ 외환시장에 참여하는 한 거래자들의 Zero sum game

3. 국제수지의 흑자가 계속되는 경우 생겨나는 현상을 잘못 설명한 것은? (   )
① 외환 공급에 따른 국내통화량의 증가
② 인플레가 일어나고 국내 경제에 악영향을 끼친다.
③ 대외지급능력을 완전히 상실할 수도 있다.
④ 교역상대국들의 적자를 유발하여 통상압력을 받을 수 있다.
⑤ 수출장애나 부진으로 파급된다.

4. 헥셔-올린 정리에 따르면 국제무역으로 인하여 비교우위산업에 집약적으로 사용되는 요소의 가격은? (   )
① 생산요소시장의 상황에 따라 달라진다.
② 하락한다.
③ 불변이다.
④ 상승한다.

5. 국가 간에 무역이 일어나는 원인으로서 적합한 것은? (   )
① 부존자원의 차이 때문이다. ② 소비자 선호도의 차이 때문이다.
③ 기술수준의 차이 때문이다. ④ 이상의 항목 모두가 해당된다.

6. **보호무역은 일명 보호관세라고도 하는데 그 이유는 보호무역의 유일한 수단을 관세에 두었기 때문이다. 보호관세가 주장된 이론적 근거는? ( )**

① 관세에 의해서 정부의 재정수입을 올릴 수 있다.

② 선진국은 관세로 값싼 노임의 외국노동과 경쟁할 수 있다.

③ 외국상품에 높은 관세를 부과함으로써 자국상품의 절대적 생산비를 외래품보다 값싸게 해외시장에 수출할 수 있다.

④ 관세에 의해 교역조건을 유리하게 할 수 있다.

7. **다음의 경제통합 형태 중 가맹국 간의 관세는 철폐시키지만 비가맹국에 대해서는 가맹국가의 독자적 관세를 부과하게 되는 것은? ( )**

① 자유무역협정　② 관세동맹

③ 공동시장　④ 경제동맹

⑤ 정치적 동맹관계

8. **국내거래와 국제거래가 기본적으로 상이한 점은? ( )**

① 국제거래만이 비교우위에 따라 이루어진다.

② 일국의 수출은 수입과 같아야 한다.

③ 재화와 국내거래만이 비교우위에 따라 이루어진다.

④ 용역이 국경을 넘어 거래된다.

⑤ 이상의 어느 항목도 아니다.

9. **국제마케팅에서 나오는 Marketing Mix가 아닌 것은? ( )**

① Product ② Promotion ③ Price ④ Place ⑤ Process

10. **우리나라의 환율이 인상되었다는 것은 무엇을 말하는가? ( )**

① 금본위제의 포기를 의미한다.

② 우리 화폐의 국내구매력이 하락되었다는 것을 뜻한다.

③ 무역수지가 흑자상태에 있음을 뜻한다.

④ 외국화폐의 구매력이 하락했음을 뜻한다.

11. **신용장거래의 한계성과 가장 관계가 먼 것은? (　　)**

① 신용장제도는 선량한 수출상의 이익을 외면할 수 있다.

② 신용장제도는 사기꾼의 사기행위를 방조할 수 있다.

③ 신용장제도는 수출상에게 신속한 대금회수를 보장할 수 있다.

④ 신용장제도는 수입상에게 상품의 품질을 보장해주지 못한다.

12. **선하증권(Bill of Landing: B/L)에 대한 설명으로 맞지 않은 것은? (　　)**

① 증권에 명시된 화물수취증이다. ② 운송의 법적 계약서이다.

③ 운임계산서이다. ④ 화물에 대한 권리를 입증한다.

13. **중재제도의 장점에 해당하지 않는 것은? (　　)**

① 중재심리가 비공개적으로 진행되기 때문에 당사자의 비밀이 보장된다.

② 단심제이기 때문에 분쟁을 신속히 해결한다.

③ 무역전문가에 의해 소송보다 합리적인 해결이 이루어진다.

④ 중재인의 타협력에 절대적으로 의존한다.

14. **다음 INCOTERMS상의 정형 거래 조건 중 매도인이 매수인을 위해 적하보험을 부보해야 하는 조건으로만 묶인 것은? (　　)**

㉠ EXW ㉡ FAS ㉢ FOB ㉣ CIF ㉤ CPT ㉥ CIP

① ㉠-㉣ ② ㉡-㉤ ③ ㉢-㉥ ④ ㉣-㉥

15. **무역클레임의 해결방법에 관한 다음 설명 중 옳지 않은 것은? (　　)**

① 알선은 공정한 제3자가 개입하여 원만한 타협이 이루어지도록 협조 또는 조언하는 것이다.

② 화해는 당사자 간의 자주적인 교섭과 양보로 분쟁을 해결하는 방법이다.

③ 조정은 조정인의 조정안에 양당사자가 합의하면 중재판정의 효력과 동일한 효력이 발생한다.

④ 중재는 중재판정이 적법하지 아니한 경우에는 대법원에 항소하여 재심을 청구할 수 있다.

16. 영문레터 작성방법으로 잘못된 것은? (　　)

① 인사말은 간단하게 한다.

② 용건은 명료하게, 필요할 경우 용건별로 번호를 달아서 작성한다.

③ 문장은 길더라도 최대한 자세히 작성한다.

④ 전달 내용이 부실해지지 않도록 주의한다.

17. 다음 중 최근에 항공운송이 증대하는 이유로서 거리가 가장 먼 것은? (　　)

① 항공기의 대형화로 인하여 적재량의 증가 및 운임 인하를 가져왔다.

② 화물전용기의 정기운항으로 계획성이 확보되었다.

③ 항공화물터미널의 확충 및 전문성이 고조되었다.

④ 국제적 분업화보다 집중화가 가속되고 있다.

⑤ 운송화물이 고부가가치화되었으며, 급송화물이 증가하고 있다.

18. 다음 중 복합운송의 특징에 속하지 않는 것은? (　　)

① 두 가지 이상의 서로 다른 운송수단에 의해 물품이 운송되어야 한다.

② 복합운송인이 전 구간 운송에 대해 주체로서 책임을 진다.

③ 문전에서 문전까지의 서비스 제공을 목적으로 비용이 증가한다.

④ 전 구간 운송에 대한 단일운임이 부가된다.

19. 아래 5개의 문장으로 레터를 작성할 경우, 가장 적절한 순서의 조합을 고르시오. (　　)

a) We are seeking a partner to export mobile chips.

b) If the product is competitive enough, we would like to continue the relationship.

c) We received your contact numbers through KOTRA.

d) We are sending catalog with detailed explanation of the product and price.

e) Thank you

① a-b-d-c-e　② c-a-d-b-e　③ d-c-a-b-e　④ b-a-d-c-e

20. 최근 물류의 중요성이 강조되고 있는 이유와 관계가 가장 먼 것은? (　　)

① 저성장 경쟁격화　② 대량소비　③ 다품종 소량생산

④ 납품 다빈도화　⑤ 악성재고 점증

21. 컨테이너 수송의 특징이 아닌 것은? (   )

① 화물의 유니트화를 목적으로 한다.

② 환적이 용이하게 이루어질 수 있는 구조를 가지고 있다.

③ 이용 화물에 제한이 없다.

④ 내구성과 반복사용에 적합한 강도를 가지고 있다.

⑤ 수송비, 포장비 및 하역비를 절감할 수 있다.

22. 다음 중 무역계약이 성립되는 과정을 올바르게 나열한 것은? (   )

① 거래처 선정－신용조회－거래제의－해외시장 조사－청약 및 수립－무역계약 성립

② 해외시장 조사－거래처 선정－거래제의－신용조회－청약 및 수락－무역계약 성립

③ 거래처 선정－거래제의－해외시장 조사－신용조회－청약 및 수락－무역계약 성립

④ 해외시장 조사－거래처 선정－신용조회－거래제의－청약 및 수락－무역계약 성립

⑤ 거래처 선정－해외시장 조사－신용조회－거래제의－청약 및 수락－무역계약 성립

23. INCOTERMS(2000)에서 정하고 있는 거래조건에 대한 설명 중 옳은 것은? (   )

① EXW, FCA, FAS는 양하지 인도조건에 해당한다.

② DAF, DES, DDP는 적출지 인도조건에 해당한다.

③ FAS, FOB, CIF는 해상운송이나 내수로 운송에만 사용된다.

④ CFR, CIF, CIP는 복합운송에 적합한 조건이다.

24. 생산지와 소비지의 공간적, 거리적 격차를 메우기 위한 유통 기능은? (   )

① 장소적 조정기능

② 시간적 조정기능

③ 운송수단의 조정기능

④ 운송인의 조정기능

25. 해상에서 우연히 발생하는 사고나 재해를 의미하는 해상고유의 위험(Perils of the Sea)이 아닌 것은? ( )

① 침몰(sinking) ② 좌초(standing)
③ 악천후(heavy weather) ④ 투하(jettison)
⑤ 충돌(collision)

26. 다음 중 무역의 기능으로 옳지 않은 것은? ( )

① 소비자 효용증대 ② 생산자 이익증대
③ 고용창출 효과 ④ 국민소득의 증대

27. 다음 그래프는 무역과 소득불균형에 대한 것이다. S_0는 숙련노동자/비숙련노동자의 비율, D_0는 숙련노동자/비숙련노동자에 대한 수요를 나타낸다. 그래프와 같이 숙련노동자의 임금이 비숙련노동자 임금의 2배일 때, 아래 설명 중 옳은 것을 고르시오. ( )

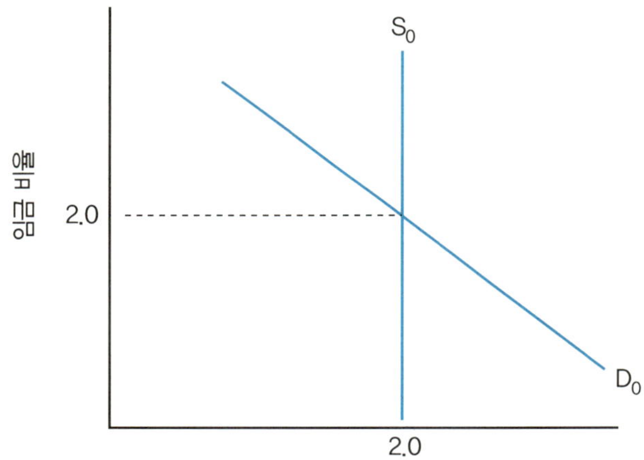

① 기술발달은 숙련노동자와 비숙련노동자의 임금격차를 크게 한다.
② 교육수준의 발달은 숙련노동자와 비숙련노동자의 임금격차를 크게 한다.
③ 후진국으로부터의 이민자 유입은 숙련노동자와 비숙련노동자의 임금격차를 줄인다.
④ 상기 그래프는 대표수요이론 이후에 설명되었다.

28. 다음 그래프는 헥셔-올린 이론에 대한 것이다. 올바르지 않은 내용을 고르시오. (　　)

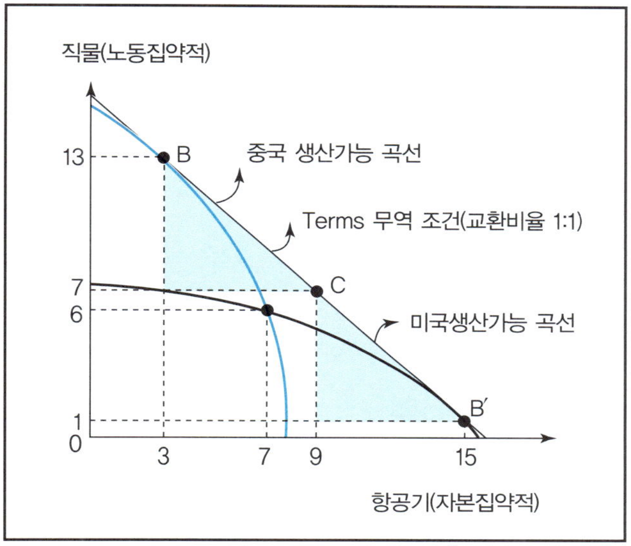

① 미국은 항공기 생산에 비교우위가 있다.

② 중국은 직물 생산에 비교우위가 있다.

③ 양국의 교역 전 균형점은 C이다.

④ 양국의 교역 전 균형점은 A이다.

29. 비가격적인 무역제한 조치는 무엇인가? (　　)

① 종가관세　② 종량관세　③ 법정관세　④ 자율적 수출규제　⑤ 혼합관세

30. 개발도상국과 선진국 간, 또는 개발도상국 상호간의 무역증진을 촉진하는 데 주목적을 두고 있는 국제기구로서 기존의 GATT 체제하에서 선진국 위주의 경제기구에 대한 반발이 높아지면서 남북문제의 근본적 개선 요구에 따라 개설된 기구는 무엇인가? (　　)

① WTO　② UNCTAD　③ OECD　④ NAFTA　⑤ IBRD

31. 다음 중 성격이 다른 하나를 고르시오. (　　)

① MFN tariff　② GSP tariff　③ Flexible tariff　④ Preferential tariff

32. 우리나라의 두산중공업이 중국과 발전소 건설 계약을 체결하였다. 이후 두산중공업은 전기 생산을 위한 화력발전소 건설을 위해 기술자 및 주요설비, 관련 설비의 부품 등을 중국에 수출하였으며 약 4년여의 건설기간 후 발전소를 완성할 수 있었다. 이러한 형태의 무역을 무엇이라 하는가? (　　)

① Plant Export Trade　② Merchandising Trade
③ Intermediary Trade　④ Intraindustry Trade

33. 다음 표는 동일 노동량 투입대비 생산량을 표로 나타낸 것이다. Mill의 Reciprocal Demand의 예로 교역조건을 추론할 경우 영국과 독일 간에 자유무역이 이루어진다면 국제 교환비율의 범위는 어떻게 성립되는가? (　　)

(단위: 야드)

	모직물	마직물
영국	10	20
독일	10	25

① 모직물 10단위에 마직물 20단위
② 모직물 10단위에 마직물 25단위
③ 모직물 10단위에 마직물 20단위 이상 25단위 이하
④ 모직물 10단위에 마직물 45단위

34. 산업내무역(Intraindustry Trade) 중 동종제품(homogeneous goods)의 무역 발생원인으로 올바른 것을 고르시오. (　　)

① 소수의(minority) 수요
② 계절적 제품의 수요와 공급의 차이
③ 규모의 경제
④ 대표수요이론

35. 제2차 세계대전 이후 유럽의 경제회복을 목적으로 최초 창설된 기구가 발전된 것으로 2009년 10월 27일부터 부산 BEXCO에서 진행된 세계포럼의 개최기구는 무엇인가? (　　)

① UNFCCC　② APEC　③ UNCTAD　④ OECD

36. GATT와 관계 있는 내용이 아닌 것은? (   )

① National treatment ② Public good

③ Dispute settlement ④ Nondiscrimination

37. 다음 표에 대한 설명 중 올바른 것은? (   )

● 기준일 : 2009-11-27 ● 고시시간 : 16:51(47 회차)

통화명	현찰		T/C	외화수표	매매	환가	미화
	사실때	파실때	사실때	파실때	기준율	료율	환산율
미국 USD	1202.68	1161.32	1196.18	1169.67	1182.00	2.5340	1.0000
일본 JPY 100	1397.00	1348.96	1386.70	1358.65	1372.98	2.5837	1.1616
유로통화 EUR	1790.55	1720.69	1781.95	1736.68	1755.62	2.8630	1.4853

① 기준환율은 원/달러 1202.68원이다.

② 크로스환율은 엔/달러 약 86.09엔화이다.

③ 재정환율은 달러/유로 약 1.4863달러이다.

④ 해외여행자환율은 원/달러 1196.18원이다.

38. 다음 중 성격이 다른 하나를 고르시오. (   )

① Dollar pegged system ② Pound Sterling pegged system

③ SDR pegged system ④ Yuan pegged system

39. 외환시장의 거래 참여자가 아닌 것은? (   )

① commercial banks and commercial customers

② banks conducted by brokers

③ trading banks and their overseas branches

④ government bond

40. Futures Market의 특징으로 올바르지 않은 것은? (   )

① flexible amounts ② only major currencies

③ only at specific locations ④ contract limited to specific dates

41. 다음 내용이 설명하는 것으로 올바른 것은? (　　)

가정 £1 = $1.50; £1 = 4 francs; 1 franc = $0.50

sell $1.5 million for £1 million

sell £1 million for 4 million francs

sell 4 million francs for $2 million

① Exchange rate index　　② Exchange arbitrage

③ Currency swap　　④ Spread

42. 다음은 미국내 환율결정이론과 관련된 그래프이다. S_0는 미국내 파운드화의 공급량, D_0는 미국내 파운드화에 대한 수요량을 나타낸다. 올바른 설명을 고르시오. (　　)

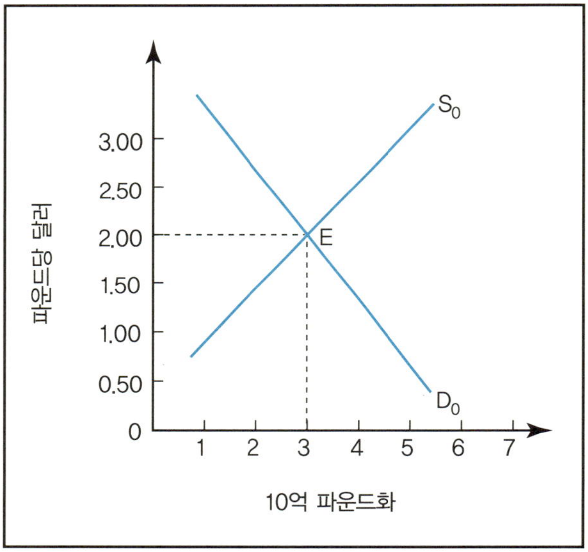

① 영국의 가격 수준이 일정할 때 미국의 가격 수준이 높아지면 달러화는 평가절상된다.

② 미국인들이 영국제품을 선호할 때 달러화는 평가절상된다.

③ 미국의 생산성이 영국보다 향상되었을 때 달러화는 평가절상된다.

④ 미국 정부가 영국제품에 관세를 부과할 때 달러화는 평가절하된다.

43. 다음 표는 Big Mac Index이다. 표에 대한 설명으로 올바르지 못한 것을 고르시오. (　　)

Country/Currency	BIG MAC PRICES In Local Currency	BIG MAC PRICES In U.S. Dollars*	Local Currency Overvaluation (+), Undervaluation (−) (percent)
United States (dollar)	$3.41	$3.41	—
Switzerland (franc)	6.30	5.20	+53%
Denmark (krone)	27.75	5.08	+49
Euro area (euro)	3.06	4.17	+22
United Kingdom (pound)	1.99	4.01	+18
Venezuela (bolivar)	7,400	3.45	+1
Mexico (peso)	29.0	2.69	−21
Japan (yen)	280	2.29	−33
Russia (ruble)	52.0	2.03	−41
China (yuan)	11.0	1.45	−58

① Yuan화의 가치가 가장 올바르지 못하게 평가되어 있다.

② Euro화는 22% 평가절상해야 한다.

③ Euro화는 22% 평가절하해야 한다.

④ Bolivar화의 가치가 가장 올바르게 평가되어 있다.

44. 다음 표에 대한 설명으로 올바르지 않은 것을 고르시오. (　　)

	Rate per Year	Rate per 3 Months
UK 3-month Treasury bill interest rate	12%	3%
U.S. 3-month Treasury bill interest rate	8	2
Uncovered interest rate differential favoring the United Kingdom	4%	1%
Forward discount on the 3-month pound		0.5
Covered interest rate differential favoring the United Kingdom		0.5%

① Uncovered interest arbitrage에는 파운드화의 증/감가율이 포함된다.

② Covered interest arbitrage에는 파운드화의 증/감가율이 포함되지 않는다.

③ Uncovered interest arbitrage는 1%이다.

④ Covered interest arbitrage는 0.5%이다.

45. 국제수지표 기재방법에 대한 내용 중 올바르지 않은 것을 고르시오. (　　)

① 재화 및 용역의 수입내용은 차변에 기재한다.

② 자본의 수출내용은 차변에 기재한다.

③ 특허권에 대한 수입내용은 대변에 기재한다.

④ 통화당국의 준비자산증가내용은 대변에 기재한다.

46. **다음 중 경상수지에 대한 내용이 아닌 것은? (　　)**
① 해외직접투자
② 여행서비스
③ 투자소득의 이자
④ 정부간 무상원조

47. **다음 중 국제수지의 조정기능에 대한 설명으로 올바르지 않은 것은? (　　)**
① 국제수지의 불균형은 자동적으로 조정된다.
② 국제수지가 흑자인 경우 환율이 하락한다.
③ 국제수지가 적자인 경우 환율이 하락한다.
④ 환율조정에 의한 가격조정이 가능하다.

48. **다음 중 브레튼우즈 체제에 대한 내용으로 올바르지 않은 것은? (　　)**
① 세계대전 이후 국제통화질서를 확립하였다.
② 각국의 화폐가 금에 대한 고정비율로 자유롭게 전환되었다.
③ 미 달러화를 기축으로 하는 금환본위제이다.
④ 달러화의 평가절하가 문제되어 변동환율제도로 전환되었다.

49. **킹스턴체제의 문제점으로 올바르지 않은 것은? (　　)**
① 환율불안정
② IMF의 감독기능 미약
③ 가맹국가 간의 경제정책협조 미흡
④ 유동성 딜레마

50. **다음 중 금본위제도와 국제수지의 자동조정에 관한 내용으로 올바르지 않은 것은? (　　)**
① 국제수지가 흑자이면 금을 유출한다.
② 국제수지가 흑자이면 금을 유입한다.
③ 각국 정부가 국가 간 금의 유출입을 허용해야 국제수지 조정이 가능하다.
④ 통화조정의 대칭성이 허용되어야 국제수지 조정이 가능하다.

정답

문제	정답	문제	정답	문제	정답	문제	정답	문제	정답
1.	⑤	11.	③	21.	③	31.	③	41.	②
2.	④	12.	③	22.	②	32.	①	42.	③
3.	③	13.	④	23.	③	33.	③	43.	②
4.	④	14.	④	24.	①	34.	②	44.	②
5.	④	15.	④	25.	④	35.	④	45.	④
6.	④	16.	③	26.	③	36.	③	46.	①
7.	①	17.	④	27.	①	37.	②	47.	③
8.	④	18.	③	28.	③	38.	③	48.	②
9.	⑤	19.	②	29.	④	39.	④	49.	④
10.	②	20.	②	30.	②	40.	①	50.	①

2. 「무역영어」 시험 기출문제

1. 'To whom it may concern'이란 문구는 영문 서한의 구성요소 중 어디에서 사용되는지를 고르시오.

① salutation ② reference number
③ inside address ④ complimentary close

2. 서한의 수신자가 직접 개봉할 것을 의미하는 것을 아래에서 고르시오.

① URGENT ② CONFIDENTIAL
③ CERTIFIED ④ REGISTERED

3. 우리말 문장과 영어 문장의 밑줄 친 부분들 중에서 잘못 영역된 것을 고르시오.

① 여태까지 견적송장은 수취 안했습니다
I have so far not received any profoma invoices.?
② 귀사가 보낸 견적송장을 받았습니다.
We are in receipt of your proforma invoice.
③ 거래조건의 책자는 요구하면 보내드립니다
Copies of our trade terms are available upon request.
④ 아래와 같이 견적을 보내게 되어 기쁩니다.
We have pleased in quoting as follows:

4. 아래 5개의 패러그래프로 구성된 이메일을 작성할 경우, 가장 적절한 순서의 패러그래프 조합을 고르시오.

a) We would like to import wheelchairs.
b) We may be able to order 50 chairs first. Then, we may repeat orders.
c) I visited the fair in Liverpool last month
d) We would like to request.
-FOB price, delivery terms & payment terms
e) Thank you.

① a-b-d-c-e ② c-a-d-b-e
③ d-c-a-b-e ④ b-a-d-c-e

5. 다음 문장의 내용에 비추어 볼 때 괄호 안에 들어갈 가장 적절한 것을 고르시오.

We have endeavoured to ( ) your delivery date request and detail below the earlist shipping arrangements we have been able to ( ).

① meet, make ② make, meet

③ apply, create ④ create, apply

6. If the performance of the obligation is hindered, made uneconomic 문장과 관련이 있는 것을 고르시오.

① hardship clause

② force majeure clause

③ honour clause

④ severance clause

7. 다음 문장 중 틀린 것을 고르시오.

① Thank your letter of November for you.

② Our order is correct in all details.

③ We wish to open an account with KY trading Company.

④ This is the best offer we can make at present.

8. '500박스 초과의 주문에 대해 얼마만큼 할인을 해 줄 수 있습니까?' 라는 문장을 바르게 영역한 것을 고르시오.

① What discount can you allow us for orders on more than 500 boxes?

② How discount can you allow us for orders on more than 500 boxes?

③ What discount can you allow us for orders of more than 500 boxes?

④ How discount can you allow us for orders of more than 500 boxes?

9. 아래 문장의 괄호 안에 들어갈 적절한 전치사를 고르시오.

We are pleased to inform that the large size of your order enables us to reduce our price ( ) 3 percent.

① for ② on ③ by ④ with

10. 아래 문장의 괄호 안에 들어갈 적절한 용어를 고르시오.

All business transactions entered into between paries shall be as (   ) to (   ) on their own account and responsibility.

① principle, principle　② principal, principal
③ principle, agent　④ principal, agent

11. 다음 대화의 (   ) 안에 들어갈 알맞은 것을 고르시오.

Mr.Gilman : Please sit down, Mr. Kim. It is kind of you to remember me.
Mr. Kim : (   ), Mr. Gilman. It is my great honor to get acquainted with you as our important business partner.

① Of course not　② You' re welcome
③ I am sorry　④ Sincerely yours

12. 아래 정형거래조건 중에서 바르게 풀어쓴 것을 고르시오.

① EXW: Ex Works
② CFR: Carriage and Freight
③ CPT: Cost Paid to
④ DDU: Delivered Duty Uncleared

13. 매매계약서의 조문을 인도, 지급, 품질 등과 같은 사항별로 배열하는 방식에 해당하는 것을 고르시오.

① Chronological order　② Categorical order
③ Assending order of complexity　④ Descending order of importance

※ 아래 문장의 (   ) 안에 들어갈 가장 적절한 것을 보기에서 고르시오.

보기

① in cash　② in small quantities　③ in bulk　④ in time for　⑤ in a hurry
⑥ in spite of　⑦ in the process of　⑧ in transit　⑨ in advance
⑩ in accordance with　⑪ in good faith　⑫ in breach of　⑬ in charge of

14. If you buy (   ), we can offer you a massive discount.

15. (   ) all your assurance and reassurance the shipment arrived weeks late, incomplete and damaged.

16. Seven crates of whisky were apparently stolen (   ).

17. We acted (   ), we trusted you, but unfortunately our trust in you was misplaced.

18. In any case you are (   ) contract, and we will sue.

19. 다음 문장 중 내용이 틀린 것을 고르시오.

① Under the CIF and CIP terms the seller has to take out insurance and bear the insurance cost.

② The purpose of "INCOTERMS" is to provide a set of international rules for the interpretation of all the trade terms in foreign trade.

③ Under the "E"-terms the seller makes the goods available to the buyer at the seller's own premises.

④ Under the "D"-terms the seller has to bear all costs and risks needed to bring the goods to the country of destination.

(20~27) 새롭게 부임한 해외 영업부장이 해외 영업부 직원을 대상으로 행하는 취임 연설과 관련된 아래 문장에서 밑줄 친 부분에 들어갈 가장 적절한 것을 해당 문제 번호의 해당 보기에서 고르시오.

Ladies and Gentlemen of the foreign sales force, we are looking forward to a successful future. Our company is well respected in the market place and we must maintain our (20) __________ -class reputation. It is only through the pursuit of excellence that we can use our ground-(21)____________ ideas and (22) _________ -edge technology to keep ahead of our competitors.

Let us project an image of a user-(23)___________ company which can deliver high quality, combined with (24)__________-effective solutions for our clients. We cannot be complacent or allow the competition to even think about stealing our customers.

Please read all our publicity material to familiarize yourself with our new look and make our (25)___________ second to none. We can create shareholder value as we advance the frontiers of technology. In the increasingly borderless world of e-commerce and B2B, where even the remotest of locations is now (26)__________ connected, we must strive to remain (27)____________ competitive. We have the products, you have the vision to succeed. Go out there into the market place and bring back the orders!

20. ① high ② working ③ world ④ second

21. ① cutting ② shaping ③ breaking ④ lifting

22. ① slicing ② paring ③ cutting ④ chopping

23. ① matey ② amicable ③ hospitable ④ friendly

24. ① price ② cost ③ charge ④ value

25. ① name ② regard ③ reputation ④ standing

26. ① electronically ② wireless ③ wire ④ mechanically

27. ① so ② highly ③ much ④ greatly

28. 화환 신용장 서류심사를 위한 국제표준 은행 관습과 관련된 아래 보기의 문장 중에서 내용상 잘못된 것을 고르시오.

① Partial shipment is the unloading and reloading of goods from one vessel to another during the course of ocean carriage from the port of loading to? the port of discharge.

② Shipment on more than one aircraft is partial shipment, even if the aircraft leave on the same day for the same destination.

③ Insurance documents must appear on their face to have been issued and signed by insurance companies or underwriters or their agents.

④ A requirement for a certificate of origin will be satisfied by the presentation of a signed, dated document that certifies to the origin of the goods.

29. 화환 신용장 서류심사를 위한 국제표준 은행 관습과 관련된 아래의 문장에서 내용상 올바른 것을 고르시오.

① The draft must be drawn by the party stated in the credit.

② The quantity of the goods required in the credit must vary within of +/-5 %.

③ If a credit calls for installment shipments, each shipment must be in accordance with the installment schedule.

④ A goods description in the bill of lading may be shown in special terms not inconsistent with that stated in the credit.

30. eUCP와 관련된 다음 문장 중 틀린 것을 고르시오.

① A Credit subject to the eUCP("eUCP Credit") is also subject to the UCP with express incorporation of the UCP

② The eUCP shall apply as a supplement to the UCP where the Credit indicates that it is subject to eUCP.

③ Electronic records may be presented separately and need not be presented at the same time.

④ Any requirement of the UCP or an eUCP Credit for presentation of one or more originals or copies of an electronic record is satisfied by the presentation of one electronic record.

정답 및 해설

1. (1)

To whom it may concern은 담당자를 몰라 수신인을 누구로 해야 좋을지 모르는 경우에, 관계자 귀하라는 의미의 문구임. 따라서 salutation(인사말)에 해당함.

2. (2)

① 긴급　　③ 배달증명　　④ 등기

3. (4)

have pleasure 혹은 are pleased가 올바른 문구임

4. (2)

박람회에서 귀사를 알게 되었다(c) → 본사는 휠체어를 수입하고 싶다(a) → 가격, 인도, 결제 조건에 대해 알고 싶다(d) → 조건에 따라 처음에 50대 발주, 재주문도 가능(b) → 맺는 인사말(e)

5. (1)

폐사는 귀사의 출하일 요구에 부응(meet)하고자 노력해 왔습니다. 조정(make arrangement) 가능한 가장 빠른 출하일을 아래에 자세히 열거합니다.

6. (1)

계약의 이행을 막는 사항 중에는 현실적으로 불가능하게 만드는 것(force majeure의 예)은 아니지만 계약을 상당히 곤란하게(hindered) 만들거나 경제적으로 수지가 맞지 않게 하는 사유(uneconomic) 등을 hardship이라고 함

severance clause: 계약을 했는데 그 중 일부가 위법이기 때문에 강행할 수 없는 경우, 가능하다면 위법인 부분만을 떼내고 나머지를 구하려는 목적으로 포함시킬 경우의 조항

honour clause: 명예를 걸고 약속한다는 조항

만일 If the performance of the obligation is impossible, delayed, hindered, made uneconomic 는 force majeure clause에 해당

7. (1)

Thank you for your letter of November.가 옳다

8. (3)

500박스 초과의 주문: orders of more than 500 boxes

9. (3)

얼마만큼의 전치사로 by, 대량 주문하면 가격을 3% 인하할 수 있다는 내용

10. (2)

자신의 비용과 책임으로 본인 대 본인 자격의 계약임을 의미. 본인: principal

11. (2)

기억을 해 줘 고맙다. 천만에요 you' re welcome, 알게 되어 영광입니다.

12. (1)

② Cost and Freight ③ Carriage Paid to ④ Delivered Duty Unpaid임

13. (2)

① 거래의 시간 흐름에 따라 작성 ③ 간단한 서론부터 시작하고 복잡한 개념으로 배열 ④ 가장 중요한 것을 먼저 기재하는, 즉 중요도가 높은 것을 앞에, 중요도가 낮은 것은 뒤에 적는 방식

14. (3) 대량으로 주문하면 할인해 주겠다는 내용

15. (6) 보증과 재보증에도 불구하고, 선적품이 몇 주 늦게 도착함

16. (8) 위스키 상자 7개를 운송 중에 도난당함

17. (11)

선의로(믿음을 가지고) 행동했고, 귀사를 신뢰했으나 불행하게도 귀사는 misplaced 했다는 내용

18. (12) 귀사가 계약을 위반하면, 소송을 하겠다.

19. (2) the most commonly used trade terms이지 모든 거래조건은 아님;
인코텀스 서문 참조
① 인코텀스 9.3에 해당
③, ④ 올바른 내용임.

20. (3) world-class reputation 범세계적인 명성

21. (3) ground -breaking : 개척하는

22. (3) cutting-edge: 최첨단

23. (4) 사용자에게 친숙한 user-friendly

24. (2) 비용 절감적인 cost-effective

25. (3) 명성을 최고로 만들다

26. (1) 전자적으로 electronically

27. (2) 아주 경쟁력 있는 high competitive

해석

해외영업팀의 신사숙녀 여러분, 우리는 성공적인 미래를 기대하고 있습니다. 우리 회사는 시장에서 아주 존경받고 있으며, 우리는 범세계적인 명성을 유지해야 합니다. 우리가 우리의 경쟁자보다 앞서기 위해 우리의 개척적인 아이디어와 최첨단 기술을 이용하는 것은 탁월성의 추구를 통해서만 가능합니다.
사용자에게 고품질과 고객에게 비용절감적인 솔루션을 함께 제공할 수 있는, 친숙한 회사의 이미지를 주도록 합시다. 우리는 자기만족에 머물러서는 안 되며, 심지어 경쟁자가 우리 고객을 빼앗아가는 일을 생각하는 것조차 허용할 수 없습니다.
우리의 새로운 자세에 여러분이 익숙해지고 또한 우리의 명성을 최고로 만들기 위해 우리의 모든 홍보 자료를 읽기 바랍니다. 우리의 기술이 진보하고 있으므로, 우리는 주주의 가치를 창출할 수 있습니다. 점증일로상의 전자상거래와 B2B 거래의 국경 없는 세계에서, 즉 아무리 딴 곳이라도 이제 전자적으로 연결되는 세계에서

우리는 보다 경쟁력이 있는 회사로 남기 위해 분투해야만 합니다. 우리는 제품을 가지고 있습니다. 여러분은 성공이라는 비전을 가지고 있습니다. 시장으로 나가, 주문을 받아 가지고 돌아오십시오.

28. (1) 이 문장은 transhipment를 의미함. ISBP 87

② 2대 이상의 항공기들이 동일 날짜에 동일 목적지로 향하더라도, 2대 이상의 항공기에의 적재는 분할 적재이다. ISBP 159

③ 보험서류는 반드시 문면상 보험회사나 보험업자 또는 대리인에 의해 발행되고 서명된 것으로 나타나 있어야 한다. ISBP 184

④ 원산지 증명서의 요건은 물품의 원산지를 증명하고 있는 서명되고 날짜가 적힌 서류의 제시에 의해 충족되는 것으로 한다. ISBP 196

29. (3)

①은 The draft must be drawn by the beneficiary.로 되거나 The draft must be drawn? on the party stated in the credit.이어야 함. ISBP 54-55

② must 가 아니라 may로 바뀌어야 함. ISBP 69

③ ISBP 72

④ ISBP 93- special이 general로 바뀌어야 함

30. (1)

① 제e2조에 해당되는 문장으로 with를 without으로 바꿔야 옳음

② 제e1조에 해당되는 문장

③ 제e5조 제시에 해당되는 문장

④ 제e8조 원본 및 사본에 해당되는 문장

3. 「무역학」 시험 기출문제

Ⅰ 객관식 문제

1. **In the context of the WTO Agreements, "non discrimination" means ( )**

① Products imported from all trading partners should be given the same treatment as national products;

② once in the domestic market, imported goods and services from all trading partners cannot be treated differently from domestic products;

③ all trading partners should be extended "most favoured" nation;

④ a WTO Member can impose customs duties, but once the imported product has cleared customs, it cannot be treated less favourably than the like national product.

2. **A package approach has been traditionally preferred to single sector negotiations because ( )**

① Participants can seek to gain benefits with no disadvantages in a wide range of areas;

② the ability to trade-off different interests across a wide range of areas can make agreement easier to reach;

③ only developing countries can join forces to negotiate collectively: or,

④ it can engage non governments interest groups directly in the negotiating process.

3. **The Agreement Establishing the WTO is a short Agreement which ( )**

① Defines the core WTO principles of non discrimination and transparency.

② is complemented by four Annexes, and which includes the totality of the Agrements emerged from the Uruguay Round.

③ only outlines the bound market commitments undertaken by members in the

Uruguay Round;. or,

④ does not change the means for Members to settle disputes.

4. A bound tariff ( )

① Cannot be raised, unless the increase is negotiated with the countries most concerned;

② must be lower than the actual rate;

③ can never be raised again, unless the Member withdraws from the Agreement concerned; or,

④ is always greater than the applied rate.

5. Technical barriers to trade are regulations that are ( )

① never permitted in Member countries;

② admissible as long as they do not offer disguised protection to domestic industry, and do not create unnecessary obstacles to trade;

③ admissible only when international standards are employed; or,

④ always admissible provided that they are directed to protect human, animal or plant life in a WTO Member country.

6. I n the context of GATS, a "mode of delivery" is ( )

① A method of providing an international service, and is identified in the GATS;

② is one of the four permissible ways to supply a service;

③ is one of the four services specifically ruled under the Agreement; or,

④ is the subject of one of the Annexes to the GATS.

7. Ministerial Conferences are ( )

① Periodic rounds of negotiations;

② meetings of ministers with the sole objective of launching new multilateral trade negotiations;

③ enlarged meetings of the General Council, which take place every two years;

④ periodic meetings of ministers in charge of WTO matters.

8. 해상무역에서의 보안을 강화하기 위해 고안된 제도와 거리가 먼 것은?

① ISPS ② CSI ③ C-TPAT ④ ISBP

9. INCOTERMS(2000)에서 정하고 있는 거래조건에 대한 설명 중 옳은 것은?

① EXW, FCA, FAS는 양하지 인도조건에 해당한다.

② DAF, DES, DDP는 적출지 인도조건에 해당한다.

③ FAS, FOB, CIF는 해상운송이나 내수로 운송에만 사용된다.

④ CFR, CIF, CIP는 복합운송에 적합한 조건이다.

10. 중재제도의 장점에 해당하지 않는 것은?

① 중재심리가 비공개적으로 진행되기 때문에 당사자의 비밀이 보장된다.

② 단심제이기 때문에 분쟁을 신속히 해결한다.

③ 무역전문가에 의해 소송보다 합리적인 해결이 이루어진다.

④ 중재인의 타협력에 절대적으로 의존한다.

11. 대내적 환위험관리 기법에 관한 다음 설명 중 틀린 것은?

① 환율상승이 예상되는 경우 수출대금 회수는 Lagging해야 한다.

② 통화별로 자금의 수입과 지출을 일치시키는 기법이 자연매칭(Natural Matching)이다.

③ 환율하락이 예상되는 경우 외화차입금 상환은 Leading해야 한다.

④ Leading과 Lagging은 동일 그룹 기업 간에 용이하게 이용된다.

12. 환리스크를 Cover하고자 하는 기업이 취해야 할 외환 Position으로 다음 중 가장 바람직한 것은 어느 것인가?

① short position ② square position

③ over-sold position ④ over-bought position

13. 헥셔-오린의 제2정리란 어떠한 이론인가?

① 생산요소가 국제적으로 이동하지 않더라도 무역을 하게 되면 생산요소의 상대가격이 국제 간에 균등화되는 경향이 있다는 이론

② 자본이 상대적으로 풍부한 국가는 자본집약재를 수입하고, 노동집약재를 수출

한다는 이론

③ 어떤 생산요소의 양은 일정하다고 할 때, 다른 한 생산요소를 증가시키면 그 증가된 생산요소를 집약적으로 사용하는 재화의 생산량이 증가하게 된다는 이론

④ 국제무역은 비교생산비 또는 비교우위에 따라 이루어진다는 이론

14. 다음 중 국제수지의 항목이 될 수 없는 것은?

① 상품 ② 운송 ③ 여행 ④ 관세

15. 가맹국 간의 관세는 철폐시키지만 비가맹국에 대해서는 독자적인 관세율을 적용하는 형태의 경제통합을 무엇이라고 부르는가?

① 자유무역지역 ② 관세동맹

③ 공동시장 ④ 경제동맹

16. 무역에서 바터제(barter system)란?

① 보호무역제도를 말한다.

② 수입허가제를 말한다.

③ 수입할당제를 말한다.

④ 구상무역제도를 지칭한다.

17. 각국이 관세보다 비관세장벽을 선호하는 이유는?

① 객관적인 기준으로 무차별적으로 부과된다.

② 비공개적, 차별적으로 적용이 가능하다.

③ 국회의 입법절차를 거쳐야 한다는 점이다.

④ 간접적인 관리가 가능하다.

18. 용선계약에 있어서 단순히 선박만을 빌리는 것은?

① 나용선 ② 정기용선 ③ 항해용선 ④ 일부용선

19. 다음의 콘테이너 화물의 운송형태 중 콘테이너의 장점을 최대 한도로 이용한 운송형태는?

① CY/CFS ② CFS/CY ③ CY/CY ④ CFS/CFS

20. 생산설비를 건설한 후 설비가 가동되어 생산에 이르는 시점에서 소유권자에게 설비를 이양하는 계약형태를 일컫는 적절한 명칭은 무엇인가?

① 국제합작투자　② 국제하청계약
③ 국제턴키오퍼레이션　④ 국제라이센싱계약

21. knock-down 방식은?

① 가격인하정책을 말한다.
② 품질개선 등의 비가격경쟁을 말한다.
③ 부분품을 수출하여 현지에서 조립하여 판매하는 것을 말한다.
④ 해외에 덤핑하는 행위를 말한다.

22. 국제 인사관리에서 현지인을 채용하여 경영활동을 수행할 경우의 장점으로 옳지 않은 것은?

① 현지인은 현지의 언어와 문화에 익숙하므로 이질문화와 충격과정이 제거될 수 있다.
② 대개 현지국에만 근무하여 승진기회가 많이 제공되므로 사기가 높아질 수 있다.
③ 계속 거주가 가능하므로 업무의 계속성을 높이는 수단이 된다.
④ 모국이 파견의 경우보다 인건비를 줄이면서도 오히려 현지인에게 유인책이 될 수 있을 정도의 고임금을 제공할 수 있다.

23. 지적재산권과 관련이 가장 먼 것을 고르시오.

① WIPO　② TRIPs　③ Industrial design　④ safeguard

24. 같은 시점에 상이한 두 시장 사이의 현물시세 불균형을 이용하여 이득을 취하고자 행해지는 환거래는?

① 헷징　② 환재정　③ 금리재정　④ 환투기

25. 다음 보기 중에서 나머지 3개와 가장 거리가 먼 것을 고르시오.

① containerization　② door to door transport
③ TEU　④ bulk cargo

II. 아래의 문제 중에서 5개를 골라 3줄 정도로 약술하시오.

1. Global Supply Chain Management
2. Hub & Spoke System
3. EDI (paperless trade)
4. Preshipment Inspection
5. Usance
6. project financing
7. 전략물자 수출통제제도

III. 아래의 각 문제에 대해 6줄 정도로 답하시오.

1. EU(유럽연합)의 결성 배경, 현재의 회원국 수, 주요 기구, 주요 정책 그리고 동유럽국의 가입에 따른 우리나라 기업의 진출 등에 대해 논하세요.
2. 우리나라가 현재까지 i) 어떠한 나라들과 FTA를 체결하고 있는지, 왜 그 나라들을 선정했는지 그리고 ii) FTA 협상시 고려해야 할 대내협상과 대외협상은 무엇인가?
3. 우리나라의 동북아 물류중심국가 수립이라는 정책에 대해 설명하세요.

정답

객관식

문제	정답	문제	정답	문제	정답	문제	정답	문제	정답
1.	④	6.	①	11.	③	16.	④	21.	③
2.	②	7.	④	12.	②	17.	②	22.	②
3.	②	8.	④	13.	①	18.	①	23.	④
4.	①	9.	③	14.	④	19.	③	24.	②
5.	②	10.	④	15.	①	20.	③	25.	④

4. 2007년 기출문제

I. 다음 문제를 읽고 답하시오.

1. WTO 체제의 기본원칙이 아닌 것은?

① 최혜국 대우의 원칙 ② 완전개방의 원칙
③ 내국민 대우의 원칙 ④ 시장접근의 보장의 원칙

2. 개발도상국과 선진국간의 무역증진을 주요 목적으로 하고 있는 기구는?

① UNCTAD ② ICC ③ IMF ④ EU

3. EU와 관련이 가장 먼 것은?

① EC ② 마스트리히트 조약 ③ EFTA ④ Single European Act

4. 현재 우리나라가 채택하고 있는 환율제도는?

① 복수통화 바스켓 환율제도
② 고정환율제도
③ 시장평균환율제도
④ 자유변동환율제도

5. 관세평가의 기본목적은?

① 수입품의 저가신고를 방지하는 데 있다.
② 덤핑수입을 방지하여 국내 산업을 보호하는데 있다.
③ 고가신고로 인한 부당한 외화유출을 방지하는데 있다.
④ 적정 과세확보를 도모하는데 있다.

6. 다음 중 관세의 성격에 관한 설명으로 바르지 못한 것은?

① 관세는 간접세의 일종이다.
② 관세는 대물세의 일종이다.
③ 관세는 수시세의 일정이다.
④ 관세는 간접세의 일종으로 납세자와 담세자가 서로 같다.

7. **다음 중 자유무역의 직접통제수단이 아닌 것은?**
① 수출입 할당제 ② 수출입 링크제
③ 외환사용의 규제 ④ 관세

8. **상계관세를 부과하기 위한 '보조금'에 해당되지 아니하는 것은?**
① 정부 또는 공공기관의 재정지원에 의한 혜택 중 특정성이 있는 보조금
② 일부기업 등에 제한적으로 지급되는 보조금
③ 제한된 수의 기업 등에 의하여 사용되어지는 보조금
④ 지역개발관련 보조금

9. **특허침해 문제로부터 매도인의 책임을 면제시키고자 할 때 사용하는 계약조항은?**
① Force Majeure Cause
② Infringement Clause
③ Frustration
④ Arbitration Clause

10. **수확예정인 농산물의 거래에 사용할 수 있는 품질결정 방법은?**
① GMQ ② FAQ ③ DEQ ④ CQD

11. **톤의 단위 중에서 우리나라에서 사용하는 것은?**
① Long ton ② British ton ③ Metric ton ④ Short ton

12. **다음 중 물품에 대한 위험부담의 분기점이 수출국내의 특정 장소가 되는 정형거래 조건만으로 묶여진 것은?**
① DDU, FCA, FOB ② DES, CIF, FOB
③ DEQ, DES, CFR ④ CFR, FAS, CIF

13. **다음 중 CISG를 제정한 국제기구는?**
① ICC ② CM
③ OECD ④ UNCITRAL

14. 부정기선의 특징과 관련있는 것은?

① 주로 광석, 곡류, 목재 등 살화물의 대량운송에 이용되고 있다.

② 항로가 일정하고 정기적으로 운항된다.

③ 일반적으로 해운동맹에 가입한다.

④ 운임은 운임율표에 따른다.

15. 20 feet container 에 관한 설명으로 옳은 것은?

① 화물의 중량을 20톤까지 적재할 수 있는 컨테이너

② 높이와 폭의 합계가 20피트인 컨테이너

③ 길이가 20피트인 컨테이너

④ 높이는 8피트, 폭은 20피트인 컨테이너

16. 컨테이너를 선박에 직접 적재하기 위하여 정렬해 놓은 곳을 무엇이라고 하는가?

① Storage Yard ② Marshalling Yard

③ apron ④ Container Freight Station

17. 다음 중 SLB 에 대한 설명으로 옳은 것은?

① 극동에서 미국대서양연안까지의 복합운송루트를 말한다.

② 극동에서 미국 태평양 연안까지의 복합운송을 말한다.

③ 극동에서 유럽까지의 복합운송구간 중 시베리아 횡단철도를 이용하는 방식이다.

④ 극종에서 미국을 통하여 남미로 수출되는 화물의 복합운송구간이다.

18. 선화증권(B/L)에 관한 설명으로 옳은 것은?

① 지시식으로 발행된 경우 은행에서 수리되지 아니한다.

② 운송물의 수령증서일뿐 권리증권은 아니다.

③ 선화증권을 적법하게 소지한 자가 운송물의 인도를 청구하는 경우 운송회사는 그 인도를 거부하지 못한다.

④ 일반적으로 기명식으로 발행되기 때문에 유통할 수는 없다.

19. 위부를 행사할 수 있는 손해는 다음 중 어떤 것인가?

① 현실전손 ② 추정전손 ③ 공동해손 ④ 어떠한 손해도 가능함

20. Incoterms 2000상의 CIF조건에서 매도인의 해상적화보험의 부보의무에 관한 설명으로 옳지 않은 것은?

① 보험금액은 최소한 매매계약 금액의 110%로 해야 한다.
② 보험서류로서 보험인수증과 보험확인서도 인정된다.
③ 보험기간은 선적항에서 물품이 본선의 난간을 통과한 시점부터 목적항에서 매수인이 물품을 수령할 때까지이어야 한다.
④ 보험계약은 공신력 있는 보험업자 또는 보험회사와 체결되어야 한다.

21. 다음 보험조건(Terms of Insurance)에 대한 설명 중 틀린 것은?

① 협회적화약관(Institute Cargo Clause)은 국제상업회의소(ICC)에서 제정한 해상보험에 관한 약관이다.
② Incoterms 2000의 DES 조건하에서 피보험이익은 매도인에게 귀속한다.
③ 해상적화보험을 A/R로 부보하더라도 전쟁, 파업등에 기인한 손해에 대해서는 보험자가 면책된다.
④ 최소부보조건은 ICC(C)약관에 따른 조건이다.

22. 다음 중 신용장의 정의와 관련하여 가장 적합한 표현은?

① 매입은행의 자기자금 선지급
② 개설은행의 수입상에 대한 지급보증
③ 개설은행의 수출상에 대한 조건부지급확약
④ 수출상의 대금회수 보장

23. 신용장거래에서 Negotiation이란?

① 수출상이 은행에 서류를 제시하는 것을 말한다.
② 매입은행이 서류를 개설은행에 보내는 것을 말한다.
③ 개설은행이 수입상에게 서류를 인도하는 것을 말한다.
④ 매입은행이 수출상이 제시한 서류를 심사하고 이상 없다고 인정한 경우 신용장대금을 선지급 하는 것을 말한다.

24. 일반적으로 국제매매에서 계약의 위반으로 간주하지 않는 것은?

① 이행좌절 ② 이행지체 ③ 불완전 이행 ④ 이행거절

25. 마켓클레임(market claim)에 관한 설명 중 가장 타당한 것은?

① 품질불량을 이유로 제기하는 클레임이다.

② 시장상태가 불황인 경우 이를 극복하기 위하여 제기하는 클레임이다.

③ 물품인수 후 그 대금의 지급을 지연시킬 목적으로 제기하는 비정상적 클레임이다.

④ 클레임을 제기할 만한 사유가 없음에도 가격인하나 계약해제 등을 목적으로 상대방의 사소한 과오를 구실로 하여 제기하는 클레임이다.

26. 중재판정의 집행력에 관한 국제협약으로서 유엔에서 제정한 것은?

① Hague Rules, 1924

② Incoterms, 2000

③ New York Convention, 1958

④ Vienna Convention, 1980

27. 무역에 대한 아담 스미스(A. Smith)의 견해는 무엇에 대한 반발에서 비롯된 것인가?

① 비교우위론 ② 중상주의 무역관

③ 중농주의 무역관 ④ 산업혁명

28. 1985년 9월 선진 5개국 경제장관들은 80년대 초반 과도한 달러가치의 상승을 방지하고 달러의 평가절하를 유도하기 위해 외환시장에 공동 개입하겠다는 선언을 발표했다. 이와 관련된 것을 고르시오.

① 스네이크 제도 ② 플라자 협정

③ 루브르 협정 ④ 들로르 보고서

29. 무역균형점이란?

① 두 국가의 무역무차별 곡선이 교차하는 점이다.

② 두 국가의 오퍼곡선의 접하는 점이다.

③ 두 국가의 오퍼곡선이 교차하는 점이다.

④ 두 국가의 생산가능곡선이 접하는 점이다.

30. 레온디에프의 역설을 해결해 주는 것은?

① 노동의 이질성 ② 헥셔-오린 정리
③ 잉여분출설 ④ 노동가치설

31. 사우디아라비아의 석유수출을 설명하는 데 합당한 것은 어느 것인가?

① 잉여분출설 ② 리카도 이론
③ 제품수명주기설 ④ 어베일러빌리티(availability)설

32. 국제카르텔이 형성될 수 있는 경우로서 틀린 것은?

① 기술독점이 존재하는 경우
② 원료를 독점적으로 소유한 경우
③ 어떤 제품의 생산기술이 널리 알려졌을 경우
④ 중동산유국의 석유수출국기구(OPEC)가 대표적인 국제카르텔이다.

33. 다국적 기업의 개념 정의와 다른 것은?

① 해외 직접투자의 결과이다.
① 생산과 판매거점을 전세계적으로 확립한다.
③ 궁극적인 목표는 세계의 후생증대에 있다.
④ 전통적 무역이론으로는 설명하기 어렵다.

34. 다음 항목 중 어느 것이 변동하면 국제수지불균형의 자동조정이 이루어지는가?

① 국내물가 ② 해외물가
③ 소득 ④ 위의 모든항목

35. 다음 중 외환(foreign exchange)에 대한 설명으로 잘못된 것은?

① 여행자수표(TC), 외화수표 또는 환어음 등은 외환에 속하지 않는다.
② 국가간의 자금이동을 가능하게 하는 수단을 포괄하는 개념이다.
③ 특정국가에 있어서의 외환은 여러 가지 종류로 구성되어 있다.
④ 국제적인 교환의 매개수단이다.

36. 일본으로부터 엔(yen) 베이스로 기계를 수입하는 업자가 엔화가치 상승이 예상될 때 다음 중 환위험을 회피하는 방법으로 적절하지 못한 것은?

① 엔화를 선물환시장에서 매입한다.

② 엔화 선물을 매입한다.

③ 단기금융시장에서 엔화를 차입한다.

④ 환위험 보험에 가입한다.

37. 금본위제도하의 국제수지 조정은 다음의 어느 항목으로 설명되는가?

① 물가-정화-유동 메커니즘 ② 변동환율

③ 국민소득 변화 ④ 외환통제

38. 포트폴리오 모형에 따르면 위험의 감소는 무엇에 의해 이루어지는가?

① 오직 높은 수익률의 채권에 대한 투자

② 위험성이 높은 성장 펀드를 회피

③ 분산투자

④ 유사한 형태의 주식투자

39. 「국제금융시장은 24시간 시장이다」라는 바가 의미하는 것으로 적절하지 못한 것은?

① 각 지역 국제금융시장의 개장이 시간적으로 중첩되어 있어 하루 중 언제라도 거래가 가능하다.

② 모든 지역 국제금융시장은 하루 24시간 개장되어 있어 하루 중 언제라도 거래가 가능하다.

③ 국제금융시장이 글로벌화되어 있다는 것을 의미한다.

④ 국제금융시장이 지역적으로 다양화되어 있다.

40. SDR이란 무엇인가?

① 거대 미국은행이 연방준비은행에 대한 차입특권

② IMF쿼터 배분

③ IMF에 의해 창출된 지불준비자산

④ 유로은행의 예금자산

41. 수출주도형 경제발전 정책이 갖는 장점이 아닌 것은?
① 학습효과와 인적 자원의 개선
② 기술습득과 상호교류
③ 시장확대에 의한 규모의 경제
④ 수입감소에 의한 국제수지 개선

II. 다음 영문의 문제를 읽고 내용상 밑줄 친 부분에 넣을 수 있는 가장 적합한 것을 택하여 답하시오.

42. ___________ arise when the business system in a foreign country is so different from that in a firm's home market that the enterprise has to devote considerable effort, time, and expense to learning the rules of the game.
① Time-based costs
② First-mover advantages
③ Pioneering costs
④ Late-mover disadvantages

43. ___________ allows a firm to learn about a foreign market while limiting the firm's exposure to that market.
① Minimal-commitment
② Small-scale
③ Reduced-commitment
④ Maximum-scale

44. A firm wishing to export must do all of the following EXCEPT: ___________
① identify foreign market opportunities.
② promote foreign exchange risk.
③ familiarize itself with the mechanics of export and import financing.
④ learn where it can get financing and export credit insurance.

45. Great trading houses in Japan are called ___________

① kaizen. ② sogo shosha.

③ MITI. ④ gaunxi.

46. ________ is the activity that controls the transportation of physical materials through the value chain, from procurement through production and into distribution.

① Operations ② Production

③ Logistics ④ Bureaucracy

47. Two important objectives shared by both production and logistics are to simultaneously: ___________

① increase quality and increase revenues.

② increase product awareness and lower costs.

③ lower costs and increase quality.

④ increase revenues and decrease customer complaints.

48. The _________ is the set of choices the firm offers to its targeted market.

① production mix ② marketing mix

③ products and services mix ④ materials mix

49. Multidomestic firms try to create value by emphasizing: ________

① local responsiveness. ② ethnocentrism.

③ empowerment. ④ strategic alliances.

50. In the Dutch firm Philips, all important positions in most foreign subsidiaries were at one time held by Dutch nationals who were referred to by their non-Dutch colleagues as the Dutch Mafia. This example illustrates a(n): __________

① ethnocentric staffing policy. ② globalcentric staffing policy.

③ polycentric staffing policy. ④ networkcentric staffing policy.

정답

객관식

문제	정답	문제	정답	문제	정답	문제	정답	문제	정답
1.	②	11.	③	21.	①	31.	④	41.	④
2.	①	12.	④	22.	③	32.	③	42.	③
3.	③	13.	④	23.	④	33.	③	43.	②
4.	④	14.	①	24.	①	34	④	44.	②
5.	④	15.	③	25.	④	35.	①	45.	②
6.	④	16.	②	26.	③	36.	③	46.	③
7.	④	17.	③	27.	②	37.	①	47.	③
8.	④	18.	③	28.	②	38.	③	48.	②
9.	②	19.	②	29.	③	39.	②	49.	①
10.	②	20.	②	30.	①	40.	③	50.	①

참고문헌

<국내문헌>

강경훈 外, 문화무역론, 도서출판 두남, 2002.

강병서 外, 서비스경영, 한경사, 2003.

강태구 外, 무역학개론, 무역경영사, 2006.

경윤범, 무역실무론, 형설출판사, 2005.

김문환, 문화와 무역, 수출 1,000억불 기념 심포지엄 새로운 문화무역의 정립, 1995.

김시경, 최신무역학개론, 삼영사. 2004.

김인구, 세계무역기구론. 형설출판사, 2005.

김호중, 회계학원론, 창긘사, 2006.

문화관광부, 2005 문화산업백서, 2006.

박명섭, 국제경제사, 형설출판사, 1992.

______, 국제무역의 이해, 삼영사, 2003.

______, 국제물류의 이해, 법문사, 2003.

______, 국제물류의 이해와 사례, 법문사, 2005.

______, 국제상무개론(중국어), 우용출판사, 2005.

______ 外, 국제상무론, 도서출판 두남, 1999.

______, 국제항공운송의 이해, 우용출판사. 2005.

______, 국제해운론, 법문사, 1997.

______, 국제통상영어, 도서출판 부키, 1999.

______, 관세와 통관, 형설출판사. 2002.

______ 外, 글로벌 비즈니스 무역영어, 우용출판사. 2005.

______ 外, 글로벌 전자물류, 우용출판사, 2004.

______, 글로벌 운송물류론, 법문사, 2001.

______ 外, 교통경제학, 대광문화사(한국학술진흥재단 번역총서 57).

______, 대공황의 세계, 도서출판 부키, 1998.

______ 外, 무역결제론, 부경대학교 수산기업연구소, 1999.

______ 外, 무역결제론, 동성사, 2000.

______ 外, 무역계약론, 동성사, 2000.

______ 外, 무역관계법규, 동성사, 2000.

______, 무역실무, 우용출판사, 2005.

______ 外, 무역학개론, 효성출판사, 2001.

______ 外, 무역학요론, 법문사, 1986.

______ 外, 무역학원론, 법문사, 1992.

______ 外, 물류관리의 이해, 우용출판사, 2003.

______ 外, 물류관련법규, 우용출판사, 2002.

______ 外, 물류관리론, 우용출판사, 2001.

______, 부산의 자유무역항 구축방안, 부산상공회의소, 1994.

______, 서비스무역, 비봉출판사, 1993.

______ 外, 세계의 어업자원관리, 수협중앙회 수산경제연구소, 1996.

______ 外, 전자결제시스템의 구조, 도서출판 부키, 2000.

______, 영문비즈니스 letter & E-mail 작성법, 우용출판사, 2005.

______ 外, 영문국제계약, 우용출판사, 2003.

______ 外, 영어로 경영하는 시대, 우용출판사, 2002.

______ 外, 온 앤 오프라인 무역실무, 두남, 2003.

______, 운송물류론－인터넷 사례중심, 법문사, 1998.

______ 外, 해상보험의 이해, 우용출판사, 2003.

______ 外, e-로지스틱스의 이해, 우용출판사, 2003.

______ 外, Foreign Trade English, 대한교과서(교육인적자원부 검정), 2001.

_____ 外, IT 혁명과 물류가 만났을 때, 도서출판 시대의 창, 2001.

_____ 外, 무역영어, 교육인적자원부, 2002.

_____ 外, 관세와 통관, 형설출판사, 2002.

박형래, WTO와 무역마찰의 이해. 두남, 2005.

백주현, 현대경제학입문, 학문사, 1998.

손정식, 국제무역론, 문영사, 2003.

신봉호, 미시경제학, 박영사, 1999.

신현종, 세계통상정책론, 박영사, 2000.

신황호, 신무역학원론, 두남, 2004.

심경섭 外, 신경제학원론, 법문사, 2003.

안홍식, 국제금융론, 삼영사, 2003.

어윤대 外, 국제경영, 학현사, 2002.

여택동 外, 국제통상과 WTO, 율곡출판사, 2003.

이달곤, 협상론, 법문사, 1996.

이순인, 문화와 산업디자인 접목을 통한 상품경쟁력 확보방안, 상품의 문화화를 위한 21세기 전략, 문화관광부 · 한국경제신문사, 1999.

이지순, 거시경제학, 법문사, 2003.

이헌대 역, 간결한 세계 경제사, 범문사, 1996.

양영환 · 오원석 · 박명섭, 국제무역의 이해, 삼영사, 2003.

전택수 外, 문화경제학 만나기, 김영사, 2001.

정세현, 웹 정보시스템 총론, 북스힐, 2002.

조동성, 21세기를 위한 경영학, 서울경제경영, 2002.

조순 外, 아담 스미스 연구, 민음사, 1989.

조영정, 국제통상학, 학현사, 1999.

주성환, 경제원론, 무역경영사, 2002.

지호준, 환위험관리, 경문사, 2000.

최세형, 신국제통상론, 두남, 1999.

한국무역협회 · 전략물자무역정보센터, 수출통제, 박영사, 2006.

한국은행, 우리나라 영화산업의 경제적 파급효과, 2004.

홍성태, 문화적 상품개발을 위한 전략적 접근, 상품의 문화화를 위한 21세기 전략 문화관광부 · 한국경제신문사, 1999.

<외국문헌>

Alan E. Branch. 1986. *Element of Port Operation and Management.* London.

Alan R, John O, Phil C, 2000, The Handbook of Logistics and Distribution Management, London: Kogan Page

Albaum, Gerald. 1990. *International Marketing & Export Management.* Addison Wesley.

Bes, J. 1975. Chartering, and Shipping Terms (Vol 1,2,3). Netherlands.

Bigman. 2002. *Globalization and the Developping Countries*. CABI.

Branch, Alan E. 1982. *Economics of Shipping Practice and Management*. Chapman and Hall.

____________. 1984. *Elements of Export Marketing and Management.* London.

Buckely, P. J. and Brooke, M. Z. 1992. *International Business Studies*, Brasil Blackhall.

Carbaugh, Robert C. 1980. *International Economics*. Winthrop.

Cateora, Philip R. 1983. *International Marketing*. Richard D. Irwin.

Caves, Richard E et al. 1992. *International Business*. The Dryden Dress.

Cole, G. D. H. 1952. *International Business: Environments and operations*, Addison-Wesley.

Coyle, J., Edward, B., and C. John, L., 2003, The Management of Business Logistics, 7th Ed, Ohio: South-Western/Thomson Learning

Daniels, John D., and Lee H. Rade Baugh. 1994. *International Business.* Addison-Wesley.

Day, D. M. 1981. *The Law of International Trade.* London: Butterworth.

Douglas, Susan P. & C. Samuel Craig. 1983. *International Marketignd Research.* Prentice-Hall.

Dymsza, W. A. 1972. *Multinational Business Strategy*. New york.

Fayerweather, J. 1969. *International Business Marketing*. McGrow Hill.

____________. 1970. *International Marketing*. New Jersey: Prentice-Hall, Inc.

____________. 1982. *International Business Strategy and Administration*. Ballinger Publishing Company.

Feenstra, Robert C. 2004. *Advances International Trade: Theory and Evidence*. Princeton.

Fisher, R., Ury, W., 1991, Getting to Yes: Negotiation Agreement Without Giving In, New York: Penguin Book

Hazari, Bharat R. 1986. *International Trade: Theoretical Issues*. Croom Helm.

Hayuth, Y. 1987. *Intermodality: Concept and Practice, Lloyd' of London Press*.

Heller, H. Robert. 1973. *International Trade*. New Jersey: Preutice-Hall, Inc,.

Hess, J. M. & P. P. Cateora. 1966. *International Marketing*. Richard D. Irwin.

Honnold, John H. 1982. *Uniform Law for International Sales*. Kluwer Law and Taxatioin Pub.

Howard, R., 1982, The Art and Science of Negotiation, Cambridge: The Belknap Press of Harvard University Press

I.C.C ; Incoterms (1980), Documentary Credits (1983 Revision).

Ingram, James C. 1983. *International Economics*. John Willey & Sons.

Kasper, D. M. 1985. *Deregulation and Globalization: Liberalizing International Trade in Air Service*. an American Enterprise Institute/ Ballinger.

Kindleberger, C P. 1962. Foreign Trade and the National Economy. Yale University.

Kolde, E. J. 1968. *International Business Enterprise*. Prentice Hall, Inc.

Miller, Grady. 1996. *The Legal and Economic Basis of International Trade*. Quoram Books.

NCPDM, and NAA. 1985. *Warehouse Accounting and Control: Guideline for Distribution and Financial Managers*. Ernst & Whinney.

O' Brien, Thomas J. 1996. *Global Financial Management*. John Willey & Sons, Inc,.

Poter, N. E. 1985. *Competitive Advantage*. Macmillan.

Shell, G.R., 2006, Bargaining for Advantage, New York: Penguin Book

Warren, J. Keegan. 1984. *Multinational Marketing Management*. New Jersey: Prentice-Hall Inc,.

Wilson, Ponald T. 1981. International Business Trans.

<기타 자료>

http://kr.yahoo.com

http://mk.co.kr

http://preview.britannica.co.kr

http://user.chollian.net

http://www.beopjeon.com

http://www.bok.or.kr

http://www.carferry.or.kr
http://www.cargonews.co.kr
http://www.donga.com
http://www.dcmo.moct.go.kr
http://www.hankyung.com
http://www.klnews.co.kr
http://www.kortrading.com
http://www.kotra.or.kr
http://www.ktpress.co.kr
http://www.lawtimes.co.kr
http://www.naver.com
http://www.sec.go.kr
http://www.unesco.org
http://www.yeslaw.com

찾아보기

저자소개

박명섭

- 성균관대학교 무역학과 학 · 석 · 박사과정 수료
- 영국 리버풀대학 박사과정 졸업(Ph. D)
- 일본 고베대학 경영학부 외국인연구원(Japan Foundation Fellow)
- 부산수산대학교 무역학과 및 부경대학교 국제통상학부 교수(1985.3~2002.2)
- 일본 나카무라 가쿠엔 대학 유통과학연구과 객원교수
- 외교통상부 통상교섭본부 자문위원
- 일본 후쿠오카 대학 상학부 객원연구원
- (사)한국무역상무학회 부회장
- 현재) 성균관대 경영전문대학원 교수, 성균관대 대학원 무역학과장, (사)한국안보통상학회장, Journal of Korea Trade(SSCI 등재) 편집위원장
- **주요 저서 :** 무역학요론(법문사, 1986), 상업고등학교 무역영어(대한교과서주식회사, 2001), 글로벌 비즈니스 무역영어(우용출판사, 2005), 국제물류의 이해(법문사, 2003), 국제해운론(법문사, 1997), 대공황의 세계(도서출판 부키, 1998), 국제경제사(형설출판사, 1987) 외 다수

글로벌 무역의 이해 3판

발행일 | 2013년 3월 1일 초판 발행
저　자 | 박명섭
발행인 | 홍진기
발행처 | 아카데미프레스
주　소 | 413-756 경기도 파주시 문발동 출판정보산업단지 507-9
전　화 | 031-947-7389
팩　스 | 031-947-7698
웹사이트 | www.academypress.co.kr
등록일 | 2003. 6. 18 제406-2011-000131호
ISBN | 978-89-97544-23-3 93320

값 20,000원